教育部劳动教育与劳动实践课程虚拟教研室系列教材

旅游酒店业
劳动教育通识

主编 许艳丽　　副主编 党印

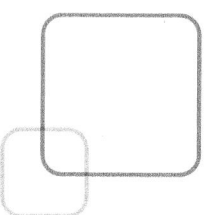

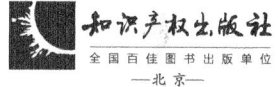

知识产权出版社
全国百佳图书出版单位
—北京—

前　言

中华民族历史上劳动教育源远流长，马克思主义传入中国后，中国的劳动教育具有鲜明的社会主义特色，中华人民共和国成立以来，党和政府在各时期均重视劳动教育。劳动教育既是关于劳动的教育，也是面向未来劳动者的教育。劳动教育具有树德、增智、强体、育美的育人功能，是中国特色社会主义教育制度的重要组成部分，事关立德树人，事关强国富民，事关治国理政。2020 年中共中央、国务院发布《关于全面加强新时代大中小学劳动教育的意见》，总体部署新时代劳动教育各项工作，引领新时代劳动教育深入推进，发挥劳动教育的育人功能和对社会进步的促进作用。在此背景下，近年来劳动教育的教材和读物不断涌现，既有大中小学和职业教育等多个学段的教材和普及读本，也有相关的研究著作，汇聚了各界关于劳动教育的全方位认识，在多个方面多个维度达成广泛共识，有力促进劳动教育落地实施，不断深化。

在劳动教育通识教材逐渐丰富的背景下，目前关于某个具体行业的劳动教育教材或读物尚不多见。随着中国服务业在中国国民经济中的占比超过 50%，服务业从业者占全部就业人员一半以上，服务业从业者的劳动教育尤为重要。旅游酒店业是典型的服务行业，既在中国经济增长大潮中迅速发展、迭代升级，也有力促进了上下游多个行业的发展，由星级酒店的星级服务衍生出的服务品质、服务精神和服务理念被其他多个行业借鉴采用。立足新时代，展望新发展格局，旅游酒店业须继续谋创新，开新篇，提升人力资本质量，推动行业继续发展。

本书涵盖旅游酒店业劳动教育的通识内容，主要分为三大模块：第一模块是劳动价值观，包括劳动精神、劳模精神、工匠精神；第二模块为通用劳动科学知识，包括劳动组织与就业、劳动供求与收入、劳动心理与调整、劳动安全与危机、劳动合同与保障；第三模块为实用劳动技能，包括旅游酒店业通用职业技能、导游的劳动技能、酒店房务劳动技能、酒店餐饮劳动技能。以上三个模块涵盖旅游酒店业从业者需要全面熟悉并掌握的基础性内容，分别展开后有专门对应的课程，本书希望以劳动价值观为引导，以一般性通用劳动科学知识为基础，以旅游酒店业为背景，以真实从业场景为参照，以多个行业实例为点缀，全面搭建旅游酒店业劳动教育的知识框架，为该行业劳动者熟悉劳动场域并尽快进入职业角色打下坚实基础。

本书由中国劳动关系学院酒店管理学院院长许艳丽教授主编，编写团队为中国劳动关系学院酒店管理学院和劳动教育学院的多位教师，具体分工为——第一章：谢颜；第二章：咸丽楠；第三章：王文慧；第四章：孙昀、陈卓；第五章：党印；第六章：张雨亭；第七章：翟向坤；第八章：刘会清；第九章：牟婷婷；第十章：郑治伟、吕莉、陈培林；第十一章：咸丽楠、陈丽艳；第十二章：周敏慧。全书由许艳丽和党印统稿核定。

本书从策划、构思、初稿到定稿付梓，历时近两年，在此期间，中国劳动关系学院党委书记刘向兵、副校长李珂及劳动教育学院（劳动教育研究院）副院长曲霞多次给予指导和建议，知识产权出版社编审刘爽、林竹鸣和谷洋提出宝贵建议并进行细致校对，在此一并致谢！本书尽可能涵盖旅游酒店业劳动教育的主要内容和相关技能，为旅游酒店专业的在校学生、旅游酒店专业课程思政建设的任课教师、旅游酒店业从业者及关注旅游酒店业劳动教育的各界人士提供参考。我们反复研讨，多次修订，部分案例根据公开资料压缩或重述，不过仍然可能存在纰漏，现有内容或引用方面也可能存在不当之处，敬请广大读者批评指正！

目　录

劳动价值观

通用劳动科学知识

实用劳动技能

劳动价值观

第 1 章

旅游酒店业的劳动精神

【本章内容】

在全社会大力弘扬劳动精神、以旅游酒店业为代表的第三产业蓬勃发展的新时代，旅游酒店业劳动者弘扬和践行劳动精神具有重要意义。本章讲述旅游酒店业的劳动类型、劳动精神以及如何践行劳动精神，为当前和未来的从业者认识劳动精神、培育及践行劳动精神提供综合参考。

【学习目标】

1. 归纳劳动的概念、意义和分类。
2. 列举旅游酒店业的劳动类型。
3. 分析旅游酒店业的劳动精神。
4. 分析旅游酒店业如何践行劳动精神。

【导入案例】

弘扬劳动精神，在平凡岗位上续写不平凡故事①

在2020年"五一"国际劳动节前，中共中央总书记、国家主席、中央军委主席习近平4月30日给郑州圆方集团全体职工回信，向他们并向全国各族劳动群众致以节日的问候。

2020年劳动节是一个特殊的节日，多了一层特殊的含义。疫情发生后，在以习近平同志为核心的党中央坚强领导下，全国各族人民众志成城、顽强拼搏，经过艰苦卓绝的努力，湖北保卫战、武汉保卫战取得决定性成果，全国疫情防控阻击战取得重大战略成果。这些成果凝聚着亿万劳动者的聪明才智、辛勤汗水和牺牲奉献。

在疫情防控一线，各行各业劳动者夜以继日地奋斗、全力以赴地工作，凝聚起抗击疫魔的强大合力，支撑着社会生产生活正常运转。有冲锋陷阵、不顾安危的医务人员，有尽职尽责、连续作战的社区工作者，有昼夜不停、奔走不息的快递小哥，还有亿万的坚守岗位、停班不停工居家办公的平凡劳动者，展现了广大劳动者胸怀全局、爱岗敬业、艰苦奋斗、无私奉献的光荣传统和家国情怀。

"伟大出自平凡，英雄来自人民。"越是艰难困苦，越是危难关头，越要大力弘扬劳动精神，涵养劳动情怀和劳动品格，在全社会营造劳动光荣、知识崇高、人才宝贵、创造伟大的氛围，激发起各行各业、各条战线普通劳动者建功立业的壮志豪情，克服艰难

---

① 央视快评. 弘扬劳动精神，在平凡岗位上续写不平凡故事 [EB/OL]. (2020 – 04 – 30) [2023 – 10 – 03]. https：//news. cctv. com/2020/04/30/ARTIIvxi9cLS4xWbqxsCQ4ie200430. shtml.

险阻，在平凡岗位上续写不平凡的故事。他们在平凡岗位上践行着劳动精神。

请思考：是什么精神力量支撑着这么多普通劳动者坚守着抗疫一线？对于旅游酒店业大学生来说，弘扬和践行劳动精神有什么现实意义？

第1节 旅游酒店业的劳动类型

一、劳动与劳动分类

（一）劳动的概念

提到劳动，人们脑海中会浮现出农民在地里辛苦地耕作、快递员忙碌地派发快递、知识分子伏案勤奋地写作、家庭主妇忙碌家务的画面。这些都是生活中常见的劳动场面。什么是劳动？不同的文献和不同学科给出了不同的解释。

《说文解字》中"劳"表示生活艰苦，有"使受辛苦"和"功劳"的意思；"动"表示"动，作也"，即"活动""行动"的意思。两个字结合起来，"劳动"主要指操作、活动。《辞海》中劳动是"人们改变劳动对象使之适合自己需要的有目的的活动，即劳动力的支出或使用"[①]。《现代汉语词典》中劳动是指"人类创造物质或者精神财富的活动；专指体力劳动；进行体力劳动"[②]。《中国大百科全书》中劳动定义是"人类特有的基本的社会实践活动。人通过有目的的活动改造自然对象，并在这一活动中改造人自身的过程。劳动体现了人与自然、人与人两方面关系的统一"[③]。《文史哲百科辞典》指出，劳动是"人们使用工具改造自然物，使之适合自己需要的有目的的活动，即劳动力的使用和消费。包括脑力劳动和体力劳动"[④]。从以上对"劳动"一词的不同解释可以看出，劳动是人类特有的，耗费体力或者脑力，改造劳动对象，同时改造、发展自己，创造物质或者精神财富的过程。劳动是人类在意识的指导下从事的活动，动物在本能驱使下也会实现各种需求，甚至有些动物还会使用工具，但这些并不是真正意义上的劳动。

从哲学角度看，劳动是主体、客体和意义的内涵集成体。劳动是人类社会生存和发展所需的基础物质资料生产的过程，是能够对外输出劳动量或劳动价值的人类运动，劳

---

① 夏征农，陈至立. 辞海 [M]. 上海：上海辞书出版社，2009：1306.
② 中国社会科学院语言研究所词典编辑室. 现代汉语词典 [M]. 北京：商务印书馆，2016：780.
③ 中国大百科全书总编辑委员会. 中国大百科全书 [M]. 北京：中国大百科全书出版社，2009：324.
④ 高清海. 文史哲百科辞典 [M]. 长春：吉林大学出版社，1988：340.

动是人维持自我生存和自我发展的唯一手段。马克思给劳动下了这样的定义："劳动首先是人和自然之间的过程，是人的自身的活动来引起、调整和控制人和自然之间的物质交换的过程。"① 在马克思看来，劳动是人类运动的一种特殊形式，劳动创造世界、劳动创造历史和劳动创造人本身。人类历史就是以人的物质劳动作为载体的历史，劳动在整个人类社会和社会历史的发展中处于关键性地位。

从经济学角度看，在商品生产体系中，劳动是商品价值的唯一源泉，马克思把商品看作使用价值和价值的统一体，拥有不同形式的具体劳动主要决定商品的使用价值，而凝结在商品中的一般的、无差别的抽象劳动是形成商品价值的唯一源泉。因此，按劳分配是实现社会公平、正义的重要原则，"不管个人所创造的或协助创造的产品的特殊物质形式如何，他用自己的劳动所购买的不是一定的特殊产品，而是共同生产中的一定份额"②。马克思认为，应该按照劳动者个人所提供的劳动量的比例，在劳动者之间进行分配。在这里，劳动是决定个人消费资料分配的同一的、唯一的尺度，劳动者据此从社会领取与他向社会提供的劳动量成比例的一份消费品。③ 这就是按劳分配原则中的多劳多得、少劳少得、不劳不得。

从历史学角度看，在我国五千年的历史传承中，劳动始终伴随其中，并发挥着重要作用。自古以来我国就不缺少辛勤耕耘之人，并为此创作了不少脍炙人口的诗篇，正是勤劳、勇敢、智慧的劳动人民创造了辉煌的中华文化和文明。《诗经》中《国风·豳风·七月》是一首古老的农事诗，其中"七月流火，九月授衣。一之日觱发，二之日栗烈。无衣无褐，何以卒岁？三之日于耜，四之日举趾。同我妇子，馌彼南亩，田畯至喜"是一幅瑰丽的农耕图，描绘了农夫一年四季的劳动生活。宋朝范成大写下"昼出耘田夜绩麻，村庄儿女各当家。童孙未解供耕织，也傍桑阴学种瓜"。这首优美的田园诗歌中展现的朴素劳动思想至今还闪耀着智慧的光芒，影响着一代又一代的中国人。

从教育学角度看，劳动是人的本质体现，是社会发展的基础，"人的本质不是单个人所固有的抽象物，在其现实性上，它是一切社会关系的总和"④。而在人的社会关系建构中，生产劳动是建构其社会关系的主要载体，人正是通过生产劳动才形成了现实的社会关系。马克思、恩格斯认为："为了能够得到通晓整个生产系统的人，教育就必须让年轻人不断地接受各种形式的生产劳动，并轮流从一个生产部门转到另一个生产部门。"⑤ 因此，教育既承载着劳动，又服务于劳动，一方面教育的目的就是提高人的劳动能力，另

---

① 中共中央马克思恩格斯列宁斯大林著作编译局. 马克思恩格斯选集 [M]. 第 2 卷. 北京：人民出版社，2012：169.

② 中共中央马克思恩格斯列宁斯大林著作编译局. 马克思恩格斯全集 [M]. 第 46 卷. 上册. 北京：人民出版社，1979：119.

③ 周为民，陆宁. 按劳分配与按要素分配——从马克思的逻辑来看 [J]. 中国社会科学，2002 (4)：4 - 12，203.

④ 中共中央马克思恩格斯列宁斯大林著作编译局. 马克思恩格斯选集 [M]. 第 1 卷. 北京：人民出版社，2012：147.

⑤ 高放. 马克思恩格斯要论精选 [M]. 北京：中央编译出版社，2016：425.

一方面劳动具有独特的育人价值，即"通过劳动的教育"也使人能够不断丰富自己的精神世界、拓展自己的能力和完成自我成长。因此，劳动是实现人的全面发展的重要途径，教育与生产劳动相结合是社会主义教育的根本原则。

（二）劳动的意义

【案例1-1】

劳动的意义①

张婷婷于2002年参加工作，在公司讲解组任讲解员，多次接待党和国家领导人及外国元首。2010年入党，2011年7月由讲解组调入华清御汤酒店任房务部经理，2016年任酒店行政总监。作为一名党员，她始终坚持工作在接待岗位第一线，认真勤恳，踏实敬业，作风严谨，善于学习，时刻履行党员义务，以实际行动在广大员工中树立了良好的榜样。在多年的接待工作中，认真负责，细致热情，曾成功接待了原中央政治局常委李长春、拉脱维亚总统、土耳其总统等多位党和国家领导人、外国元首，获得一致好评。曾荣获公司及集团的"三八红旗手""服务明星""四有模范职工"及先进个人称号。2010年11月被陕西旅游集团公司党委授予"参与上海世博特殊贡献奖"，同年12月被中共中央、国务院授予"上海世博会先进个人"称号。张婷婷是无数旅游酒店行业劳动者中的一员，他们用辛勤劳动创造了属于自己的美好生活。

在现实生活中，劳动的意义更体现在它给我们带来的物质与精神的双重财富上，在这些财富中最宝贵的，是劳动能帮助我们实现自我价值。教师把知识传授给莘莘学子，从而使自己成为传承人类知识文化的搬运者；医生为病人解除病痛，从而使自己成为为善人间的白衣天使；作家把智慧诉诸文字，从而使自己成为人类精神食粮的创造者……只有通过劳动，才能体现出个人价值，而这些价值才是我们生存在这个世界上的意义。

如今，我国正处于中国特色社会主义新时代，社会不断发展，经济稳步向前，人民的生活水平也越来越高，但是距离人民对美好生活的需求还有很大差距，要缩短差距必须依靠全国人民的辛勤劳动和共同奋斗。作为新时代的青年，我们更应该牢固树立"以辛勤劳动为荣，以好逸恶劳为耻"的观念，并将之落实到实际行动上，用自己的劳动为中华民族伟大复兴添砖加瓦。

---

① 在平凡的岗位上奉献最美的青春——张婷婷同志先进事迹［EB/OL］.（2018-05-06）［2024-01-18］. http：//www.hqc.cn/news/Style/zhonggong/fayan/68.html.

1. 劳动在人类起源过程中起到关键作用

人既是自然界进化发展的产物，又是社会劳动的产物。恩格斯在《劳动在从人到猿转变过程中的作用》中指出从猿到人的过程中，劳动起着决定性的作用。第一，劳动完成了手脚的彻底分工，古猿在越来越灵巧和复杂的劳动锻炼中，完成了直立行走和手脚的分化，并促进了手脚的专门化发展。第二，劳动促进了大脑的发育和进化，劳动把古猿的大脑和感官改造成为人的大脑和感觉器官，形成了人的语言和思维能力。正如恩格斯所说，劳动"是整个人类生活的第一个基本条件，而且达到这样的程度，以致我们在某种意义上不得不说：劳动创造了人本身"①。

2. 劳动促进实现自我和人的全面发展

人的体力劳动能力与智力劳动能力的统一性发展构成了人的劳动能力发展。人们生活中的衣食住行都离不开劳动，都需要通过劳动来完成。人们通过付出劳动获得生存的必需品，创造生活、改善生活，同时在这个过程中实现自我价值。人的自由全面发展是人类社会发展追求的终极目标，即人的智力和体力的充分、统一的发展；同时，也包括人的才能、志趣和道德品质的多方面发展。马克思指出："生产劳动同智育和体育相结合，它不仅是提高社会生产的一种方法，而且是造就全面发展的人的唯一方法。"②

3. 劳动是人类社会进步的根本动力

在人类和人类社会形成和发展过程中，劳动发挥了决定性作用。人类社会的一切经济、政治、文化活动本质上都是劳动，劳动是推动人类社会发展进步的根本动力。因为劳动创造，人类拥有了历史的辉煌；因为劳动创造，人类拥有了今天丰富的物质文明和精神文明。

(三) 劳动的分类

劳动的内涵十分丰富，具有不同的类型。按照不同的分类标准，劳动分为不同类型。

1. 脑力劳动与体力劳动

马克思认为创造商品价值的劳动既包括体力劳动，也包括脑力劳动。他说："我们把劳动或劳动能力，理解为——体力和智力的总和。"③ 任何劳动都是人类劳动力生理学意义上的消耗，是脑力和体力的统一。脑力劳动和体力劳动的分工都是社会分工的产物，其在社会总劳动中所占的比例也随经济、社会的发展和科技的进步而不断变化、发展。

---

① 马克思恩格斯文集［M］. 第9卷. 北京：人民出版社，2009：550.
② 马克思恩格斯文集［M］. 第5卷. 北京：人民出版社，2009：557.
③ 马克思恩格斯全集［M］. 第23卷. 北京：人民出版社，2009：190.

在人类社会初期，脑力劳动和体力劳动是结合在一起的，而随着生产力的发展以及社会分工的深化，脑力劳动和体力劳动逐步分离开来。在生产力水平较低的时期，劳动者的劳动以体力劳动为主，脑力劳动所占的比重较小；而随着生产力的进一步发展，在生产力水平较发达的时期，劳动者的劳动以脑力劳动为主。在当今知识经济社会，劳动者的劳动以脑力劳动为主，脑力劳动已成为劳动的主体，已成为占社会主要地位的劳动形式。从劳动力中包含脑力和体力，到脑力和体力在不同的劳动者中所占的比例有高有低，再到出现脑力劳动者和体力劳动者的分工，最后到脑力劳动者的脑力劳动成为劳动的主要形式，这是生产力发展、社会发展的必然结果，是社会进步的表现。

2. 简单劳动与复杂劳动

简单劳动是普通劳动者在一定的社会条件下，不经专门训练就能从事的劳动。复杂劳动则与之相反，是需要专门学习和训练的劳动，技术上比简单劳动复杂的劳动，相当于强化的简单劳动。二者在同等劳动时间内形成的价值量是不同的，复杂劳动可以折合为若干倍简单劳动，耗费较少时间的复杂劳动生产的产品可以与耗费较多时间的简单劳动生产的产品等价交换。

3. 重复性劳动与创造性劳动

重复性劳动是维持人类经济社会中的简单再生产与扩大再生产。创造性劳动是发现、探索和使用不曾使用过的知识、技能、手段、工具、材料等生产新的产品或创新生产方式，从而以更高的效率从事劳动。重复性劳动只能促使人类社会生产过程的量变，而创造性劳动可以引发人类社会生产过程的质变。一般来说，创造性劳动产品新颖、独特、具有唯一性，使从事创造性劳动的劳动者比从事重复性劳动的劳动者有更多选择空间而在社会竞争中处于更加有利的位置。

【专栏1-1】

你喜欢创造性劳动吗

某星级酒店餐饮前厅经理陪客户就餐，中间上菜服务需要撤盘合盘（餐饮服务员的基本技能），餐桌上有两道常见的下酒菜：小番茄和小黄瓜，当值的服务员把这两个菜撤下，用骨碟重新进行摆设，小番茄在中间，小黄瓜在边上放射性摆放，有种绿叶红花的感觉，显得尤为好看。这就是酒店员工的创造性服务。

人类的劳动可分为两种：一种是创造性劳动，另一种是重复性劳动。创造性劳动是先进生产力的代表，重复性劳动是创造性劳动的再现。未来的重复性劳动将越来越多地被机器人所取代，未来的雇员将越来越多地从事创造性劳动。创造性思维是未来劳动者最理想的基本素养。

人的创造力是第一资源。自然界的物质资源只有靠人的创造力去认识、理解和开发、利用，才能实现其价值。离开人的创造力，一切资源都等于零。重复别人的创造是不能长久的，最终是走不远的。只有提高创造性思维能力，才能更加出色地完成工作，创造出光彩亮丽的人生。

二、旅游酒店业的劳动类型

（一）旅游业的劳动类型

旅游是人们为了休闲、商务或其他目的离开惯常环境，到某些地方并停留在那里，但连续不超过一年的活动。旅游目的包括娱乐、度假、休闲、探亲访友、商务、专业访问、健康医疗、宗教朝拜以及其他。旅游作为一种人类社会活动，历史久远，在西方，兴起于公元前8世纪。在我国，旅游则可以追溯到更早，早在公元前22世纪我国就出现了旅游。大禹称得上是我国最古老的旅行家了，为了疏浚九江十八河，他游览了祖国大好河山；春秋时期的孔子讲学周游列国；西汉时的张骞出使西域，远至波斯（今伊朗）和叙利亚等地；唐代的玄奘和尚取经到过印度；明代的郑和七下西洋，远至东非海岸；明代大旅行家徐霞客游历祖国大好河山，写下了《徐霞客游记》，流传至今。当然，虽然历史上有这么多古人热衷旅游、探险、出行，但是早期的旅游不同于我们现在的旅游，往往与宗教、探险和商业活动紧密相连。

在现代社会，旅游已经成为人们生活中不可或缺的组成部分，成为人们休闲娱乐的重要方式。现代旅游业是凭借旅游资源和设施，专门或者主要从事招徕、接待游客，为其提供交通、游览、住宿、餐饮、购物、文娱六个环节的综合性行业。旅游业有三大支柱产业：旅行社、交通运输业和以饭店为代表的住宿业。

旅游业是一个劳动密集型的服务性行业，就业涉及面广，人员多，层次多，市场广阔，对整个社会的就业和经济发展具有很大的带动作用。旅游业还是一个综合性产业群，由多种产业组成，包括了景点经营、旅行社和旅馆服务业、餐饮服务业、交通业、娱乐业以及其他关联的经营行业。这些行业同时也为当地居民提供服务和就业机会。当代的旅游产业综合性更加突出，关联度更大、产业链更长，极大地突破了传统旅游业的范围，已经广泛涉及并交叉渗透到许多相关行业和产业中，如工业、农业、教育、医疗、科技、生态、环境、建筑、海洋等领域，形成了一个泛旅游产业群。旅游在这一产业群中，带动其他产业发展，并延伸出一些新的业态。基于旅游业综合性、多样性和分散性的行业特点，旅游业的劳动类型是包含了脑力劳动与体力劳动、简单劳动与复杂劳动、重复性劳动与创造性劳动的有机统一。

（二）酒店业的劳动类型

以饭店为代表的住宿业是旅游业的三大支柱产业之一，不同于一般的生产性企业，属于服务业，服务是酒店的无形产品，服务也是酒店从业者的主要劳动内容。酒店业是通过优质服务提升顾客满意度与忠诚度，工作人员要向客人提供各种服务，满足客人在精神和物质方面的需求，在星级评定中，以客人能否产生舒适感、安全感和宾至如归感来衡量酒店的服务质量。现代酒店业尤其是星级酒店提供产品和服务更加多样化和综合性，很多大型酒店集团逐步向其他行业和非传统市场扩展，服务产品更加向功能化发展，酒店管理手段趋向智能化、现代化发展，服务越来越向个性化和环境友好方向发展。

酒店行业的从业者有技能操作类的，例如服务员、厨师等，有经营管理类的，例如总经理、部门经理等，还有专业技术类的，例如财务等，因此酒店业劳动类型包含了体力劳动与脑力劳动、简单劳动与复杂劳动、重复性劳动与创新性劳动的有机统一。

【案例 1 - 2】

酒店业的劳动[①]

2018 年 3 月末的一天，郑州华筵酒店迎来了两个大型会议，当天需要接待客人 800 余人次。某办事处 400 余人早上 9 点退房，中午 14 点用餐；某高校 400 余人 14 点办理客房入住。400 间客房清扫及 800 余人用餐，高负荷劳动量没有击退华筵酒店劳动者们，他们在领导的带领下，有条不紊地进行着各岗位工作。时间紧，节奏快，全部菜品、面点要保质保量准备完毕，房间要打扫整理完毕。华筵酒店劳动者团队默契十足，及时补位，合理分工，确保了本次接待顺利完成。

---

① 郑州华筵商务酒店用心服务案例分享［EB/OL］.（2018 - 04 - 23）［2024 - 01 - 18］. https: //www. sohu. com/a/229210243_245232.

第 2 节　旅游酒店业的劳动精神内涵

一、劳动精神的内涵

中华民族是一个勤劳、智慧、坚韧的民族，劳动人民付出了巨大的劳动，作出了卓越的贡献，五千年的华夏文明就是一部劳动史，蕴含丰富的劳动精神。2020 年 11 月 24 日，习近平总书记在全国劳动模范和先进工作者表彰大会上的讲话中指出，要大力弘扬崇尚劳动、热爱劳动、辛勤劳动、诚实劳动的劳动精神，这是对新时代劳动精神的总体概括。劳动精神是关于劳动理念认知和行为实践的统一体，在理念认知上表现为全社会尊重劳动、崇尚劳动、热爱劳动，在行动实践上表现为劳动者辛勤劳动、诚实劳动、创造性劳动，两者共同构成了劳动精神的内涵。

1. 崇尚劳动

恩格斯认为"劳动创造了人本身"，"生产劳动给每一个人提供全面发展和表现自己全部即体力和脑力的能力的机会，这样，生产劳动不再是奴役人的手段，而成为解放人的手段"[①]。习近平总书记指出："人民创造历史，劳动开创未来。劳动是推动人类社会进步的根本力量。幸福不会从天而降，梦想不会自动成真。实现我们的奋斗目标，开创我们的美好未来，必须紧紧依靠人民、始终为了人民，必须依靠辛勤劳动、诚实劳动、创造性劳动。"[②] "劳动创造了中华民族，造就了中华民族的辉煌历史，也必须创造出中华民族的光明未来。"[③] "我们一定要在全社会大力弘扬劳模精神、劳动精神，引导广大人民群众树立辛勤劳动、诚实劳动、创造性劳动的理念，让劳动光荣、创造伟大成为铿锵的时代强音，让劳动最光荣、劳动最崇高、劳动最伟大、劳动最美丽蔚然成风。"[④] 因此，崇尚劳动是对劳动的深刻认识和正确态度，把劳动作为人类的本质活动，作为创造财富和

---

① 恩格斯. 反杜林论［M］. 北京：人民出版社，2018：317.

② 习近平. 实干才能梦想成真（2013 年 4 月 28 日）［M］//习近平著作选读（第一卷）. 北京：人民出版社，2023：116.

③ 习近平. 习近平谈治国理政［M］. 北京：外文出版社，2014：46.

④ 习近平. 论坚持人民当家作主［M］. 北京：中央文献出版社，2021：120.

获得幸福的唯一源泉，劳动价值有大小，劳动分工无贵贱，尊重一切有益于人民、造福于社会的劳动者及其劳动价值。

2. 热爱劳动

热爱劳动是劳动者对劳动行为的一种内在选择和情感表达，焕发劳动热情，积极投身劳动，珍惜劳动成果，把劳动与实现自身价值紧密结合起来。生存是人类第一要务。人类为了生存，首先要满足衣食住行的物质需要，劳动就是人类为了满足自身的物质需要而改造自然界的有目的活动。每个人在社会活动中，时时刻刻都离不开劳动，我们每天都在从事着各种各样的劳动。劳动过程对于每个人来说，往往是痛苦的，但是劳动成果会给人们带来极大的成就感和满足感。一个人付出的劳动越多，他获得的也就越多。马克思认为未来社会是"以每个人的全面而自由的发展为基本原则的社会形式"，在这个阶段，劳动不再是单纯谋生手段，而是"生活第一需要"。不论在社会主义初级阶段，还是未来社会，热爱劳动都是一个社会所倡导的主旋律。

3. 辛勤劳动

辛勤劳动是指勤奋敬业、埋头苦干，是每一位劳动者应有的基本要求，也是诚实劳动、创造性劳动的基础和保障。勤劳是中华民族传统美德，自古以来我们中国人就在神州大地辛勤劳作，创造了璀璨辉煌的中华文明。2020年11月24日，习近平总书记在全国劳动模范和先进工作者表彰大会上的讲话中指出，"社会主义是干出来的，新时代是奋斗出来的"[①]。改革开放40多年来，我们取得辉煌成绩和卓越进步是全体中国人民共同奋斗、不懈努力、辛勤劳动的结果。今后，我们依然需要发扬辛勤劳动的精神，为实现中华民族伟大复兴中国梦而辛勤劳动、努力奋斗。

4. 诚实劳动

劳动固然重要，但是抱着什么样的态度和方式劳动也同样重要。诚实劳动是指脚踏实地、恪尽职守，遵守法律法规和政策，遵循职业道德和工作规范，实事求是地认识和对待劳动过程和成果。诚实劳动是人类美好的行为和品质，不能因为个人利益等因素从事非法、功利性的劳动，好逸恶劳、好吃懒做，消极劳动或者在劳动中投机取巧、偷奸耍滑，这些行为和我们提倡的主流价值观背道而驰。2018年4月30日，习近平总书记给中国劳动关系学院劳模本科班学员回信，指出"劳动最光荣、劳动最崇高、劳动最伟大、劳动最美丽。全社会都应该尊敬劳动模范、弘扬劳模精神，让诚实劳动、勤勉工作蔚然成风"[②]。

---

① 习近平. 习近平总书记在全国劳动模范和先进工作者表彰大会上的讲话 [J]. 工会博览, 2020 (36): 11 – 13.

② 习近平. 习近平给中国劳动关系学院劳模本科班学员的回信 [J]. 中国工运, 2018 (6): 16.

二、旅游酒店业的劳动精神内涵

1. 崇尚劳动，树立职业尊严

崇尚劳动是新时代劳动精神的首要要求。旅游酒店业从业者需要树立对劳动的尊重和敬畏之心，认识到劳动是创造价值、实现自我价值的重要途径。

在旅游业，导游作为旅游行业的代表，其职业形象直接关系到行业的整体形象。一位优秀的导游不仅应具备丰富的知识储备和良好的沟通能力，更要有对导游工作的热爱和敬畏。导游在带团过程中，需要始终保持对工作的热情和专注，无论是讲解景点历史文化还是处理游客突发状况，都能迅速应对、妥善处理。

在酒店业，客房服务员是酒店服务的重要一环，每天默默无闻地打扫客房、整理卫生，为客人提供舒适整洁的住宿环境。正是这份对劳动的尊重和热爱，才能在工作中不断追求卓越，为酒店赢得良好的口碑。

2. 热爱劳动，激发工作热情

热爱劳动是新时代劳动精神的重要体现。旅游酒店业从业者需要热爱自己的职业，将工作视为一种享受和追求，从而激发出源源不断的工作热情。

在旅游业，旅游路线开发与定制越来越重要，旅游规划师需要具备对旅游行业的热爱和激情，通过深入了解市场需求和游客喜好，不断创新旅游产品，为游客提供个性化、差异化的旅游体验。在规划过程中，如果能结合当地特色资源，推出一系列主题旅游线路，不仅能吸引大量游客，还能带动当地其他行业发展。

在酒店业，餐厅服务员是展示酒店形象的重要窗口，他们通过热情周到的服务，让客人在用餐过程中感受到家的温暖和舒适。餐厅服务员在面对挑剔的客人时，须始终保持微笑和耐心，用专业的服务技巧和真诚的服务态度赢得客人的认可和好评。同样的，酒店礼宾部承担着酒店"第一门户"的职责，是直接对客服务最多的部门之一，从业者工作中精神面貌、工作态度直接影响顾客对酒店的第一印象，礼宾部一般全天 24 小时都有值班、全年无休，工作十分辛苦。没有热爱劳动、热爱工作的劳动精神，就无法做好礼宾部的工作。

3. 辛勤劳动，创造卓越业绩

辛勤劳动是新时代劳动精神的基本要求。旅游酒店业从业者需要通过辛勤的劳动，不断提升服务质量、创造卓越业绩。

在旅游业，旅游企业的成功离不开全体员工的辛勤付出。比如，旅行社在策划一场大型旅游活动时，全体员工加班加点、分工合作，从活动策划、宣传推广到接待服务、后续跟进等各个环节都做到精益求精，将为活动圆满成功提供全面保障，为旅行社带来良好的经济效益和社会效益。

在酒店业，前台接待员是酒店服务的重要组成部分，每天需要面对大量的客人咨询和入住需求，通过辛勤的劳动为客人提供高效、便捷的服务。当客人急需入住时，前台接待员需要迅速协调房间资源、办理入住手续，并在客人入住后主动关心客人的需求和感受。在各类突发事件比如气候灾害、新冠疫情中，不少酒店提供力所能及的援助，为民众提供安全的休息场所，员工们坚守岗位、连续工作，发扬辛勤劳动、吃苦耐劳的精神，为民众恢复共克时艰做出了重要贡献。

4. 诚实劳动，树立行业形象

诚实劳动是新时代劳动精神的核心价值。旅游酒店业从业者需要坚守诚信底线，以诚实的态度对待工作和客人，树立良好的行业形象。

在旅游业，导游需要遵守行业规范、诚实守信地为游客提供服务，不能夸大宣传、误导游客消费，而是要以客观事实为依据，为游客提供真实可靠的旅游信息。导游在带团过程中，需要始终坚持诚信原则，不仅如实介绍景点特色和历史文化，也要主动提醒游客注意安全和环保问题，不过度宣传，不降低服务标准。

在酒店业，诚实劳动同样重要。酒店员工需要遵守职业道德、诚信待客。酒店客房服务员在发现房间设施损坏、餐厅服务员发现餐饮设施故障时，主动上报并协助维修部门进行处理，避免因隐瞒问题而给客人带来不便和损失。

三、旅游酒店业劳动精神的实践

旅游酒店业是典型的服务业，服务是劳动的核心内容。旅游酒店业的工作人员，其劳动精神内涵中关于服务意识、服务技能和服务精神的要求是必不可少的重要组成部分。礼貌待人、提供优质服务的服务精神，善于沟通、注重合作的合作精神，自我约束、善于自控的自律精神都是劳动精神在旅游酒店业的集中体现。

1. 无私奉献，任劳任怨，辛勤劳动

立足岗位，无私奉献是本行业从业者践行崇尚劳动的劳动精神的具体体现，要对自己所从事的职业忠诚热爱。这是任劳任怨、无私奉献的基础。对自己所从事的职业勤奋刻苦，这是任劳任怨、无私奉献的动力。只有那些付出辛勤劳动的人，才有可能取得令人瞩目的成绩；只有那些兢兢业业、忘我工作的人，才有可能赢得不断进步的机会，才能在本职工作岗位上成就自我，创造辉煌。新冠疫情或个别地方自然灾害事件中，从媒体报道中看到了很多酒店或者民宿经营者管理者，坚守岗位、连续工作，把酒店或民宿无私提供给当地政府，作为住宿场所或是为部分滞留客人免费提供住宿。他们的无私工作和劳动体现了从业者无私奉献、勇于担当和任劳任怨的劳动精神。

2. 礼貌待人，优质服务，热爱工作

礼貌待人、优质服务是本行业劳动精神的核心。从业者在接待服务对象过程中的仪容、仪表以及言谈举止需得体、大方、有度，态度主动、积极、热情，对待服务对象需耐心、周到，随时随地笑脸相迎，彬彬有礼。优质服务的目的是让服务对象满意，让顾客在酒店的消费过程中有一个愉快经历。酒店礼宾部承担着酒店"第一门户"的职责，是直接对客服务最多的部门之一，从业者工作中精神面貌、工作态度直接影响顾客对酒店的第一印象，礼宾部一般全天24小时都有值班、全年无休，工作十分辛苦。没有热爱劳动、热爱工作的劳动精神，无法做好礼宾部的工作。

3. 善于沟通，注重合作，崇尚创新

旅游酒店业劳动者与顾客通过语言交流来建立服务联系，对于从业人员来说，沟通既是必备的硬实力，同时也是提升自身服务艺术的软实力。旅游酒店业目前仍偏向劳动力密集行业，即服务工作需要较多的劳动力资源去完成。团队合作广泛存在于很多服务项目中。善于与人沟通，重视团队合作协调，是本行业劳动精神的一个重要方面。能够有效沟通、富有合作精神的团队可以极大地增强服务效果，提升顾客满意度，从而增加酒店经济效益。服务分为两类，硬件和软件。硬件拼的是投资实力，软件拼的是服务规范创新。在硬件限制无法更改的前提下，软件服务的规范和创新显得尤为重要。规范的服务流程是立足之本，但是想出类拔萃，提升效益，就需要在规范的服务上进行创新。

4. 自我约束，坚持自律，讲究诚信

自律、自我约束是在遵守规则和严格要求自我的前提下，有节制地释放健康积极的个性，并非压抑人性或者天性。当今社会，消费主义盛行，价值观多元化，旅游酒店业服务对象来自社会各个阶层，本行业劳动者在日常工作中接触到各类人群，需拥有良好自律意识，能够自我约束，善于自我控制，具有较强的自我管理和约束的能力，能够抵御外界诱惑，这些精神是当今本行业劳动者必须具备的。增强本行业劳动者廉洁自律意识，规范自身的工作行为，端正工作作风，加强约束力，能够有效促进行业健康发展。例如，江山金陵大酒店曾收到一份特殊的礼物———一封感谢信。某年5月16日下午，该酒店的一名服务员在清洁客房时，捡到一个深色钱包，内有2万元现金及数张银行卡。这名服务员没有被金钱诱惑，通过各种方式，联系到了失主，并将钱包交还到失主手上。为了等这位失主，该服务员放下了手头的工作，生怕失主着急找不到她。坚持自律，抵制金钱和物质诱惑，讲究诚信，诚实劳动是酒店业从业者应坚持的劳动精神。

【案例1-3】

服务用真情，劳动最光荣——酒店人"五一"的坚守①

"劳动最光荣、劳动最崇高、劳动最伟大、劳动最美丽。"在我们身边，有这样一群人，虽然平凡，却在自己的工作岗位上恪尽职守、奉献价值，谱写着一曲曲不平凡的动人乐章。他们爱岗敬业、甘于奉献，常年坚守在一线岗位；他们淡泊名利、从容笃定，默默凝聚起实干的力量；他们勇于创新、精益求精，始终追求技能的精湛；他们在平凡的岗位上坚持着内心的价值追求，践行着自己的职业初心，用劳动创造了不平凡的业绩。

"五一"期间，全国迎来旅游高峰，酒店行业也迎来了复苏，川投国际酒店各个部门的员工们坚守岗位，时刻以真情的服务、安全的保障、放心的食材接待来宾，以实际行动彰显"劳动最光荣"的深刻内涵。餐娱部始终践行"只要顾客有需要，我们尽最大努力做到"的承诺，合理调配、通力合作。节日前夕，不管是卫生还是接待，各点位都在积极地相互配合协作，餐娱部午宴接待压力较大，在人手不够的情况下，各部门主动配合，现场大家分工明确，忙而不乱，一起团结协作、配合默契，在40分钟的时间里，将会议台型转变为用餐台型。每次用餐时，西餐厅的同事们都在井井有条地做着餐前准备，确保每一位客户都能在用餐中体会到一流的服务。

在川投国际酒店的厨房，大厨们各司其职，凭借着多年的服务经验，为多场婚宴定制了客人满意的菜单，厨房的同事们挥舞着他们手里的锅铲，将食材做成一道道美味的菜品，有条不紊地将各种菜品进行摆盘装盘。用餐结束后，菜品和服务得到了客人的一致好评，厨房秉着"客人的满意，就是我们的追求"的口号，让每一场宴会做得更好。

在"五一"来临之际，抢房几乎成为每日常态。面对陡然翻升的工作量和高强度的工作压力，房务部大姐们总是以"挽起袖子使劲干"的拼劲从早忙碌到晚，只为了让顾客早一分钟住进干净的客房。直到顾客满意入住，才发觉自己早已汗流浃背、浑身酸痛。正是因为她们在工作中的高标准高要求，才能在每次的接待任务中赢得客人的认可，多次获得客人的表扬与认可。商务楼领班范红英对待工作认真负责，在日常工作当中从不计较个人得失、从不叫苦叫累。每当面临需要抢房的时候，无论休假与否，都能第一时间参与，好几次因为工作紧、任务重，她都主动放弃休假抢房至凌晨，事后也毫无怨言。在客人入住期间，处处关心客人，对待客人富有耐心与爱心，多次受到客人当面及书面表扬。她还利用自己的休息时间积极报名参加了今年3月的婚博会工作，通过自己努力取得带客112单、带客单量排名第一的优秀成绩。主楼服务员彭君华、卢小杨在接待过程中，也通过自己的优质服务，帮助客人排忧解难，获得了客人的书面表扬。

"以人为本、用心服务"凝聚着酒店人无私奉献、真情付出的川投精神，他们用自己的辛勤劳动致敬千千万万坚守在岗位上的劳动者，诠释了"劳动最光荣"的真谛。

---

① 奋战过五一 大干正当时 服务用真情 劳动最光荣［EB/OL］.（2023-05-05）［2023-10-03］. ht-tp：//www. sciitc. com/news/company-news/613. html.

第 3 节　旅游酒店业践行劳动精神的原则与要求

一、践行劳动精神的总体原则

1. 营造爱劳动的社会风尚

劳动助力成才，劳动不仅创造改革开放以来的伟大成就，更是在劳动中涌现出一大批优秀的劳动模范和大国工匠。他们不仅用劳动实践建设着我们的美好祖国，更是用行动践行了"崇尚劳动、热爱劳动、辛勤劳动、诚实劳动"的劳动精神，在全社会营造了劳动最光荣的良好社会风尚，为旅游酒店业广大劳动者树立了榜样。应强化旅游酒店业劳动者劳动品质与劳动精神的塑造，营造劳动光荣的社会风尚和精益求精的敬业风气。

2. 坚持劳动"四最"的理想信念

实现中华民族伟大复兴的中国梦，要靠各行各业人们的辛勤劳动。劳动成就梦想，劳动成就未来，劳动不断推动社会进步。"十三五"期间，旅游酒店业作为服务业支柱产业，对国民经济贡献率超过了 10%。旅游酒店业是关联性极大的产业，旅游酒店业的发展可带动国民经济其他行业的共同发展；从劳动就业来看，旅游酒店业是一个劳动密集型行业，对劳动力有很强的吸附能力，对于促进就业发挥着巨大作用。作为旅游酒店业劳动者要牢固树立劳动最光荣、劳动最崇高、劳动最伟大、劳动最美丽的理念，要积极培育旅游酒店业劳动者勤奋劳动、扎实工作，锐意进取、勇于创造的劳动精神，在工作岗位上"发光发热"，"以辛勤劳动为荣、以好逸恶劳为耻"，在追梦、筑梦、圆梦的路上，用诚实劳动的毅力和开拓创新的勇气，为中国经济社会发展汇聚强大正能量。

3. 坚持劳动创造幸福的价值观

"幸福是奋斗出来的"，劳动创造幸福，实干成就伟业。每个人的幸福离不开自己的辛勤劳动。劳动是每个人实现自我价值、获得幸福的源泉，旅游酒店业的劳动者要树立全心全意为人民服务的崇高理念，通过积极劳动、无私奉献来彰显个人价值和社会价值，成全个人发展，成就祖国、人民和民族的美好未来。

二、践行劳动精神的总体要求

1. 热爱岗位，敬业奉献

热爱岗位、敬业奉献是旅游酒店业从业者践行劳动精神的基本要求。从业者需要对自己的工作充满热情和责任心，以饱满的精神状态投入工作中，为游客提供优质的服务。

在旅游业，导游是连接游客与旅游资源的桥梁。一位优秀的导游不仅需要具备丰富的知识储备和良好的沟通能力，更要热爱自己的职业，用心为游客讲解每一处景点的历史文化和风土人情。导游在带旅行团时，不仅要为游客详尽解说，还需主动关心游客的需求和安全。

在酒店业，客房服务员是保障客房卫生和舒适度的关键角色，每天需要面对大量的客房清洁和整理工作，只有具备敬业奉献精神，才能确保客房的整洁和美观。客房服务员发现房间设施出现故障时，需主动报修并跟进维修进度，确保顾客的住宿体验不受影响。

2. 精通业务，追求卓越

精通业务、追求卓越是旅游酒店业从业者践行劳动精神的重要体现。从业者需要不断提升自己的专业素养和技能水平，以满足游客日益增长的需求。

在旅游业，随着旅游市场不断发展，游客对于旅游产品的需求越来越多样化。因此，旅游从业人员需要不断更新自己的知识储备，了解最新的旅游资讯和行业动态，以便为游客提供更加个性化和高品质的服务。比如，各旅行社的旅游规划师需要不断学习，掌握多种旅游线路的规划和设计技巧，为游客打造一系列独具特色的旅游产品。

在酒店业，服务质量的提升离不开从业者对业务知识的熟练掌握和不断追求卓越的精神。比如，酒店的前台接待员需参加专业培训，熟练掌握多语种接待和客户关系管理技巧，为来自不同国家和地区的游客提供更加便捷和贴心的服务；同时，还需要积极关注客人的反馈和意见，不断改进自己的工作方式和方法，努力提升服务品质。

3. 团队协作，共克时艰

团队协作、共克时艰是旅游酒店业从业者践行劳动精神的重要保障。在旅游酒店业中，团队协作精神对于提高工作效率、应对突发情况具有重要意义。

在旅游业，一次成功的旅行往往离不开导游、司机、酒店员工等多个岗位的紧密协作。面对突发事件或游客特殊需求时，团队成员需要迅速沟通、协调资源，共同解决问题。当旅游团在行程中突遇恶劣天气时，导游和司机需及时沟通，调整行程安排，确保游客的安全和舒适；同时，酒店员工也需积极协助安排住宿和餐饮，为游客提供周到的服务。

在酒店业，团队协作同样重要。在繁忙的旅游季节或大型活动期间，酒店需要接待大量游客。这时，各部门员工需要密切配合、协同作战，确保顾客的入住、用餐、娱乐等需求得到满足。酒店在举办大型活动时，前台、客房、餐厅等部门员工也须提前沟通、制定预案，确保活动顺利进行，并积极协调外部资源，争取为顾客提供额外的惊喜体验。

4. 诚信服务，树立形象

诚信服务、树立形象是旅游酒店业从业者践行劳动精神的核心要求。从业者需要以诚信为本，为游客提供真实、可靠的服务信息，树立良好的行业形象。

在旅游业，诚信服务是旅游企业赢得游客信任的关键之一。导游和旅行社需要向游客提供准确、全面的旅游信息，避免虚假宣传和误导游客的行为。旅行社在推广旅游产品时，需要始终坚持真实宣传、明码标价。

在酒店业，诚信服务同样重要。酒店需要遵守相关法律法规和行业规范，为顾客提供安全、卫生、舒适的住宿环境。同时，酒店员工也需要以诚信为本，为顾客提供热情、周到的服务。当酒店遇到顾客投诉时，员工需积极处理、及时回应，以诚信和专业态度赢得游客的认可。

【互动交流】

1. 现代社会还需要劳动精神吗？怎样理解新时代劳动精神？
2. 旅游酒店业劳动类型有哪些？几种劳动类型收入并不相同，如何看待？
3. 作为旅游酒店管理专业的大学生，未来在工作中如何践行劳动精神？

【案例任务】

迎接未来中国酒店与旅游业的挑战，打造智慧的人才团队①

2018年12月11日，澳门金沙城中心举办2018澳门中国国际人力资本论坛，探讨新时代中国酒店与旅游业的挑战与机遇。

有嘉宾在谈及如何看待新技术对酒店行业劳动力管理带来的影响时，举例大数据与人工智能技术在帮助提升酒店和旅游业人才管理效能方面的应用案例与积极意义。

劳动力大数据分析帮助企业从海量的工时、缺勤、加班数据中发现劳动力管理的细微趋势，帮助管理者前瞻性地采取措施并支持用工决策。由人工智能和机器学习驱动的

---

① 迎接未来中国酒店与旅游业的挑战，打造智慧的人才团队 [EB/OL]. (2018-12-11) [2023-10-03]. https：//www.sohu.com/a/281172342_345508.

高级预测功能将使业务预测的精度提高25%，从而实现更高质量的按业务驱动排班计划，提升企业劳动力生产率与客户服务水平。

请分析：

未来人工智能时代，旅游酒店业面临着人工智能对普通劳动者的替代，人们是否还需要在工作中弘扬和践行劳动精神？人工智能时代的劳动精神是什么？

【参考文献】

1. 党印. 职业与劳动——大学生劳动教育十讲［M］. 北京：人民交通出版社，2021.
2. 刘向兵. 劳动通论［M］. 第2版. 北京：高等教育出版社，2021.
3. 李珂. 嬗变与审视——劳动教育的历史逻辑与现实重构［M］. 北京：社会科学文献出版社，2019.
4. 李珂. 劳模精神［M］. 北京：中共党史出版社，2020.

第 2 章

旅游酒店业的劳模精神

【本章简介】

　　劳模是优秀劳动者的代表，劳模精神对新时代中国特色社会主义建设具有重要的意义。如何在自己的专业范围内学习和弘扬劳模精神，对从事旅游酒店行业的大学生和劳动者的职业发展有着重要意义。本章从劳模在旅游酒店行业中的贡献以及旅游酒店行业劳模评选标准等方面认识劳模，分析劳模精神的时代价值以及对旅游酒店行业的作用。通过旅游酒店行业中的劳动模范实例，结合劳模精神的精神内涵来见证旅游酒店行业的劳模风采，提出旅游酒店行业劳动者践行劳模精神的具体路径。

【学习目标】

　　1. 理解劳模在旅游酒店行业中的贡献。
　　2. 解释劳模精神的价值。
　　3. 列举劳模精神的重要内涵。
　　4. 了解旅游酒店行业劳模的事迹。
　　5. 掌握践行劳模精神的主要路径。

【导入案例】

习近平给中国劳动关系学院劳模本科班学员的回信①

中国劳动关系学院劳模本科班的同志们：

　　你们好！"五一"国际劳动节前夕，收到你们的来信，我感到十分高兴。你们为党和国家事业发展作出了突出贡献，被评为劳动模范，如今又在读书深造，这是对大家辛勤劳动、无私奉献的褒奖，也是党和国家对劳动者的关怀。

　　社会主义是干出来的，新时代也是干出来的。希望你们珍惜荣誉、努力学习，在各自岗位上继续拼搏、再创佳绩，用你们的干劲、闯劲、钻劲鼓舞更多的人，激励广大劳动群众争做新时代的奋斗者。

　　我一直强调，劳动最光荣、劳动最崇高、劳动最伟大、劳动最美丽。全社会都应该尊敬劳动模范、弘扬劳模精神，让诚实劳动、勤勉工作蔚然成风。

　　值此"五一"国际劳动节之际，我向你们、向全国所有劳动模范、向全国广大劳动

---

① 习近平给中国劳动关系学院劳模本科班学员的回信［N］. 人民日报, 2018 - 05 - 01（1）.

者，致以节日的问候。

习近平
2018 年 4 月 30 日

请思考：
1. 劳动模范可以在哪些方面激励广大劳动者？
2. 普通旅游酒店行业的劳动者如何弘扬劳模精神？

第1节 旅游酒店业的劳模及劳模精神

一、劳动模范定义及评选

1. 劳模的定义

劳模，即劳动模范。劳模有两种定义，第一种是在社会主义建设事业中成绩卓著的劳动者，经职工民主评选，有关部门审核和政府审批后被授予的荣誉称号；第二种是我们党在新民主主义革命、社会主义建设和改革开放不同历史阶段，为调动和激发工人阶级的先进性、创造性、历史主动精神，通过发现并开展选树先进典型活动而造就的优秀人物。[①]"劳"，表示劳动，这是劳模的基本前提。"模"，体现了一种"示范"和"楷模"的价值导向，一种可近、可亲、可信、可学的榜样作用。"劳模"是生产建设中先进人物的一种崇高称号，以表彰劳动中有显著成绩或重大贡献，可以作为榜样的人。

劳动模范分为全国劳动模范与省、部委级劳动模范、市级劳动模范和县级劳动模范等。"五一劳动奖章"和"五一劳动奖状"是中华全国总工会为表彰在技术创新、管理创新和体制创新中取得显著成绩，为经济建设和社会发展作出了突出贡献的先进个人和集体而设立的，是中国劳动者最高奖项之一。我国各行各业也会举行劳模的评选表彰活动，如农业、交通、文化、旅游等系统。一些大型企业内部也评选企业劳动模范。

2. 劳模评选标准与范围

我国的劳模评选可回溯至20世纪50年代初，每届劳动模范和先进工作者的评选标准和评选范围存在差异。表2-1整理了全国劳模评选的主要时期、特点、范围以及模范代表。

[①] 杨冬梅，赵健杰. 劳模学概论［M］. 北京：人民出版社，2020：13.

表 2-1　全国劳模评选标准及范围

劳模评选主要时期	评选特点	评选范围	劳动模范代表
20 世纪五六十年代　1950 年、1956 年、1959 年和 1960 年召开了四次劳模大会。	这个时期百废待兴，为恢复发展国民经济，进行社会主义建设。评选标准沿用了革命战争时期的经验做法，围绕社会主义劳动竞赛和生产运动，强调超额完成任务、推广先进经验、大搞技术革新、提出合理化建议等在经济生产方面的贡献。加班加点、努力工作是主要标准。	1959 年劳模大会评选范围以工业、交通运输、基本建设、财贸等领域为主，1960 年劳模大会增加了教育、文化、卫生、体育、新闻等领域，参评范围进一步扩大。	李凤莲、孟泰、林巧稚、钱学森、张秉贵、王进喜等人。他们勤勤恳恳、任劳任怨、勤俭节约、艰苦奋斗的"老黄牛"精神，影响了整整一代人。
20 世纪 70 年代初期　召开了 6 次劳动模范和先进工作者表彰大会，其中 1977 年 1 次、1978 年 2 次、1979 年 2 次、1989 年 1 次。	1979 年，中共中央、国务院第一次对"劳模"和"先进"进行了理论概括："必须是先进生产力的优秀代表，能体现社会发展的方向。判断一个职工是不是模范，要看其在推动生产力方面是不是起了显著的作用，对社会主义事业是不是作出了较大贡献。"具体的评选指标有多项，第一项就是"对超额完成全国先进定额和计划指标有重大贡献者"。	随着邓小平同志关于"科技是生产力""知识分子是工人阶级的一部分"等论断的提出，部分科技人员也进入了劳模行列，这不仅扩大了劳模队伍，也极大地鼓舞了广大知识分子和脑力劳动者的工作热情。	王崇伦、陈景润、申纪兰、袁隆平等，他们身上深刻地体现了"淡泊名利，献身科学"的崇高精神。
20 世纪 80 年代以来　1989 年重启劳模评选工作，从 1995 年开始，每隔五年召开一次，劳模评选进入制度化时期。	评选方式更加科学民主，评选标准更加合理，劳动模范的构成多样化，持续提高一线职工和农民的劳模比例，表彰规模日趋稳定。	2005 年首次允许私营企业主、进城务工人员和下岗再就业人员参选。2010 年全国劳模评选条件增加到十条，再次明确外国人、港澳台人员及持有外国绿卡的人员都不能参加评选。	徐虎、包起帆、邓稼先、聂卫平、孔繁森、李素丽、许振超、窦铁成、巨晓林等。

资料来源：作者根据有关资料整理。

　　为表彰先进、弘扬正气，要进一步调动全国旅游系统从业者的积极性和创造性，加强从业者队伍建设，促进旅游行业健康可持续发展。面向全国旅游行政管理部门和旅游行业企事业单位，人力资源社会保障部以及文化和旅游部也会共同举办旅游系统先进集体、劳动模范和先进工作者评选表彰活动，每五年组织一次。在文化和旅游部人事司设置专门的领导小组办公室，负责评选表彰日常工作。

时代在变化，劳模的评选在不断深入推进，劳模的评判标准和人员构成也在不断变化。同时随着改革的深化和劳动竞赛形式的不断创新，涌现出一大批具有时代特色的知识型、专家型、复合型的劳动模范和先进人物，专业技术人员占比不断提高，劳模群体涵盖的范围也更加广泛。总体而言，劳模评选工作呈现出评选方式更加科学、评选标准更加合理、评选范围更加广泛以及评选规模日趋稳定的良好趋势。

【专栏 2-1】

旅游系统先进集体、劳动模范和先进工作者评选表彰管理办法（试行） ①

第一条　为规范评比表彰工作，充分发挥表彰奖励的激励作用，调动旅游从业人员工作的积极性、创造性，加强从业人员队伍建设，促进旅游行业健康可持续发展，根据《中华人民共和国旅游法》《评比达标表彰活动管理办法（试行）》和《评比达标表彰活动管理办法（试行）实施细则》有关规定，结合工作实际，制定本办法。

第二条　本办法适用于人力资源社会保障部和国家旅游局共同举办的面向全国旅游行政管理部门和旅游行业企事业单位的旅游系统先进集体、劳动模范和先进工作者评选表彰活动。

第三条　人力资源社会保障部与国家旅游局共同组成全国旅游系统评选表彰工作领导小组，负责旅游系统先进集体、劳动模范和先进工作者评选表彰工作。领导小组办公室设在国家旅游局人事司，负责评选表彰日常工作。

第四条　旅游系统先进集体、劳动模范和先进工作者评选表彰工作每五年组织一次。

第五条　评选表彰原则

（一）公平、公正、公开原则；

（二）面向基层和工作一线原则；

（三）精神奖励与物质奖励相结合、以精神奖励为主原则。

第六条　旅游系统先进集体评选范围为全国旅游系统机关、事业单位、企业及其所属单位。应以邓小平理论、"三个代表"重要思想和科学发展观为指导，模范执行党的路线方针政策和国家法律法规，领导班子团结协作、作风民主，决策科学，密切联系群众，有较强的凝聚力和战斗力，近5年内未发生过违法违纪事件，无重大投诉，并具备下列条件之一的：

（一）各项规章制度健全，管理规范，纪律严明，重视旅游行业诚信建设，积极借鉴

---

① 国家旅游局办公室关于印发《旅游系统先进集体、劳动模范和先进工作者评选表彰管理办法（试行）》的通知［EB/OL］.［2023-10-03］. https://zwgk.mct.gov.cn/zfxxgkml/zcfg/gfxwj/202012/t20201204_906238.html.

国内外先进经验，管理水平在全国旅游系统中处于领先地位，工作业绩突出；

（二）注重提升旅游服务质量，鼓励旅游服务创新。员工队伍素质高，做到文明服务、个性服务、细微服务，整体服务质量在全行业具有较强示范作用；

（三）自主创新能力强，与时俱进，能及时研究旅游行业改革和发展中的新情况、新问题，开创旅游工作新局面，并取得显著社会效益和经济效益；

（四）在旅游行业培养高技能人才工作中作出突出贡献，充分调动旅游工作者的积极性，营造促进高技能人才成长的良好社会环境。

第七条　旅游系统劳动模范评选范围为全国旅游系统企业的在职职工；旅游系统先进工作者评选范围为全国旅游系统机关、事业单位的在职职工。应以邓小平理论、"三个代表"重要思想和科学发展观为指导，坚决贯彻执行党的路线方针政策，勤政廉洁，热爱旅游事业，立足本职，奋发进取，勇于奉献，在旅游行业中作出突出贡献，处于领先地位，近5年内未发生过违法违纪事件，无重大投诉，并具备下列条件之一的：

（一）钻研能力强，业务水平高，工作质量优，勇于创新，实践经验丰富，具有很强的应变能力、协调能力和处理实际问题的能力，业绩突出，在旅游行业中享有较高威信，有广泛的群众基础；

（二）在保护国家、集体、游客生命财产安全，维护国家、集体、游客利益以及捍卫国家法律、法规，防止重大事故，抵制行业不正之风等方面有重大贡献；

（三）在旅游行业中具有领先的技术技能水平，积极开展技术攻关，能及时解决本岗位高难度的技术问题，并取得重大经济效益和社会效益的；

（四）长期坚守在条件艰苦、工作困难的地方，尽职尽责，成绩突出，为旅游业发展作出贡献，在群众中享有较高威信的；

（五）事迹突出，具有先进性、典型性和代表性。

第八条　旅游系统先进集体、劳动模范和先进工作者的评选名额按照国家有关规定确定。各省先进集体、劳动模范和先进工作者的评选名额根据本省基本单位和从业人员数量确定。

副司局级或者相当于副司局级以上单位和干部不纳入评选范围。已经获得省部级以上荣誉称号的集体和个人一般不再参加评选。县级以上党委或者政府，县处级干部和企业负责人原则上不超过评选总数的20%，但在事业单位担任领导职务并在教学、科研方面作出特殊贡献的专家和学术带头人，可以按科研人员对待。

第九条　评选表彰工作程序：

（一）基层单位按照评选条件经民主程序提出推荐集体或个人，并在本单位公示。

被推荐人选为机关事业单位干部的，须按干部管理权限征得人事（组织）部门同意，并征求纪检、监察、计划生育等部门的意见。被推荐对象为企业和企业负责人的，应征求工商、税务（国税、地税）、人力资源社会保障、审计、纪检监察、环境保护、计划生育、安全生产等有关部门的意见。

（二）各省（区、市）旅游部门和人力资源社会保障部门审核本地区推荐人选，并在本地区范围内公示。

（三）全国旅游系统评选表彰工作领导小组办公室审核推荐人选，并在全国范围内公示。

（四）全国旅游系统评选表彰工作领导小组审批。

（五）人力资源社会保障部、国家旅游局联合表彰。

第十条　奖励待遇

（一）对被授予旅游系统先进集体荣誉称号的单位，颁发奖牌和证书。

（二）对被授予旅游系统劳动模范和先进工作者荣誉称号的个人，颁发奖章和证书。

（三）旅游系统劳动模范和先进工作者享受省部级劳动模范和先进工作者待遇。

第十一条　有下列情形之一的，撤销荣誉称号：

（一）申报时隐瞒严重错误或者弄虚作假，骗取奖励的；

（二）严重违反评选程序或审批权限的；

（三）获得荣誉称号后，个人因违法违纪被吊销职业证书，或受到开除处分、劳动教养、刑事处罚的，集体严重违法违纪、影响恶劣的；

（四）法律法规规定应当撤销荣誉称号的其他情形。

第十二条　撤销荣誉称号，由所在单位提出书面报告，逐级上报，经审批机关批准后，撤销其荣誉称号并收回奖章、奖牌和证书，停止其享受的各种待遇。必要时，审批机关可以直接撤销荣誉称号。

第十三条　纪检监察、审计、财政、人力资源社会保障部门对评选表彰活动实施监督检查。评选表彰活动主动接受群众监督、社会监督和舆论监督。

第十四条　本办法由国家旅游局负责解释。

第十五条　本办法自颁布之日起施行。

二、劳模在旅游酒店业的贡献及价值

（一）劳模在旅游酒店业的贡献

改革开放以来，我国旅游业快速发展，产业规模不断扩大，产业体系日趋完善，旅游业走向国民经济建设的前沿，在稳增长、调结构、惠民生中发挥着日益重要的作用。《国务院关于加快发展旅游业的意见》提出"把旅游业培育成国民经济的战略性支柱产业和人民群众更加满意的现代服务业""力争到 2020 年我国旅游产业规模、质量、效益基本达到世界旅游强国水平"的目标，这标志着我国旅游业迎来新一轮大发展的高潮，同时也对旅游行业提出了新的、更高的要求。我国旅游业快速发展的同时也面临重大变革。

全国旅游系统从业者在党中央、国务院的正确领导下，以邓小平理论、"三个代表"重要思想和科学发展观为指导，以习近平新时代中国特色社会主义思想为指引，深入学习贯彻习近平总书记系列重要讲话精神，牢固树立"创新、协调、绿色、开放、共享"的新发展理念，勤奋工作、乐于奉献、锐意进取、勇于创新，为旅游业的发展作出了积极贡献，涌现出一批批劳动模范、先进集体和个人。劳动模范是旅游企业领军人物和高端专业技术人才，同时也是基层的劳动者，他们是作为千千万万奋斗在旅游酒店行业劳动群众中的杰出代表，在平凡的岗位上创造了不平凡的业绩，以实际行动展现了劳模精神、劳动精神、工匠精神，为整个行业树立了学习的榜样。他们是爱岗敬业、弘扬先进文化的典型，是现代服务业的示范者、宣传者和传播者，在不同岗位上发挥着典型示范引领作用。为促进旅游业持续健康快速发展，为激发旅游消费对经济增长的拉动力，提升美丽中国的展现力，建设世界旅游强国作出了新贡献。

(二) 劳模精神的价值

在不同的历史阶段，劳模始终是彰显革命精神、民族精神和时代精神的一面旗帜，始终是推动社会进步的带头羊，始终是催人奋进的时代领跑者，劳模精神具有重要的时代价值。

1. 国家层面：实现中国梦的精神动力

正如习近平总书记所说："长期以来，广大劳模以高度的主人翁责任感、卓越的劳动创造、忘我的拼搏精神，谱写出一曲曲可歌可泣的动人赞歌，为全国各族人民树立了光辉的学习榜样。"[1] "一代又一代的劳动模范和先进工作者、先进人物，是我国劳动人民的杰出代表，是祖国和人民的骄傲。"[2] 劳模精神是中华民族精神和时代精神的生动体现，诠释着社会主义核心价值观。劳模精神为实现中华民族伟大复兴的中国梦注入强大的精神驱动力和引领力。中国梦是强国之梦。推动事业发展、实现美好蓝图，要依靠全体劳动人民的智慧和创造。劳模精神是引领中华民族发展的先进的、科学的、文明的思想道德和价值取向，代表的是优秀的价值观、道德观，展示的是中华民族顽强拼搏、自强不息的崇高品格，体现的是中华民族与时俱进、开拓创新的精神风貌。

2. 社会层面：营造崇尚劳动的敬业风气

劳模精神有利于营造崇尚劳动的浓厚氛围和精益求精的敬业风气。榜样蕴藏无穷力量，精神激发奋斗意志。劳模的最大价值在于给广大职工群众精神上的感染和鼓舞，影响和带动周围的人。劳模精神凝结着中华民族的优秀品德，闪烁着时代发展的光芒，为

---

① 习近平. 在同全国劳动模范代表座谈时的讲话 [N]. 人民日报, 2013 - 04 - 29 (1).

② 新华社乌鲁木齐4月30日电. 习近平在新疆乌鲁木齐接见劳动模范和先进工作者、先进人物代表向全国广大劳动者致以"五一"节问候 [N]. 人民日报, 2014 - 05 - 01 (1).

社会发展凝聚积极向上的氛围。大力弘扬劳模精神，有利于提升人们的工作积极性，有利于引导人们树立尊重劳动、学习劳模、争当劳模的思想意识，有利于营造社会良好的劳动氛围。劳模精神源于我们身边每一个身份普通、岗位平凡、业绩突出的劳动者，这种精神是推动社会前进的原动力，引领着我们战胜苦难、不懈创新、勤勉开拓。

3. 个人层面：从精神上引领劳动者

劳模精神可以感染并引领广大劳动者勤奋做事、勤勉为人、勤劳致富，培育并践行社会主义核心价值观。努力学习劳模精神有利于培养德智体美劳全面发展的社会主义建设者和接班人。中国特色社会主义伟大事业需要依靠一代又一代中国人辛勤劳动、接续奋斗来实现。加强劳动教育，培育青少年深厚的劳动情怀，对于实现中华民族伟大复兴的中国梦至关重要。

第 2 节　旅游酒店业劳动模范风采

据新华社 2020 年 11 月 24 日报道，习近平总书记在全国劳动模范和先进工作者表彰大会上的讲话中指出，要大力弘扬"爱岗敬业、争创一流、艰苦奋斗、勇于创新、淡泊名利、甘于奉献"的劳模精神。24 字劳模精神是对劳模们崇高精神的全面概括，也是引领各行业劳动人民共同奋斗的精神指引。旅游酒店行业的劳动模范也用实际行动践行着 24 字的劳模精神内涵，在自己的岗位中展现着应有的劳模风采。

一、追求卓越的奋斗目标：爱岗敬业、争创一流

爱岗敬业是爱岗与敬业的总称。爱岗，就是热爱自己的工作岗位，热爱本职工作。工作岗位没有高低贵贱之分，也没有价值大小之别。敬业，就是以高度负责的态度对待自己的工作，忠于职守，把职业当事业。爱岗和敬业互为前提，相辅相成。爱岗是敬业的基石，敬业是爱岗的升华。

争创一流是一种积极奋发的精神风貌，是一种凝心聚力的目标追求，可以内化为每个人的工作动力之源。劳模们积极参加技术革新、技术协作、发明创造活动，充分焕发创新潜能和创造活力，创造一流的工艺、一流的质量、一流的管理、一流的服务，推动我国社会生产力水平不断跃升。

"爱岗敬业、争创一流"是劳模的奋斗目标，是劳模精神的本质特征。劳动模范用自身模范行为带动广大群众立足本职、尽职尽责、精益求精，在平凡工作岗位上作出不平凡的业绩。

【案例 2 – 1】

一片"丹"心，真情服务暖宾客①

王小丹是三亚银泰阳光度假酒店团支部书记、餐饮部运营经理，她从服务员做起，

---

① 胡拥军. 一片"丹"心 真情服务暖宾客［J］. 三亚日报，2020 – 11 – 26（3）.

干一行、爱一行，勤练服务基本功，在省、市旅游服务技能比赛中多次获得大奖：2012年获全市岗位服务技能大赛西餐宴会摆台第一名；2014年获三亚市酒店及餐饮行业工会职工劳动竞赛西餐宴会摆台项目一等奖，被授予"技术能手"称号；2018年获海南国际旅游岛青年服务技能大赛三亚赛区餐厅服务项目一等奖。业务上的日臻成熟也让王小丹对自己有了更高的要求，她利用业余时间读了电大的课程，获得本科毕业证书。2015年她光荣地加入了中国共产党。2019年12月被评为"海南省劳动模范"。2020年，她被推荐评选"全国劳动模范"。工作中，她更以细致贴心的服务赢得游客的认可。

"作为一名三亚旅游从业者，我所获得的荣誉是整个团队的荣誉，也是三亚所有旅游从业者的荣誉。现场聆听习近平总书记重要讲话，让我更加确信，任何平凡的事情坚持做好都可以是伟大的。我将继续用劳模精神、劳动精神、工匠精神激励自己，立足岗位更好地为游客提供优质服务，为海南自贸港建设贡献力量。"王小丹说。

2011年4月，王小丹入职三亚银泰阳光度假酒店，刚开始因为她学历不高，被安排到传菜员岗位。传菜员主要负责菜品的传送工作，厨房出菜时，及时传递餐厅用餐宾客的各种要求，并负责落实。每天，她提前换好工装，勤勤恳恳地搞好餐前区域卫生，认真检查保温台是否加水、电源是否完好、工作用具是否够用、单夹是否挂上等餐前各项准备工作。为了保证对号上菜，王小丹准确默记每个包厢、台号，确保传菜准确无误，第一时间送到服务员手里。同时，她还熟记了酒店菜品的特色及制作原理和配料搭配。"她把别人上网聊天的时间都用在了学习专业知识上。"该酒店总经理刘凯强告诉记者，通过个人的努力，不到一年的时间，王小丹就被调到了服务员岗位上。王小丹日复一日坚持不懈地练习，每天把大大小小上百样餐具按标准尺寸摆在桌面上。有时候一个动作，一天要重复几百，甚至上千遍。王小丹用自己的行动证明，只要把工作做好，平凡岗位也可以作出不平凡的业绩。

二、展现优良的精神风貌：艰苦奋斗、勇于创新

艰苦奋斗是一种精神追求、工作作风和生活态度，也是我们党的优良传统。劳模的艰苦奋斗精神是综合性、全方位的"精神链"，渗透、贯穿于劳模精神的各个方面。在建设中国特色社会主义现代化的今天，艰苦奋斗精神不仅没有过时，而且应该进一步发扬光大。劳动者需要继续发扬艰苦奋斗精神，始终保持昂扬向上、奋发进取的精神状态。

勇于创新的精神是各行各业创新精神的总结，是一个民族进步的灵魂，是事业发展的不竭动力。在很多职工看来，技术创新是专家、技术人员的专利。其实，普通职工经过反复研究同样可以创造出令人瞩目的新技术。一线工人将科学家的实验成果、工程师设计的图纸变成现实的产品，也是个再创造的过程。

【案例 2-2】

党旗在飘扬　烧麦开出奋斗花　最是初心更动人①

吴华侠，女，汉族，1983 年 10 月出生，中共党员，大学本科学历，中式烹调师，现任北京前门都一处餐饮有限公司都一处前门店技术督导。曾荣获全国优秀农民工、北京市劳动模范、北京市级非物质文化遗产传承人、北京市有突出贡献的高技能人才、北京老字号工匠等荣誉称号，2019 年当选为第十四届东城区政协委员。

一张简单的面皮，一盆软嫩鲜香的馅料，过了吴华侠的手，就能开出一朵花来——2008 年 6 月，吴华侠被定为都一处烧麦技艺第八代传承人，而且她的名字也载入了中国非物质文化遗产名录。这对于吴华侠来说，意味着一份新的沉甸甸的责任与使命——传承。

"练好自己的看家本领是首位的。"吴华侠一直希望自己能有所作为。据介绍，都一处烧麦的核心技术就是擀烧麦皮，标准是每个烧麦皮不少于 24 个褶。经过勤学苦练，吴华侠逐渐摸索出了自己的"绝活儿"，她在这个标准之上，擀出了 103 个褶，让人称奇。"勤学才能长知识、苦练才能精技术。"这是吴华侠时常挂在嘴边的一句话。

"考虑到营养成分、含糖量、口感、颜色、可操作性等综合情况，有时因为原料投放顺序不同，出品的效果也有差异，同一种谷物需要做几十次试验，这就得不断地实践、总结，再实践、再总结。"吴华侠表示："干好一件事，要有攻坚克难的毅力和追求卓越的信念，我不怕吃苦，也不会轻言放弃。"

"希望将这门技艺传授给更多的人，集合更多力量发扬优秀传统技艺。"吴华侠表示："作为新时代的奋斗者，我们就是要有理想守信念、懂手艺会创新，也呼吁更多的年轻人加入进来，传承发扬工匠精神，壮大老字号传承人才队伍，使老字号永葆青春活力。"

吴华侠将传承烧麦技艺作为一种责任和担当，始终秉承在继承中传承，在传承中创新的理念，始终坚持以匠心的精神在精益求精中创新，在创新中发展。为将这门技艺发扬光大，她组建了烧麦制作团队，采取理论与实践相结合等多种形式将制作技艺无条件传授给每位成员，先后培养出了 36 名烧麦制作技术骨干。为适应市场变化和顾客的消费需求，她带领团队，积极研发新产品：结合时令特点，研发出"四季时令烧麦""五谷烧麦"；2008 年，研发出"奥运五彩烧麦"；2009 年，研发出"60 周年大庆炫彩烧麦"；2019 年，研发出"70 年大庆团圆烧麦"等 22 种新产品。她能够坚持初心、恪守使命，在疫情期间，她主动提出要坚守一线，在做好店内各项防疫工作的同时，每天坚持为社区防疫一线人员送餐 200 余份，关键时刻充分体现了一名共产党员的担当和使命。

---

① 党旗在飘扬　烧麦开出奋斗花　最是初心更动人 [EB/OL]. (2021-06-08) [2023-10-03]. https://www.163.com/dy/article/GBVUCUDN0512F5G0.html.

三、保持崇高的内在品质：淡泊名利、甘于奉献

淡泊名利是以超脱世俗、豁达客观的态度看待一切。劳模具有淡泊以明志、宁静以致远的优秀品格，把为理想奋斗当作人生快乐的源泉，用高尚的理想和情操充实自己的精神世界，努力实现人生价值。许多劳模几年、十几年，甚至几十年如一日，在平凡的工作岗位上默默耕耘，并且能做到清心寡欲、淡泊名利、脚踏实地地实现人生理想和生命价值，成为广大职工和全社会尊敬的先进劳动者。

甘于奉献是指为了维护社会集体利益或他人利益，个人能够自觉地让渡、舍弃自身利益的一种高尚品格，是中华民族世世代代自强不息的精髓。奉献是一种高尚的情操，无论时代发生怎样的变化，奉献永远是鼓舞和激励人们奋发向上的巨大力量。

"淡泊名利、甘于奉献"是劳模精神中凝结的恒久不变的核心价值和内在动力，体现了他们不求索取、不为名利的精神品质。

【案例 2 - 3】

津菜厨师组团抵达武汉为天津医疗队助阵：保胃暖心，家乡菜也是战斗力①

2020 年 3 月 7 日下午，由 8 人组成的天津厨师团队抵达武汉，为奋战在抗击疫情一线的我市医疗团队提供饮食保障。从 1 月 26 日开始，我市先后选派近 1300 名医护人员驰援湖北一线。为了能让他们饮食更加可口，后勤保障更加细致，在市商务局牵头下，市旅游集团、耳朵眼饮食集团和市烹饪协会的 7 名津派大厨组团开赴武汉。团队出发送行中多次叮嘱并明确目标："疫情不消，誓不回还。"

厨师团队领队、来自市商务局的马斌介绍，厨师团队成员都是精心挑选的，个个手艺高超。其中 3 位是国家级烹饪大师，分别来自天津津利华酒店和津菜典藏酒店。"为在武汉抗疫前线的医护人员提供服务，是我们的责任也是光荣。我们要以最精湛的手艺，做好餐饮保障，使他们能够以更大的精力、更饱满的热情投入抗疫工作中去。"

作为 17 年前抗击非典时期曾为海河医院医护人员及病患提供餐饮服务 3 个多月的亲历者，天津市烹饪协会副会长兼秘书长孔令涛说，一方面，作为同穿白衣的厨师和医护人员是心手相连的，他们在守护着生命，厨师在守护他们的胃；另一方面，我们有过之前的经验、有信心很好地完成此次工作。这次我们将煎饼果子、打卤面、包子、豆腐脑等天津特色带到大家面前，让医护人员吃着家乡的味道更有力量去完成好工作。同时作

---

① 津菜津厨，暖心行动——天津市餐饮团队赴武汉驰援系列报道之二 ［EB/OL］.（2020 - 03 - 08）［2023 - 10 - 03］. http://www.tjsprxh.org.cn/tjsprxh88/vip_doc/16490362.html.

为协会的党支部书记，孔会长说身为党员没有害怕二字，就是要第一时间冲到一线。让熟悉可口的饭菜温暖大家的胃和心，更加安心地在一线治病救人。津利华大酒店厨师刘国华表示，医护人员们战斗在一线，厨师团队一定尽最大努力做好饮食保障工作，为医疗队员们增加干劲。"家乡菜也是战斗力！"

"再见了！英雄的武汉，感恩此次为天津最美的医护逆行者们提供餐饮保障的机会，能够与你们并肩战斗在战'疫'一线，贡献自己的一份力量，我感到无比荣耀。中国加油！"中式烹调高级技师、津利华大酒店总经理马涛从武汉返津时，在朋友圈写下这样一段话。同时，他也在 2020 年 7 月被评为天津市抗击新冠疫情劳动模范。

第3节　旅游酒店业从业者如何弘扬劳模精神

习近平总书记多次强调，要大力弘扬劳模精神、劳动精神、工匠精神。那么我们全社会以及全行业都要崇尚劳动、见贤思齐，弘扬劳动最光荣、劳动最崇高、劳动最伟大、劳动最美丽的社会风尚。俗话说："三百六十行，行行出状元。"旅游酒店业的劳动者在凭借自己的智慧和毅力创造价值的同时，要懂得用劳模精神指引前进的方向，要学习劳模，做服务社会的先锋。只要认真领会，认真践行，普通劳动者也会取得不平凡的成绩，逐渐成长为行业内的佼佼者。

一、尊师重教，带着"感情"去学

学习劳模精神，首先就要尊敬、尊重劳模，带着一种深厚的感情去学，摆正心态，带着真诚的心去学习。劳模绝不平凡，每个人不一定都成为劳模，但人人皆可学劳模，都能践行劳模精神。劳模精神没有"光环"，更多的是对职业的喜爱，发现的喜悦，劳动的乐趣，结果却实至名归。劳模的闪光点就在于他们把工作当事业，把付出当追求，在平凡的岗位上发光发热。

劳模的典型事迹，普通职工也能做到。只要我们愿意去做，只要有心、用心、恒心，从今天做起，做好本职工作，以平常心把每一件事情都做到尽心尽力，就是践行了劳模精神。同时我们可以带着问题去学，学习劳模如何在本职岗位上做好本职工作。学习劳模在处理问题时，多问几个为什么，要带着自己的思考，带着自己的问题去学，有学习才有进步，发现并解决问题才有进步。

二、取长补短，带着"镜子"去学

学习一种精神就是树立起一面旗帜，标示出一种导向。劳模就是我们身边的一面镜子，值得大家经常照一照，这样就能找到差距、发现不足，激发见贤思齐的内在动力。与劳模的先进事迹相比，大多数普通劳动者确实存在一定甚至很大的差距。学习劳模精神，就要以劳模为榜样，主动找出差距，学习领会劳模先进事迹的精神实质，学习劳模的优秀品质。

常照照"劳模"这面镜子，就是要认真地分析自己存在差距的原因，做到既知其然也知其所以然，下功夫逐步规范自己的行为，奋起直追，不断向劳模靠拢看齐；同时还要持之以恒，做到常态化，不断克服"小胜即满"的肤浅认识，避免三分钟热度。当然，我们不仅要向这些模范人物学习，还要向身边的老师、同学、企业的前辈学习，学习他们的长处，克服自己的缺点，把自己的职业境界提升到一个新的高度。最后要选择正确的方式方法，不偏离角度对照，做到务实、求真。

三、爱岗敬业，带着"热爱"去学

对每一个普通职工来说，学习劳模精神并不需要有惊天动地的业绩，更多的是享受向劳模先进学习的过程，用劳动模范和先进工作者的崇高精神鞭策自己，发现劳动的乐趣，激发对职业的热情，并最终在自己本专业的工作中取得进步，作出贡献。

学习劳模精神绝不是盲目照抄照搬。不能因为某劳模是钢铁公司的炉前工，就改行当炉前工；不能因为某劳模是企业家，从此就想下海经商。我们要做到热爱本职工作，爱岗敬业，把这份热爱转化为工作的能量和动力，在工作中更好地进入角色、担负职责。

四、脚踏实地，带着"干劲"去学

以劳模先进事迹为学习材料，激励自己，认识到自身不足，其实归根到底就是要加强自我修养，提高自身素质。中国经济转型发展，需要努力建设高素质劳动大军。劳动者素质对一个国家、一个民族发展至关重要。

首先，要树立终身学习的理念，养成善于学习、勤于思考的习惯。习惯一经形成就是终身受用的资本；反之，不良的习惯则会成为一生的羁绊，阻碍自己的发展。一个整天喜欢蒙头大睡，在宿舍沉迷游戏的人，不可能在梦中成就他的事业。

其次，要勤于学习钻研，有顽强的意志不断提高进步。从点滴做起，不能好高骛远，立足岗位，脚踏实地，勤勉敬业。只要尽心尽力做好每一件事情，只要有水滴石穿的坚韧精神，终将放射出耀眼的光彩。

最后，要保持创新精神，在工作岗位上大胆探索、创新创造。养成多读书、善探究、爱思索的好习惯。自觉向实践学习，在实践中更新思维、开阔眼界，在实践中磨炼意志、学会忍耐，成长为知识丰富、技能精湛、视野开阔、爱岗敬业的有用之才。

【互动交流】

1. 各个时期的劳模有哪些共同点？
2. 劳模精神的 24 字精神内涵是什么？
3. 旅游酒店行业的学生应如何弘扬劳模精神？

【案例任务】

"客人的节假日就是我们的劳动节"①
——记全国劳动模范、云南世博集团花园酒店副总经理周跃春

自幼喜好厨艺的周跃春 1988 年毕业于昆明第八职业中学后，以一个厨师的身份进入到当时昆明第一家中外合资的高星级酒店——金龙饭店工作，由此开始了自己的职业生涯。烹饪之艺博大精深，厨师需要开阔的眼界。周跃春随后辗转于德国和新加坡，不断提升自己的手艺。2003 年，他来到云南世博花园酒店工作，时任餐饮部经理。当时的花园酒店还是一个亏损企业，总营业收入不过千万元，餐饮收入不到 500 万元。为了扭亏为盈，酒店领导班子认识到"成也餐饮，败也餐饮"，重新确立了"开拓创新，追求卓越"的理念，以"会议、休闲、度假"为特点，力争打一个翻身仗。为了这一仗，周跃春感受到肩上的责任和使命，并积极投身到这场拼搏之中。他以餐饮部为家，以餐饮为业，每天工作 12 小时以上。酒店从 2006 年开始盈利，达到了企业设定的目标。在这个过程中，餐饮部作出了不可磨灭的贡献。从 2004 年起，花园酒店的餐饮指标连续 11 年超过酒店收入的 50%，这在云南酒店行业里是独树一帜的。世博花园酒店已成为云南酒店行业的一个标杆，一面旗帜。

2014 年起，由于世博集团重组酒店成功并入了上市公司，周跃春除了分管餐饮板块业务，还增加了工程部、保安部两个部门的管理工作。他牵头完成了酒店内大堂地面塌陷的修复工程，确保了酒店安全经营，还组织实施了对酒店的多项大型工程项目。同时对酒店新型节能设备、太阳能光伏发电的验收、对太阳能热水系统进行的改造调整，既保障了酒店客人的使用需求，又确保了酒店员工日常的沐浴需求，还有效降低了能耗。目前，酒店的能耗只占经营总收入的 6.5%，达到和超过了国际酒店管理水平。

周跃春坚持身体力行去感染员工，为员工做好榜样，从未有过丝毫懈怠。每一天的接待工作，都力争在一线鼓励员工，强调工作细节，培养服务意识，坚持与员工同吃、同劳动。每年中秋、除夕，千家万户都在欢庆团圆的时候，周跃春都坚持到一线看望坚守岗位的员工。这一习惯，10 余年来从未改变。

周跃春的座右铭是："客人的节假日就是我们的劳动节。"酒店的接待服务管理工作，

---

① "客人的节假日就是我们的劳动节"——记全国劳动模范、云南世博集团花园酒店副总经理周跃春 [J]. 时代风采，2016（8）：14.

是做事，也是做人，是一项工作，更是一份责任。通过带领员工攻坚克难，依托世博花园酒店的品牌优势和集团强大的后盾，花园酒店的餐饮、客房家政业务对外拓展，成功承接了中信银行等企业的餐饮及物业保洁业务，深受业主方的好评和信赖，为企业增收创利、品牌宣传作出了贡献。

企业壮大的背后需要一支专业和有凝聚力的团队作为后盾。花园酒店的一线员工文化程度参差不齐，从业经验千差万别。周跃春从不端领导架子，他更像是这个家庭的家长，希望自己的家庭成员可以实现自己的价值，过上幸福的生活。他始终牢记一句话："与民同苦不是本事，带民致富才是本领。"10 余年来，在带领员工做好企业经营服务的同时，带领部门大胆探索、创新改革，不断拓展经营服务，创建学习型的企业文化，每月推出的异国美食节和每季度的中华美食探秘系列主题餐饮活动得到了市场的认可和行业的好评。酒店餐饮部现员工执证率达 100%，有中国烹饪大师 2 人，云南烹饪大师 2 人，云南烹饪名师 9 人，云南服务大师 1 人，云南服务名师 5 人，每年荣获行业内各类比赛大奖，既展示了企业风采又锻炼了员工队伍。2014 年餐饮部荣获云南五一巾帼标兵岗，在北京举办的第七届全国烹饪技能竞赛全国总决赛中荣获中式热菜特金奖和中式面点特金奖各一名，同年 10 月参加第十一轮职工技能大赛暨云南省首届滇菜技能大赛荣获中式烹调金奖 2 名。

请分析：
1. 周跃春身上体现的哪种劳模精神让你印象深刻？
2. 你可以从哪些方面践行劳模精神？

【参考文献】

1. 党印. 职业与劳动——大学生劳动教育十讲 [M]. 北京：人民交通出版社，2021.
2. 刘向兵. 劳动通论 [M]. 第 2 版. 北京：高等教育出版社，2021.
3. 李珂. 劳模精神 [M]. 北京：中共党史出版社，2020.

第 3 章

旅游酒店业的工匠精神

【本章简介】

　　工匠精神作为更高层次的劳动精神和职业精神，历史源远流长。工匠精神能够帮助劳动者克服工作中的枯燥感，带来快乐感、成就感，还可为社会带来更多的价值。旅游酒店业作为服务业的典型代表，同样需要弘扬工匠精神，从业者需要不断提高职业素养、职业能力，在普通而平凡的服务岗位中不断追求卓越，实现自己的人生价值。本章从工匠精神的角度认识劳动以及劳动教育，讲述工匠精神的起源、内涵及其对劳动价值的贡献，介绍旅游酒店业从业者如何培育工匠精神。

【学习目标】

　　1. 了解工匠精神的起源及价值。
　　2. 列举工匠精神的内涵。
　　3. 总结旅游酒店业从业者工匠精神的各种表现。
　　4. 设计旅游酒店业从业者工匠精神培育的方法与途径。

【导入案例】

庖丁解牛①

　　有个名叫丁的厨师给文惠君宰牛。他的手接触的地方，肩膀靠着的地方，脚踩着的地方，膝盖顶住的地方，都哗哗地响，刀子刺进牛体，发出霍霍的声音。没有哪一种声音不合乎音律：既合乎《桑林》舞曲的节拍，又合乎《经首》乐章的节奏。

　　文惠君说："嘿，真好哇！你的技术怎么高明到这种地步呢？"

　　厨师丁放下屠刀，答道："我所喜好的，是'道'，它比技术更进一步。我开始宰牛的时候，看到的无一不是整头的牛；三年之后，就不曾再看到整头的牛了；现在呢，我用精神去接触牛，不再用眼睛看它，感官的知觉停止了，只凭精神在活动。顺着牛体天然的结构，击入大的缝隙，顺着骨节间的空处进刀；依着牛体本来的组织进行解剖，脉络相连、筋骨聚结的地方，都不曾用刀去碰过，何况那粗大的骨头呢！好的厨师，每年换一把刀，因为他们用刀割肉；一般的厨师，每月换一把刀，因为他们用刀砍断骨头。现在，我的这把刀用了十九年啦，它宰的牛有几千头了，可是刀口像刚从磨石上磨出来一样。因为那牛体的骨节有空隙，刀口却薄得像没有厚度，把没有厚度似的刀口插入有空隙的骨节，宽宽绰绰的，它对于刀的运转必然是大有余地的了。因此，它用了十九年，

---

　　① 张耿光. 庄子全译［M］. 贵阳：贵州人民出版社，1991：47－51.

刀口却像刚刚从磨石上磨出来一样。即便如此，每当遇到筋骨交错聚结的地方，当我感觉到它难以处理时，就会小心翼翼地警惕起来，目光集中到一点，动作也会因此而放慢，使刀变得非常轻，在它'霍'的一声被剖开，像泥土一样散落在地上时，我提着刀站起来，环顾四周，此时，我的心情非常愉悦，觉得自己以一种'悠然自得，心满意足'的心态完成了自己的工作，最后再把刀擦拭干净，收藏起来。"

文惠君说："好哇！我听了庖丁的这些话，从中获得了保养身体的道理。"

请思考：

庖丁解牛的案例中，可否总结出庖丁的工作精神状态与一般厨师的精神状态有何区别？如何看待庖丁对待自己工作的态度？

第1节　工匠精神概述

一、工匠精神的起源

工匠精神，英文表述为：Craftsman's Spirit。它实质上是一种职业精神，源于工匠的职业精神。工匠精神是工匠这一职业人群的精神状态，是工匠这一类从业者的职业价值取向和行为表现。

在中国古代，长期使用斧头等工具的人被称为"工匠"，后来，所有从小学徒开始并终身从事某种匠工的手工艺（技艺）人都被称为匠，如木匠、铁匠、铜匠、泥瓦匠等，这些匠人或者工匠在从事自己的本职工作时，不会以"差不多就可以了"作为终极目标，而是努力钻研业务，力求精益求精地完成工作，最终向社会呈现出类似艺术品的产品。以匠心打造的产品不仅劳动价值更高，其在市场上更受社会大众青睐，能够以更高的附加值获得认可；还可以推动创新、促进社会的进步。鲁班、沈括、李春、李冰这样的世界级工匠大师，就是以其高超的技艺，以及孜孜不倦的钻研精神，发明创造出一个又一个改变世界的工具，建造了一项又一项功在千秋、传世后代的伟大工程。可以说，工匠精神是中华优秀传统文化的重要内容和宝贵财富。

进入现代工业社会，工艺技术逐渐由手工工艺向机械技艺乃至智能技艺转变，工匠们依托的工具不再是传统手工器具，而是新的机械器具以及电脑、智能操控的现代科技器具，这些技术对于工匠提出了更新、更高的要求，工匠在社会上的称谓也逐渐由"匠人"转变为"匠士"。虽然依托的工具以及技艺发生了变化，工匠由传统的手工工匠转变为现代工业领域的机械技术工匠和智能技术工匠，但"工匠精神"这一指引工匠在本职岗位坚守奋斗的精神状态仍须在工匠这一职业领域中继续传承。我国要成为世界范围内的制造强国，要由"中国制造"向"中国智造"升级转换，还需要继续将中国传统文化中深蕴的工匠文化发扬光大。为了帮助"中国制造"转向"中国智造"以及"中国精造"，在由"向规模要效益"往"向质量要效益"的转型过程中，必须在制造业及其他产业中宣传并弘扬"工匠精神"。为此，在2016年的政府工作报告中，时任总理李克强强调："鼓励企业开展个性化定制、柔性化生产，培育精益求精的工匠精神，增品种、提品质、创品牌。"① 2020 年，习近平总书记在全国劳动模范和先进工作者表彰大会上强调："在长期实践中，我们培育形成了爱岗敬业、争创一流、艰苦奋斗、勇于创新、淡泊名利、甘于奉献的劳模精神，崇尚劳动、热爱劳动、辛勤劳动、诚实劳动的劳动精神，执着专注、精益求精、一丝不苟、追求卓越的工匠精神。"②

自此，"工匠精神"这一概念在中华大地上被广为传播，并且慢慢形成了与"工匠精神"建设支撑的文化、社会氛围和舆论土壤。这一氛围使具有"工匠精神"的大国巧匠们，在经济上有保障，在社会上有地位，在人格上受尊重。在全社会树立匠人社会氛围，孕育"匠人为本"的社会理念，是践行、传承、弘扬工匠精神的首要任务，也是我国制造产业及其他产业领域转向高质量发展的必经之途。

二、工匠精神的根基

1. 劳动奉献精神

工匠精神首先是一种劳动精神，是热爱劳动、以劳动为荣的精神。工匠们通过自己专注的劳动，为人类创造物质财富，并在劳动中体验、升华人生的意义与价值，提升自己的精神财富，使得我们的物质财富与精神财富进入良好的互动循环。

其次，工匠精神是一种带有奉献精神的劳动精神，工匠们不只创造合格的劳动产品，还会在本职岗位及自身专业领域内努力探索，无私奉献，苦学苦干苦钻研，通过自身的努力奉献、挥洒热泪与血汗，为客户带来过硬的产品与服务。

2. 爱岗敬业精神

具有工匠精神的匠人们最显著的特征就是"干一行爱一行，在干中增长技艺与才能"。他们在自己的工作中努力做到以下几方面。

专业、敬业：他们会在专业领域里不懈努力，不断进步，力争打造出本行业最优质的产品、其他同行无法匹敌的卓越产品。

敬畏、入魂："匠人"在工作时，不仅要尊重自己的职业，还要将自己的"心意"和"魂魄"注入作品之中，从"匠心"到"匠魂"铸造的产品才会更有生命力，才能获得客户的认可。

谦恭、自省："匠人"会认真对待自己的本职工作，却对自己做的事情不吹嘘，实事求是，以谦逊的态度对待自己的职业与工作，才能够在工作中不断寻求进步，追求更好、更精。

---

① 李克强. 政府工作报告——2016 年 3 月 5 日在第十二届全国人民代表大会第四次会议上 [J]. 中国集体经济, 2016 (8)：14 – 25.

② 习近平. 在全国劳动模范和先进工作者表彰大会上的讲话 [M]. 北京：人民出版社, 2020：4.

三、工匠精神的内涵

工匠精神是工匠在职业素养上脚踏实地、在专业技术上精益求精的一种理想精神状态，是工匠对自己的产品精雕细琢、追求完美的精神理念，其核心是对品质的追求，目标是打造本行业的精品。它是工匠职业道德、职业能力、职业品质的高水平体现，是工匠从事职业必须具备的高水平精神状态，也是工匠创造高附加值劳动价值的必备要件。

工匠精神有着十分丰富的内涵，具体表现为以下四个方面。

1. 执着专注的精神

工匠精神是执着专注的精神。执着专注是一种精神状态，是时间上的坚持、精神上的聚焦。

能够称为工匠的人员，都会具备耐心、专注坚持的特质。在生产产品的过程中，他们不急不躁，持之以恒，从产品设计、材料选择以及生产流程等诸多方面，专心注意产品和服务的质量。在执着专注精神的引领下，钻研自身工艺技术，在每一个工艺环节都坚决保持对品质的高标准、严要求，以不断提升最终产品和服务的质量。

2. 精益求精的精神

工匠精神是精益求精的精神。精益求精是工匠对于最终产品品质上的追求，是质量上的完美、技术上的极致。

重细节、追求完美是工匠精神的关键要素。为了达到完美的效果，工匠需要在每个环节、每个细节都非常严谨、认真，他们从细处见大，将每一处都考虑到位，在每一处都考虑"如何做才会更好"，在细节上工匠们没有终点，没有最好，只有更好。他们反复改进产品，追求最终产品的完美极致。凭借着这种"精益求精"的精神，工匠们才能做到产品质量的极致，才能在自己的工作领域不断创新进取，追求卓越。

3. 一丝不苟的精神

工匠精神是一丝不苟的精神。一丝不苟是工匠对于自身的要求，是细节上的坚守、态度上的严谨。

要做到精益求精，工匠对待任何细节都要谨慎细致、一丝不苟，不投机取巧，确保每个部件的质量，对产品采取严格的检测标准，不达要求绝不轻易交货。在细节方面，他们不惜花费时间精力，孜孜不倦，反复询问自己"为什么"，追根溯源，打破砂锅问到底，以挖掘问题本源，找到解决问题的办法，从根源处将产品质量隐患消除，以一丝不苟的精神，确保经过自己手中出产的产品质量达到极致。

4. 追求卓越的精神

工匠精神的核心要素是追求卓越。追求卓越是理想信念，是理想上的远大、信念上的崇高。

社会的发展需要进取，工艺的发展离不开创新。高质量的产品源自工匠们孜孜不倦追求完美的精神，而要追求完美，必须不断地追求进步、追求卓越，这种向上向好的精神是工匠精神的根本力量源泉。缺乏追求卓越的创新进取精神，精益求精、一丝不苟的精神将是空谈。

归结而言，工匠精神的本质为：道技合一，追求卓越。工匠只有完全具备以上几种精神状态，并将其有机融合，才能在自己的工作中始于意识，作于点滴，最终成于大国巧匠之价值。

总而言之，只要具备执着专注、精益求精、一丝不苟和追求卓越的精神，即便是平凡的服务工作岗位，同样可以大有成就。

【案例 3 - 1】

在清洁工岗位上的日本"国宝级匠人"

新津春子是日本东京羽田机场一名普通的机场大厅清洁工，她在平凡的工作岗位上深入钻研清洁业务，不仅是把设施表面看得见的东西清扫干净，平时看不见的部分也是她的清洁范围：除菌、除臭、烘干……越小的细节她越认真对待，洗手间的干手机在使用后会产生很多细菌和很大的异味，必须要把干手机底下的排水沟好好清理干净才行，哪怕每个槽缝只有 1 厘米，她也绝对不留下任何灰尘，因为那样会给过敏的人和孩童留下隐患。

为了更好地从事自己的清洁工作，新津春子努力钻研清洁剂的成分、功效及使用方法，以超乎常人的强大知识储备为自己的工作做好铺垫。新津春子可以对 80 多种清洁剂的使用方法倒背如流，也能够快速分析污渍产生的原因和组成成分。有一次，她应邀去一户家庭解决浴室地砖勾缝里一直都除不掉的灰色霉迹问题，现场勘察后，她决定将水与醋按照 3∶1 的比例兑好，放进喷雾瓶喷湿地面，之后铺上纸巾再喷一次，浸泡 10 分钟后，用硬刷配合市面上贩卖的浴室清洗剂刷洗。最后，地砖和勾缝一起恢复了原色，客户多年无法解决的卫生问题在她面前迎刃而解。

工作中的新津春子异常较真，比如在所有小孩可能会碰到的地方，都不使用刺激试剂；看见污渍就像看见宝贝一样，一看到就会喜笑颜开。正是因为她对本职工作有着近乎苛刻的认真和追求，对挑战污渍的兴奋和执着，所以她的工作完全跳出了一般人对于"保洁"的定义，脱离了简单体力劳动的范畴，从而可以归入工匠精神的序列。

文明始于匠，创造源于心。新津春子心怀匠心，让她从一般的清洁工化作国宝级的匠人，更带领着她的团队，让日本东京的羽田机场数年度被封为世界最干净的机场，2016 年，新津春子的名字响彻日本与全球，她凭借自己的努力取得了"日本国家建筑物清洁技能士"的资格证书，被封为日本"国宝级匠人"。新津春子的成就告诉我们：在平凡的清洁工岗位上，只要踏实认真，按照更高标准对待自己的工作，努力钻研业务，也能做出卓然超群的业绩。

四、工匠精神的价值

劳动创造价值，工匠精神作为劳动精神的卓越体现，其创造的产品价值更高，赋予工匠的个人价值认可度更高。此外，依靠工匠们精益求精、追求卓越的精神，产品工艺与技术会不断进步，社会也会随之不断进步。

1. 产品层面价值

具备工匠精神的工作人员最初并不以"获利"为追求目标，而是在"踏实"地履行自己的工作职责。具有工匠精神状态的工匠们能够创造出功能、外观或者其他方面更加完美的产品，要做到完美，工匠们必须耗费更长的时间和更多的产品，为此付出的劳动也更多，而消费者也愿意对产品价值予以认可，为完美质量的产品付出更高的价格。工匠们正是在"认真工作""精益求精""追求完美"中获得客户与市场的自然认可。许多具备了工匠精神的企业往往是行业里的奢侈品牌，比如瑞士的手表制造行业。旅游酒店行业更是如此，关注服务细节的奢华品牌旅游酒店企业，其收费更高，溢价值更高。

2. 个人层面价值

工匠们喜欢不断雕琢自己的产品，不断改善自己的工艺，享受着产品在双手中升华的过程。这一过程不仅成就了更好的产品，也成就了更好的匠人，使得工匠们在不断进步中更好地实现自身价值。将工匠精神注入现代化的生产与服务当中，可以帮助工作人员更加用心去做好本职工作，更加用心地维护自身事业的原则和尊严，在工作中理解生命与劳动的意义与价值，谋求社会的进步与和谐。

3. 社会层面价值

工匠精神不仅可以帮助匠人们提高产品服务质量，实现自身价值，还可以促进人类依靠创新去推动技术进步，推进物质文明与精神文明建设，引领社会进步与发展。

拥有并坚持工匠精神的匠人和企业，依靠信念、信仰，不断追求产品及工艺的改进完善，最终通过高标准要求历练之后，成为众多用户的骄傲，如若有幸成功，完美产品的生产会推动社会物质文明的建设，即便不幸出现差错，或者未能成功，在追求尽善尽美的这个过程中，他们也是在完完全全享受这一过程，他们的精神状态是脱俗的，是正面积极的，这种精神状态将引领整个社会朝更为文明的方向积极发展，对于社会的和谐与进步起到无可替代的作用。因此，工匠精神是社会精神文明进步的重要尺度。

综上，工匠精神作为古代匠人的优秀精神文化，作为当今社会进步的精神动力源泉，不仅需要我们传承，更需要我们将之应用至各个工作领域，在各行各业发扬光大。

第 2 节　旅游酒店业从业者的工匠精神体现

"工匠精神"属于劳动精神和职业精神的范畴，是劳动精神和职业精神高水准的表现，是从业者的一种职业价值取向和行为表现，与其人生观和价值观紧密相连，是从业过程中对职业的态度和精神理念。与其他劳动精神与职业精神比较，工匠精神在工作中信奉推崇"踏实""认真"的信仰观念。"踏实"在工作中主要表现为执着专注于自己的本职工作、爱岗敬业，以及一丝不苟地严格遵守职业道德规范；"认真"在工作中表现为不断提升自己的工作技能，不断追求完美、追求卓越，力争做到产品的精益求精。

虽说工匠精神起源于工艺技术领域的从业者，在当代社会中，也主要是在制造业领域的产业工人中宣扬推广这一精神状态。但就其推崇的"踏实"与"认真"的工作状态而言，在其他任何领域的从业者都需要具备，包括旅游酒店领域的从业者。旅游酒店行业属于服务行业，但在执着专注、用户至上、严谨敬业、精益求精、一丝不苟、推陈出新、追求卓越的职业价值理念上，旅游酒店行业与制造业并无差别，因此旅游酒店行业同样需要具备"工匠精神"的专业服务及管理人员。旅游酒店业的"工匠精神"，就是旅游酒店业从业者专注于自己的服务领域工作，一丝不苟地对待自己的每个服务环节，对自己研发、设计、生产的旅游及酒店产品精雕细刻、精益求精、不断追求更高境界服务水准的精神理念。旅游酒店业从业者不仅应当掌握岗位所需的各种技能与能力，还应该显露出顶级的工匠精神，只有如此，才能在职业中寻找到自己的位置，并且帮助旅游酒店业实现一个又一个的神话。

一、精神基石体现——执着专注，爱岗敬业

工匠精神的基石是执着专注于自己的工作与事业，选择性忽略外部环境的影响因素，这样可以消除浮躁，将所有的精神与毅力投入自己热爱的事业。而"执着专注于本职工作"的基本表现就是"爱岗敬业"。只有爱岗敬业，才能做到对待自己的工作态度始终如一，不会受条件或者不合理因素的影响，才能数十年如一日在自己的工作岗位上钻研业务，并在自己的岗位上做到极致。

"爱岗敬业"是"爱岗"与"敬业"的总称。"爱岗"就是热爱自己的工作岗位，热爱本职工作，"敬业"就是要用一种恭敬、严肃、敬畏的心态对待自己的工作。"爱岗"

和"敬业",互为前提,相互支持,相辅相成。"爱岗"是"敬业"的基石,"敬业"是"爱岗"的升华。

爱岗敬业是一种忠于职守的事业精神,这是职业道德的基础。任何一份职业,一个岗位,都是一个人生存和发展的基础保障,也是人类社会存在和发展的需要。对于个人而言,爱岗敬业是一个人完成本职工作的基本要求,只有心甘情愿地爱岗敬业,才能在自己的工作岗位上认真负责、尽心尽力,才能对产品、对客户抱有尊重的态度,更好地完成自己的工作。对于社会而言,爱岗敬业应当是一种普遍的奉献精神,它是每一位从业者都应做到的基本标准,而非最高标准;它是一种平凡的奉献精神,每个普通人可以也应该具备;它是一种伟大的奉献精神,因为在普通的岗位上,做出十二分努力,做出超越普通的卓越水准,极其不易。从业者只要可以做到爱岗敬业,即可在细微之处体现工匠精神,在点点滴滴之中窥见工匠品行。

具备爱岗敬业精神,既容易也不容易。容易,是因为只要愿意,在自己的工作岗位上认真负责并不难;不容易,是因为在自己的工作岗位上认真负责一天、一个月、一年很容易,在自己的工作岗位上认真负责三年、五年甚至一辈子不易。很多人在小事上很难做到从一而终,更难以做到刻苦勤奋、精益求精。因此爱岗敬业虽然是基本职业标准规范,但仍须大力弘扬。

近年来,随着人们物质生活水平的不断提高,旅游产业快速发展,对旅游酒店业从业者需求数量日益增多,但由于近些年来各类社会观念的浸染,许多人对于旅游酒店行业的工作不尽了解,对于旅游酒店行业中的工作岗位也比较轻视,在从事旅游酒店行业的工作前,不是心甘情愿,而是不得已而为之;没有较强的能力,却也不愿在普通的服务工作岗位上干一行爱一行,因而在旅游酒店业从业者中强化"执着专注"与"爱岗敬业"精神尤为重要。

旅游酒店业从业者的执着专注、爱岗敬业精神表现为对于"服务性"工作的认可,能够在本职工作岗位中推行"助人为乐"的服务精神,将自己的服务工作岗位作为自己工作战场的主阵地,诚心诚意、全心全意,在服务中融入真情地为宾客提供各项服务性产品。旅游酒店业从业者首先需要具有"一心一意为宾客,服务劳动最光荣"的服务理念。没有助人为乐的精神,无法在看似简单而枯燥的体力劳动中寻求到劳动的真谛与快乐;没有正确的职业素养,无法在长期的对客服务中寻找到工作与生活的平衡点。只有真正拥有"助人为乐"精神的工作人员,才能热爱服务工作,才能在服务中不断钻研如何提高服务品质,才能在服务性工作中为宾客提供"工匠"级的服务产品,并由"敬业"逐渐转化为"乐业",以乐观的心态对待自己的工作及宾客,在自己的本职工作中逐渐形成"敬业—乐业—乐观—更敬业"的正向循环,确保旅游酒店业从业者的稳定性及持续性。

二、基本境界体现——一丝不苟,严守底线

旅游酒店行业有许多工作是简单性的体力劳动,被视为"脏、累、差"的工作,如:

客房的卫生清洁工作、餐厅端茶递水的服务性工作、前台接待及导游的接待性工作、讲解人员的景区讲解等，但这些工作却是旅游酒店行业最主体性的工作，而且在这一行业中，对于产品基本的卫生、安全、服务要求都有着苛刻的标准，因为卫生品质、安全要求、服务态度是顾客最为看重的，稍有不慎出现差池，就会在公众媒体中被曝光。这些工作表面看似简单，实则非常劳累，在长期的工作中很难取得成就感，也很难坚持下去。伴随着工作热情的下降，部分从业者会放松标准，以次充好，或者在工作中以"应付""差不多就好"的心态对待自己的卫生清洁以及服务工作，在酒店行业中屡次出现的"马桶门""床单门"现象，就是典型的反面案例。

在旅游酒店行业中，要推行工匠精神，就要在培育员工执着专注、爱岗敬业的基础上，教育员工一丝不苟地严守底线，违背职业道德的行为不做，在工作中严格执行规范要求与标准。旅游酒店业中有一些行业规范与服务标准，如《旅游饭店星级的划分与评定》（GBT 14308—2010）、《文化主题旅游饭店基本要求与评价》（LB/T 064—2017）、《旅游民宿基本要求与评价》（LB/T 065—2017）、《精品旅游饭店》（LB/T 066—2017）、《旅游经营者处理投诉规范》（LB/T 063—2017）、《导游人员管理条例》等行业标准，在这些行业标准中，都有对于企业各种设备及服务标准的规范及要求，旅游企业及酒店应当将这些服务规范与标准视为"宪法大典"，在员工入职前、在职中，不厌其烦地进行培训，确保这些行为标准渗透至每一位员工的脑海之中，并体现在自己的一言一行之中。要求员工在自己的工作岗位上能够一丝不苟贯彻执行每一项标准，不受任何因素影响，不因任何原因放松每一个服务环节的标准与水准。如果旅游酒店业从业者能够在平凡的岗位上，常年严格执行标准，并将众人嗤之以鼻的工作做到位、做到底、做到家，同样是值得肯定、值得赞赏、值得推崇的工匠精神的体现。

三、高超境界体现——精益求精，追求卓越

旅游酒店行业作为服务行业的典型代表，不仅需要简单的体力性劳动，还有很多工作需要细致入微的观察、热情诚挚的态度、耐心倾听与解释的能力、互相配合的团队精神等诸多职业软技能。要做合格的旅游酒店业从业者容易，要做优秀的旅游酒店业从业者不易。每位从业者如果能在自己的本职工作中以"精益求精、追求卓越"的方式要求自己，就可以满足宾客对于旅游酒店服务提出的高水准要求，确保旅游酒店行业的整体良性发展。

旅游酒店业的工匠精神体现在服务和细节。旅游酒店业是与宾客打交道的行业，必须讲求以人为本，服务先导。旅游酒店业从业者可以从以下两个方面入手，以"精益求精、追求卓越"的精神状态为宾客提供更精品的服务。

1. 提倡并推广个性化服务

个性化服务是针对独特个体的具有鲜明灵活性、针对性、突发性、差异性的服务；

也是满足不同客人合理的个别需求，提供即时、灵活、体贴入微的服务。在旅游酒店行业，个性化服务代表着高水准的服务，关注每位宾客的个别需求，有针对性地提供服务，可以体现出企业对于宾客的关注，给宾客带来更舒适的感觉，还可以因此树立企业形象，从而获得良好口碑，并借此获取更多价值。为宾客提供更为个性化的服务是旅游酒店业从业者工匠精神中"精益求精"精神的具体体现，拥有工匠精神的旅游酒店业从业者会自然而然地向宾客提供个性化服务，并在借助个性化服务满足宾客需求的同时，获得宾客的认可，继而实现自身的价值。

2. 以制作艺术品的心态对待工作

醉心艺术是每位大师级工匠的共同特征。不是将自己的工作视为一份责任，而是将自己的工作视为艺术，把现实任务当成心中的艺术品，摆脱名利的缠绕、摆脱世俗的眼光、摆脱不切实际的做法，只为内心那份纯真的追求不懈努力，往往会有意想不到的收获。这是更高级别的工匠精神，是保证旅游酒店业从业者"追求卓越"的精神源泉。如果旅游酒店业从业者目标单一、追求简单，只为宾客提供艺术品级别的产品，并借由宾客的满意及感谢实现自己的价值，即可倾其所有、钻其所专、尽其所能、精耕细作，积尺寸之功，成就不凡，不断追求卓越，勇攀服务高峰。

随着时代的发展，旅游的天然性特点以及人们对美好生活的追求愈发要求旅游酒店业从业者将行业中的所有产品与服务视为艺术品进行塑造，并呼唤旅游酒店业从业者用最高级别的工匠精神来对待自己的职业与工作。日本"寿司之神"小野二郎制作寿司的态度就是将寿司视为艺术品，将工作视为自己生命的一部分，在这样的态度下，其产品备受宾客欢迎。

【案例 3-2】

寿司领域的工匠精神[①]

在日本有一位享有"寿司之神"美誉的老者小野二郎，他捏了五六十年的寿司，一直专注于此，将寿司做到了极致。比如做章鱼寿司，为了让他的章鱼味道更加鲜美，他每天都会给章鱼按摩半个小时，从米醋的温度到腌鱼时间的长短，再到按摩章鱼的力度，小野二郎都亲自监督。品尝他制作的寿司，你会感觉他是在精心地制作一件艺术品，食客们称赞他的寿司为"值得一生等待的寿司"。

---

① 张峻. 工匠精神的文化源流与当代价值意涵研究 [J]. 艺术与设计（理论），2019，2 (8)：26-28.

第3节　旅游酒店业从业者的工匠精神培育

旅游酒店业从业者的工匠精神需要从职业意识、职业素质、职业能力三个方面进行培育。

一、树立职业意识

（一）职业意识的体现

意识是人的头脑对客观事物的反映，是感觉、思维等各种心理过程的总和。意识是物质的反映，对物质有明显的反作用。职业意识是人脑对职业的反映，是人们对职业活动的认识、评价、情感和态度等心理成分的综合反映。它来自具体的职业实践，是职业人通过对职业实践的总结分析形成的对职业约定俗成、师承父传的职业认识和主要观点，是每一个人从事某一工作岗位的最基本认识，也是必须牢记和自我约束的指导思想，是从业者从事好本职工作的基础。同时，它反映着人们对自身从事职业的意向、情感、态度及主要观点，贯穿于一个人职业发展的全部历程。

旅游酒店类院校及旅游酒店企业在学生或者员工入校入职初期，就应当培育从业者及潜在从业者的职业意识，向从业者强调介绍旅游酒店行业在人类生活发展中的重要地位，帮助员工树立"干一行，爱一行"的基本职业意识，使其对旅游酒店行业产生热爱的感情，而非排斥甚至产生逃离的意念；教育学生或员工将"乐于助人"的基本职业精神发挥到极致，在微不足道的服务岗位上作出"人人为我，我为人人"的小贡献。

（二）职业意识培养途径

鉴于当前年轻一代的学习特点，职业意识的培育不适宜单纯使用课堂讲授模式及灌输与宣讲的方式，而应当以观看视频、优秀从业者介绍经验、案例讨论、实践体验、反思思考等方式展开，通过各种事例论证职业精神以及工匠精神在本专业中的重要性以及这种精神对于旅游酒店相关部门工作人员工作状态和工作质量的影响，在点点滴滴中，给从业者渗透工匠精神的养成。在这种互动性较强的方式方法下，涉世未深或者对于旅游酒店行业工作暂不熟悉的员工会对旅游行业入门阶段相对枯燥的工作产生浓厚的兴趣，继而对职业意识所需要的各种精神留下深刻的印象，在脑海中形成牢固的认知，这些认知及意识能够帮助从业者挺过服务工作过程中可能面临的困难，克服其心理障碍，为从业者持续从事本行业工作，并在后续工作中持续发挥工匠精神奠定坚实的基础。

【案例 3-3】

我们的天职是创造幸福[①]

"我们的天职是创造幸福"，这句话被山东旅游职业学院作为校训，激励着一代又一代旅游酒店管理专业学生成为旅游酒店从业者，可以称为职业意识培养的典范。

在"四六句"校训俯首皆是的中国，这一简约而不简单的校训，因其独树一帜的"创造幸福"理念而显得卓尔不群。学院以建设"人文化、生态化、数字化、国际化"的旅游院校为发展目标，是国内较早提出人文化建设目标的高校之一，这一人文色彩浓郁的校训也凝结着一种辩证的哲思：教育者要以为学生一生幸福负责的精神热爱自己的事业，才能创造并享受自己的幸福；而学子们要收获幸福人生，就要先为服务对象着想，为他们创造幸福的体验。它与学校长期推崇的服务精神一脉相承，映射出通过尊重他人、服务社会来实现自我尊重、自我幸福的多元主体并重互利的价值观，也是学院的核心价值观念。

以"创造幸福"为主轴，22 年的耕耘积淀了一系列独具特色的育人理念，如，"让学生养成文明礼貌、讲究卫生、爱岗敬业的习惯，比在任何一门课上考 100 分都重要""学校文明的第一标志是校舍的无比洁净""将学生培养成为同龄人中最有教养的人，同行业中最专业的人，同专业中最专注、最敬业的人"，等等。这些理念既强调人本精神，又贴近旅游业和高职教育的实际，言简意赅，易于传诵。一批批新人来到学院，耳濡目染，很快就入眼、入脑、入心，成为自觉遵行的行为指南。当他们毕业离校时，"创造幸福"的使命感已内化为"幸福基因"。"毕业后记得最清楚的就是母校的校训，秉承着这一使命，我正在做着能够为别人创造幸福的事业……"，这是很多校友共同的心声。

---

① 狄保荣. 我们的天职是创造幸福 [N]. 光明日报，2013 - 08 - 10（10）.

二、培育职业素质

（一）职业素质概述

职业素质是指从业者在一定生理和心理条件基础上，通过教育培训、职业实践、自我修炼等途径形成和发展起来的，在职业活动中起决定性作用的、内在的、相对稳定的基本品质。如：身体素质、政治素质、思想道德素质、社会交往和适应素质、心理素质、科技文化素质、审美素质、专业素质、学习和创新素质等。影响和制约职业素质的因素很多，主要包括：受教育程度、实践经验、社会环境、工作经历以及从业者自身的一些基本情况（如身体状况等）。一般说来，劳动者能否顺利就业并取得成就，在很大程度上取决于其本人的职业素质。职业素质越高的人，越可能具备工匠精神，并在自身的专业领域中获得成就。

（二）职业素质培育途径

帮助从业者了解本行业的工作内容及所需具备的职业素质，以帮助从业者树立职业目标，明确职业发展方向，这是培养旅游酒店业从业者工匠精神的基础。

在进行职业素质培育时需要向从业者介绍旅游酒店从业者的基本要求，比如较好的身体健康状况，较强的承受压力的能力、"以人为本"和"以善为先"的政治思想道德素质，敬业乐业及乐于助人的人文素质、以"换位思考"以及团队合作意识体现出的社会交往和适应素质，通过简单的介绍，让员工对职业基本要求有初步的认识，形成入门级的"工匠精神"意识。

在此基础上，职业素质的培育更多地需要在实践活动中进行，"体知躬行"的实践教育有助于学生及从业者体验工匠精神，提升职业素质：良好的身体健康状况，需要学校及单位为从业者提供场所空间及组织活动；政治、思想道德素质以及社会交往和适应素质，需要学校在学生在校期间就能够为其提供积极向上、公平合理的良性竞争与成长环境，引导学生正确理解"我为人人，人人为我"的服务理念，正确看待各类竞赛中拼搏与成绩之间的关系，以及与身边同学同事之间的合作与竞争关系，以此来体会社会中的竞合关系，对抗之中的友谊等一系列在社会中体现出的各类人际关系以及人情世故，从而在真正进入旅游酒店行业后，能够以健康的心态对待工作中可能面临的各种人事问题；心理素质要求学校老师及企业管理层在学生和员工遇到问题时，帮助他们进行心理疏导，引导他们正确面对困难与挑战，在迎难而上、解决问题的过程中提升抗压能力；科技素质要求学校及企业需要紧密跟随时代步伐，通过引进先进的设备设施，帮助学生和员工了解科技在旅游酒店业的应用；文化素质可以通过各类课程及学校、单位图书馆的设立加以提升；审美素质、学习创新素质可以通过学校或者企业中各类活动的海报设计、活动策划推广等实践活动进行提升；专业素质则需要学校或者单位在从业者在岗工作中通过培训及不断实践加以锻炼并逐渐获取。

三、培养职业能力

优秀的、具有"工匠精神"的旅游酒店业从业者会从职业能力入手，提高自身业务水平，以高超的业务能力，在自己的工作岗位上将工作成效做到极致、做出精彩。

(一) 旅游酒店业从业者职业能力分类

由于旅游酒店业工作涉及方方面面，因此对于不同工作岗位，需要的工作能力各有不同，旅游酒店业从业者需要的职业能力非常繁杂。但如果简单划分的话，旅游酒店业从业者所需的职业能力主要分为通用能力和专业能力。

1. 通用能力

旅游酒店业是以服务为主要工作内容的行业，主要服务对象为各式各样的"人"，因此，旅游酒店业从业者需要具备的通用能力主要与"人"及"人际交往"有关，具体涉及：

（1）沟通能力

沟通能力是准确倾听、正确表达、确保对方能够完整接收信息并使得双方意见保持相对一致的能力。沟通能力是个人素质的重要体现，它关系着一个人的知识、能力和品德。拥有较强的沟通能力，会帮助旅游酒店业从业者更好地向宾客提供服务，使得宾客更加理解服务过程中各种复杂的情况。沟通能力又包含：

① 语言表达能力

语言是旅游酒店业从业者与客人建立良好关系、留下深刻印象的重要工具和途径。在对客服务过程中，旅游酒店业从业者需要注意语气自然流畅，态度和蔼可亲，在语速上保持匀速，任何时候都要心平气和，礼貌有加；信息内容应当完整，逻辑清晰，语法正确，身体与肢体语言保持与声音语言的一致，避免歧义的发生。另外需要注意表达的时间与地点及客户的心理，避免信息接收者因外界环境干扰，导致信息接收不完整。

② 信息理解能力

在工作的过程中，旅游酒店业从业者会接收到各方面传递过来的信息，比如客户提出的要求、上级传达的指令等，此时，旅游酒店业从业者需要具备较强的信息理解能力，才能完整接收信息，达成客户或者同事的工作要求。提高信息理解能力，要求从业人员需要有平和的情绪，较强的逻辑分析能力，同时要保持与信息传递方的确认沟通，避免选择性接收理解信息，或者添加自己的主观臆断信息。

③ 观察能力

观察能力的主要表现为：善于想客人之所想，将自己置身于客人的处境中，在客人开口言明之前将服务及时、妥帖地送到。这一能力要求旅游酒店业从业者需要善于观察客人身份、外貌，从其外在信息，判断顾客需求；或者从与客人的交谈之中，辨别客人的心理状态、喜好、兴趣及欠满意的地方；通过观察客人的情绪与行为表现，揣度客人细微的心理，并根据宾客心理中潜在的需求向客人提供其内在需要的服务，以便做到服务于客人开口之前，服务于客人招手之前，使客人既感到自由空间的被尊重，又时时能体会到酒店关切性的服务，从而在被服务的过程中感到轻松自如。

（2）协调能力

旅游酒店业的对客服务工作，不可能单凭某一个人完成，需要每个部门中每位员工与自己的团队成员甚至跨部门联合协作，才有可能全方位满足客户需求。因此旅游酒店从业者需要具备较强的协调能力，即根据工作任务，对资源进行分配，同时控制、激励和引导相关工作人员进入服务过程，使之相互融合，最终实现对客服务目标的能力。协调能力要求从业者具备优秀的品质，良好的沟通，能够统筹全局、明确重点，有效调动同事配合。

（3）应变能力

旅游酒店业存在很多不可控制的因素，从业者会遇到各种突发事件，此时，需要从业者具备灵活机智的应变能力。遇上突发事件，员工应当做到：迅速了解矛盾产生的原因、客人的动机，并善意地加以疏导；用克制与礼貌的方式劝说客人心平气和地商量解决，这样的态度常常是使客人愤愤之情得以平息的"镇静剂"；尽快采取各种方法使矛盾迅速得到解决，使客人能得到较满意的答复，并尽量将事情的影响控制在最小范围内，在其他客人面前树立企业及员工坦诚、大度、友好的形象。

2. 专业能力

旅游酒店业业务繁多，每种业务对员工专业能力都有其特定要求。

旅游企业中，导游讲解人员需要具备帮助游客从游览中获取知识及愉悦双重收获的能力，这就要求导游在带领客人游览参观各级各类景点时，需要以专业的方式、流畅的表达，向游客介绍景点的相关地理和人文历史知识，与此同时，导游还需要具备各种应急问题处理的能力。旅游企业中的经营管理者需要熟悉旅游合同、消费者权益保障、出入境管理、环境保护、文物保护、安全生产等相关领域的法律法规和制度，以及国家和行业旅游标准，还需要具备突发事件应对处理的能力。

酒店里，前厅接待人员需要具备为客人提供娴熟的前台服务的能力，包括预订、入住登记、结账退房、行李、问讯、总机、商务中心服务等；客房服务人员需要具备为客人清扫客房的技能以及为客人提供在店期间客房服务的能力；餐饮服务人员需要具备设计菜单与菜品定价的能力，为客人提供餐饮服务的能力和技巧，设计各类宴会的台型布局和场景布置的能力，调制常见鸡尾酒的技能，以及为客人提供各类酒水、茶水、咖啡饮品等酒水饮料服务的能力；销售人员需要具备独立联系客户，并销售产品的能力；公关营销人员需要具有产品推广与文案策划的能力；管理人员需要具备妥善处理顾客投诉与突发危机事件的能力和技巧……

从事不同业务的工作人员，都需要在自身的工作岗位上游刃有余地处理各种与自身业务相关的工作，这些都离不开专业能力的支撑。

(二) 旅游酒店业从业者职业能力培养途径

如果想让员工提高职业能力，在工作中形成工匠精神，企业自身也需要有"工匠精神"，以孜孜不倦、耐心细致的态度对待员工的成长，特别是在培训员工方面要有"精益求精"的工匠精神，以打造精品的态度培养自己的员工，在各类培训中不断提升员工能力，给予员工好的示范。

旅游酒店业从业者职业能力培养需要从多个途径展开，旅游类院校及企业需要在从业者进入行业前、在行业工作过程中，从工作本身入手，对员工开展各种培训，在提高能力的基础上，锻造员工的工匠精神，以更好的服务、更佳的工作状态面对宾客，对客提供各项服务工作。

1. 职前培训及强化

通过职前培训提升从业者业务能力，是旅游类院校的主要职责。旅游类院校不仅需要在课堂中向未来的旅游酒店业从业者介绍各项具体业务，更需要通过建设各类模拟仿真实训中心，创建各类实践教学活动，借助于实训实践课程和各种模拟活动，为学生提供相对真实的各类服务环境，例如客房清洁环境、餐饮服务环境、导游接待环境等，要求学生亲自参与卫生清洁、端盘递水、待人接物等简单性的服务工作，不仅可以在实践中体会劳动的不易与光荣，引导学生正确看待他人的服务工作，也可以通过学生的团队活动，增强学生的沟通协调能力，甚至可以设置质检岗位，要求学生轮流承担质检职责，在亲身参与服务及质检的实践过程中，体会如何在服务中严格要求自身，如何在管理中严格要求他人，使得学生逐渐学会：在态度上谦恭、自省，努力钻研服务技术，持之以恒地专注于提高自身与同事的服务质量。

2. 职业过程锻造

在学生进入旅游酒店企业，即将成为真正的旅游从业者时，企业应当在其工作过程中，通过"以老带新"的方式向新员工传授职业技能，并帮助员工在职业过程中不断历练，百炼成钢，锻造出超强的业务能力，为客人提供极致的服务。旅游酒店行业的职业能力除去一些硬技能，更多的是一些与心理、语言相关的软技能，这些软技能需要员工在实践中通过不断的磨合与碰撞进行领悟，如果有更为细致耐心的前辈进行引导，新员工能够更快地接受服务性的工作，并获得能力的提升。为此，企业需要在员工进入职场的过程中，注重优秀员工对于新员工的传帮带作用，面对真实的客人，借助于优秀同事身体力行的示范，和一个个真实的场景与鲜活的案例，学习体会工匠精神对自己工作状态的影响力，同时提高自身的职业能力，并在工作中逐步形成执着专注、精益求精、一丝不苟、追求卓越的工匠精神。

总而言之，旅游酒店业从业者工匠精神的培育应当在专业教育及工作过程的各个环节中体现，并以"润物细无声"的方式渗透至学生或者员工的脑海之中，继而表现在其职业行为之中。经过科学的设计及一系列活动的辅助影响，相信旅游酒店业从业者工匠精神的培育体系不会是海市蜃楼，而是有着扎实稳固的基础和夯实强健的主体结构的摩天大楼，会为员工的职业发展和旅游酒店行业的不断完善提供助力。

【互动交流】

1. 结合自身所学，简单分析旅游酒店业从业者应当如何在自己的工作中发挥工匠精神？

2. 根据自己的实践经历，总结一个可以体现自己工匠精神的案例。

【案例任务】

做大国旅游工匠，展行业最美风采①

"人的一生难得找到一份自己喜欢而且还能做得好的工作，很庆幸，我找到了。我很享受导游这份工作带来的乐趣。"来自山东的导游韩兆君对中国旅游报记者说。

4月20日，第三届全国导游大赛总决赛暨颁奖典礼在北京拉开帷幕。一场导游群体的巅峰对决，一次导游队伍的精彩阅兵，是较量，也是切磋，更是交流学习。

要做大国的旅游工匠，是他们的努力方向。

"做学者型导游、成为北京导游的'金名片'是我的职业追求。我会用坚实的脚步踏在导游领域这块热土上，立足导游工作、提炼导游匠心。"北京导游房博说。

韩兆君说，从业17年来，他一直认为，快乐旅游是每位旅游者的愿望，而能否快乐旅游是导游应当追求并达到的目标。"我会继续努力做一名导游行业的工匠。导游是我的第一份工作，也会是我最后一份工作。"

讲好中国故事，成为他们的共同心声。

天津导游高建辉说："20年的导游生涯有喜悦也有无奈，是执着、自信、责任、担当

---

① 沈仲亮. 做大国旅游工匠展行业最美风采［EB/OL］.（2017 - 04 - 22）［2023 - 10 - 3］. http：//whhly. guizhou. gov. cn/ggfw/dyzc/201811/t20181101_6787797. html.

支撑我一路走来，其实我们没有什么过人之处，我们只是旅游文化的传播者，学高者为师，身正者为范，我会不断前行，讲好中国故事。"

"只有出于对这片土地的热爱，才能真正把这个景点讲解好，也就是讲好中国故事。"浙江导游李德煜说，在导游服务方面，自己是专门带外宾团的，因此，在带团当中考虑的细节比较多，更注重超值服务，力争让外国游客通过自己的服务感到不虚此行，为中国形象加分添彩。

原国家旅游局监督管理司相关负责人表示，讲中国故事是时代命题，讲好中国故事是时代使命。旅游业是中国对外友好交往的重要桥梁，导游在其中扮演了重要作用，是向海内外游客讲好中国故事的一支重要队伍。同时，这也是游客需求和导游自身发展的必然要求。导游需要立足岗位，加强学习、融会贯通，做讲好中国故事的传播者、躬行者。

事实上，为了实现更高的职业理想，他们不断学习，一直在努力丰富提升自己。

本届大赛非常强调对导游综合素质的考察，而综合素质的考核也紧紧依托"职业"特点。比如，在体现"职业道德素养及综合知识储备水平考核"方面，大赛主要考核参赛导游对旅游合同、消费者权益保障、突发事件应对、出入境管理、环境保护、文物保护、安全生产等相关领域法律法规和制度，以及国家和行业旅游标准、旅游示范合同、全国和地方导游知识等的掌握程度。

房博说，自己做了15年的导游工作，最大的感受就是，导游需要储备大量的文化知识，这样才能满足游客的需求，特别是作为古都北京的导游。导游的知识好比是文化大超市，要上知天文地理，下知鸡毛蒜皮。"想要达到这个效果，我就必须不断努力，博览群书，学习、学习、再学习，这样长期积累，我知识桶里的水就会越来越满了。因此，导游这个行业培养了我不断学习、不断扩充知识的习惯。"

山东导游张超对记者说，从业之初，老师告诉他，导游是杂家也是专家，自己一直小心翼翼、如履薄冰。"从业10年来，从战战兢兢地带第一个团，到游刃有余地应对各种类型的团，坚守原则底线和不断学习是我一直向着心目中好导游迈进的基础。没有挑剔的客人，只有达不到客人需求的讲解和服务，做到自身足够优秀，才能赢得尊重。"

宁夏导游范城说，在带团过程中，导游要不断地拓展知识范围，提升服务意识，强化自身的综合素质和能力，把每一位游客当作自己的家人一样对待，让游客感受到亲情的关怀。

毫无疑问，多年的历练，他们更懂得站在游客的角度去思考问题，四川导游卫美佑说，从业至今，自己做过地接导游，也做过出境领队。"带团过程中，我们和游客的相处非常重要，要学会站在游客的角度想问题，这样才能最大限度地带给他们旅游的美好感受。"

谈起带团心得，湖南导游高奇也认为，懂得换位思考是重要的一条，"如果你是游客，你想得到怎样的服务、听到怎样的讲解、感受到怎样的热情，那么就朝着这个方向去做，就能带好团。"

云南导游张宇说，不让游客失望是他在导游工作中始终贯穿的宗旨，也是完成旅游接待任务的根本。"无论遇到什么困难，不要将个人的情绪带到工作中，要让游客时刻感受到我们的笑脸、热情和优质的服务。"

安徽导游李国鸣入行时间不长，但是已经深深地爱上了这份职业。他说，行走在路上，这是一种状态，更是一份心境。"每次旅途中，游客的欢笑就是我眼中最美的风景。"

"干一行爱一行，愿意为它付出，愿意为它坚守，总会获得回报。"高奇的话代表了所有优秀导游的心声。

请分析：

本案例中，各位导游身上是否体现了工匠精神，根据他们的发言，分析每位导游如何从职业意识、职业素质、职业能力方面培养自己的工匠精神的？

【参考文献】

1. 张耿光. 庄子全译 ［M］. 贵阳：贵州人民出版社，1991.
2. 刘向兵. 劳动的名义 ［M］. 北京：中国工人出版社，2018.
3. 张峻. 工匠精神的文化源流与当代价值意涵研究 ［J］. 艺术与设计（理论），2019，2（8）：26 - 28.
4. 王文慧. 高职酒店管理专业学生"工匠精神"培育的探索——以中国劳动关系学院为例 ［J］. 科教导刊，2016（36）：68 - 69.
5. 王文慧. 酒店管理专业学生"工匠精神"培养体系设计——以中国劳动关系学院为例 ［J］. 科教文汇，2018（15）：79 - 81.
6. 狄保荣. 我们的天职是创造幸福 ［N］. 光明日报，2013 - 08 - 10（10）.

通用劳动科学知识

第 4 章

旅游酒店业劳动组织与就业

【本章简介】

本章讲述旅游酒店行业的劳动组织及就业情况，分别介绍旅行社、旅游景区、酒店及其概念、发展历程、类别、组织架构等，并着重介绍该行业的未来职业发展方向、就业注意事项等。

【学习目标】

1. 理解旅行社的概念及其本质。
2. 分析旅行社的存在形态及其表现。
3. 理解旅游景区的概念，了解旅游景区的各种分类。
4. 熟悉酒店业的分类及典型酒店。
5. 列举酒店的组织结构和部门、岗位设置。

【导入案例】

中国旅游集团发展简史及业务概况①

中国旅游集团有限公司暨香港中旅（集团）有限公司是中央直接管理的国有重要骨干企业，也是总部在香港的中央企业之一。集团历史可追溯到 1923 年 8 月 15 日上海商业储蓄银行设立的旅行部。经过百年的发展，集团形成了由中旅旅行、中旅国际、中旅投资、中旅免税、中旅酒店、中旅发展、中旅资产、中旅邮轮八大业务单元组成的产业布局，网络遍布内地、港澳和海外近 30 个国家和地区。集团旗下汇聚了港中旅、国旅、中旅、中免等众多知名旅游品牌，是唯一一家以旅游为核心主业的央企，也是目前我国发展历史最长、产业链条较全、经营规模较大、品牌价值较高的旅游龙头企业。截至 2022 年底，集团员工人数超过 4.5 万人，集团总资产超过 2100 亿元，全资或控股企业共 655 户，每年接待游客约 5 千万人次。目前，集团旅游主业包括中旅旅行、中旅国际、中旅投资、中旅免税、中旅酒店、中旅发展、中旅资产和中旅油轮等。

此外，集团分别成立北京、深圳、海南和西南等四个区域总部，搭建产品和资源的一体化平台，对内整合旅游产品和业务资源、对外开展多领域企业合作，发挥全产业链要素优势，重点打造海南、西南等世界级旅游目的地。

中国旅游集团有限公司以"旅游报国，服务大众"为使命，切实履行央企政治责任、经济责任和社会责任，发挥旅游行业排头兵作用，努力成为拥有卓越产品创新能力与资

---

① 中国旅游集团简介［EB/OL］.（2018－05－06）［2024－01－18］. https：//www.ctg.cn/about#intro.

源禀赋，具备全球竞争力的世界一流旅游产业集团。

请思考：
1. 中国旅游集团是什么类型的企业？
2. 中国旅游集团各业务之间有什么关系？

第 1 节　旅游业劳动组织

旅游业有"三大支柱",分别为旅行社业、旅游交通业、住宿业。旅游交通业包括客运的航空、火车、客运、水运等,由于其涵盖较广,本书不详细介绍。这一节主要讲旅游业的三类组织——旅行社、旅游景区和在线旅游平台。

一、旅行社

旅行社业是我国近年来快速发展、壮大的行业,经过 30 余年的市场化进程,中国旅行社业已经具备了相当的规模,旅行社也通过市场化运作积累了不少宝贵的经营理念和管理经验,初步形成了一个庞大的行业体系。

(一) 旅行社概述及发展历程

2009 年 2 月国务院颁布的《旅行社条例》中对旅行社的定义是指有营利目的,从事旅游业务的企业。这里的"旅游业务"是指为旅游者代办出境、入境和签证手续,招徕、接待旅游者旅游,为旅游者安排食宿等有偿服务的经营活动。

旅行社的产生是商品经济发展及社会分工的产物。1845 年英国的托马斯·库克在英国莱斯特成立了世界上第一家旅行社。1923 年 8 月,上海商业储备银行总经理陈光甫在该银行内部设立了"旅行部",开始办理各项旅游业务。1927 年 6 月该部正式命名为"中国旅行社"(现为香港中国旅行社有限公司),这是我国历史上最早的一家由国人开设的旅行社。在此后近百年的发展历程中,我国旅行社业经历了数量上的从无到有再到规模化、旅行社性质从事业单位到企业化、产业运行从行政化到市场化、市场结构从寡头垄断到完全竞争的变迁过程,并且呈现出从旅行社业向旅行服务业拓展的发展趋势。

2010 年以来,我国旅行社业面临的市场环境有两个突出变化:一是由散客化带来的消费模式的变化;二是以移动互联、云计算和大数据为代表的信息技术的发展带来的旅行社商业模式的变化。整个行业呈现出逐步向旅行服务业转变的趋势,具体表现为:其一,服务对象由"旅游者"向"旅行者"扩展,其服务的人群已经从以旅游为目的的旅游者扩大到出于任何动机出游的旅行者。其二,经营主体的范围扩大和多元化,旅行社业务的经营主体除传统业态旅行社外,还包括各类在线旅游企业、俱乐部、留学机构等。其三,业务范围从纯粹的旅游业务延伸至异地化生活服务。面对这一发展趋势,传统旅行社如何走出一条"传统优势+现代技术+品质建设"的创新发展之路,也引起行业内深刻思考。

《文化和旅游部2022年度全国旅行社统计调查报告》显示,截至2020年12月31日,全国旅行社总数为32 603家,全国共有A级景区14 917个,直接从业人员147万人,国内旅游总人次25.30亿,国内旅游收入(旅游总消费)2.04万亿元。

(二) 旅行社组织架构及岗位

我国旅行社行业产业链上游为交通服务供应商、住宿服务供应商、玩乐服务供应商、地接社等旅游资源供应端;中游为旅行社,主要包括线上旅行社和线下旅行社,一个完整的旅行社由领队、导游、票务员、签证专员、计调员组成;下游为消费终端,包括个人和企业客户。旅行社产业链如图4-1所示:

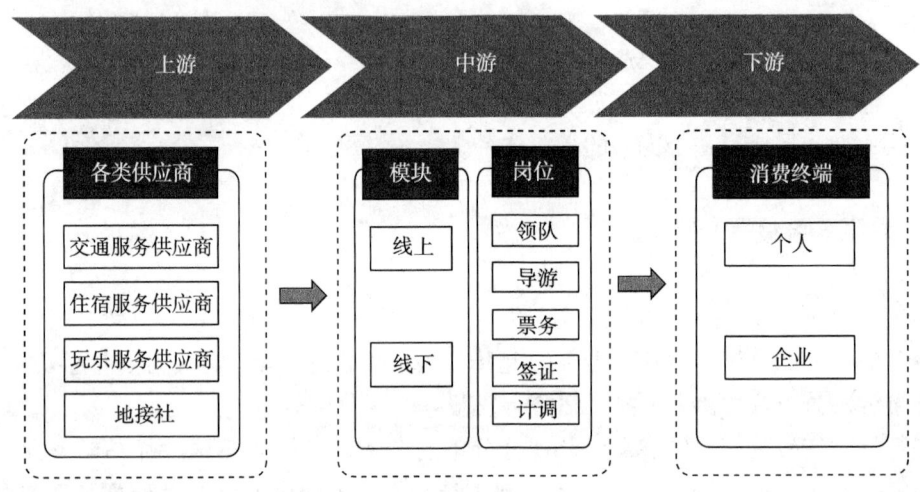

图 4-1 我国旅行社行业产业链

旅行社常见的部门和组织架构包括:

1. 业务部门

(1) 外联部
外联部主要负责对外联络工作,包括旅游产品的设计、促销和销售等职能。外联部的主要任务是将获得的各种旅游信息资料有机地组合成旅行社产品,并将旅游产品销售给旅游中间商或旅游消费者。

(2) 计调部
计调部主要负责旅游接待计划的落实,保证旅游活动的正常进行。即负责与相关的旅游服务供应部门或其他旅行社签订合作协议；负责向外联部提供相关旅游服务部门的服务信息；负责旅行社客流情况统计和各采购单位情况的统计工作。

（3）接待部

接待部按照具体接待计划安排导游，帮助旅游者完成旅游活动。

（4）市场部

市场部主要负责市场营销，招徕客源。

2. 职能部门

旅行社的职能部门主要包括人力资源部、财务部、办公室等。旅行社可以根据本社的具体情况设置部门，可以增加或减少部门数量。

二、旅游景区

旅游景区是指具有吸引国内外游客前往游览的明确的区域场所，能够满足游客游览观光、消遣娱乐、康体健身、求知等旅游需求，有统一的管理机构，并提供必要的服务设施的地域空间。其类似称谓有旅游景点、旅游区、风景名胜区等；国外通常用 Visitor Attractions、Tourist Attractions、Attractions、Places of Interest、Site、Travel Industry Sites 等来描述。

旅游景区有一些明显的特征：首先，它是一个有明确地域范围的区域；其次，它以旅游吸引物为依托；最后，从事旅游休闲等活动。

从国内外专家的定义和很多官方的资料来看，可以将旅游景区按照以下情况来分类：

（一）按照资源类型来划分

以自然资源的类型来划分，可将景区划分为以下三类。

1. 自然类旅游景区

自然类旅游景区以名山大川、江河湖海、生态大自然为代表的旅游景区，在全国大体上可以占到2/3，是目前旅游的热点。随着近年来回归自然的理念深入人心，生态旅游、特种旅游、休闲度假旅游的兴起，此种类型的旅游活动都需要以自然类旅游景区为根本载体。自然类旅游景区是我国旅游景区的主体，在我国旅游业发展中的作用是显著且重要的。我国地大物博，拥有很多著名的自然类旅游景区，如九寨沟风景名胜区、黄龙风景名胜区、武陵源风景名胜区、三江并流风景风等。

2. 人文类旅游景区

人文类旅游景区主要以物质文化和非物质文化旅游资源为载体，通常以非物质资源为主体建立的景区较少，我国人文类旅游景区大部分是以物质人文资源为载体，非物质人文资源为辅助。中国历史悠久，人文类景区也比较丰富，故宫、颐和园、八达岭等都是人文类旅游景区的典型代表。像南京的夫子庙，主要以明清风格建筑为主体，同时也拥有较多的非物质文化，如线木偶戏、乌衣巷传说、秦淮童谣，等等。

3. 综合型旅游景区

综合型旅游景区兼具文化与自然两种类型的旅游资源，如山东泰山，除了具有山岳自然风光，还有封禅文化、书法文化等景观。

（二）按照景区功能来划分

按照景区功能来划分，现有景区可划分为观光类景区（包括自然观光和人文观光）、度假休闲类、乡村旅游类、博物馆类、红色旅游类、主题游乐类、工业旅游类、科技教育类。其中观光类景区（包括自然观光和人文观光）、度假休闲类、乡村旅游类在我国所占比例较高，同时新兴旅游景区也不断涌现。

1. 观光类

观光类景区是以独特、优美的自然环境、人文环境为主，以观赏为主要功能的旅游景区，如苏州园林、五台山。观光类景区是我国目前旅游景区的主体，也是比较传统的旅游景区类型。

2. 度假休闲类

度假休闲类景区是指以满足旅游者消遣娱乐、康体健身、休憩疗养、放松身心为主要目的，强调为游客提供安全宁静的优美环境、丰富多彩的娱乐生活和高品质的服务。现代度假休闲类旅游景区主要集中在海滨、山地、湖泊和温泉疗养地等，以避暑和休疗养为主要目的，如南京汤山温泉度假区、连云港连岛海滨旅游度假区。

3. 乡村旅游类

乡村旅游类景区是以具有乡村性的自然和人文客体为旅游吸引物，依托农村区域的优美景观、自然环境、建筑和文化等资源，在传统农村休闲游和农业体验游的基础上，拓展开发会务度假、休闲娱乐等项目的新兴旅游景区。

4. 其他

随着社会资源与旅游产业的融合，新兴旅游景区不断涌现，如主题游乐类、工业旅游、科技教育等，这些景区的出现使景区功能更加多样化，增强了旅游产业的生命力。

（三）按照景区的质量等级来划分

根据我国《旅游景区质量等级的划分与评定》，将旅游景区分为5个等级。

1. 五级分类

旅游等级景区不仅是重要的综合性区域旅游吸引物，也是区域旅游产业发展的重要基础。我国的旅游景区质量等级划分为5级，从高到低依次为5A级、4A级、3A级、2A级、1A级旅游景区。旅游景区质量等级的标牌、证书由全国旅游景区质量等级评定机构统一规定。

2. 两级分类

2006年12月1日起施行的《风景名胜区管理条例》中规定，我国风景名胜区等级分为国家级和省级两级。自然景观和人文景观能够反映重要自然变化过程和重大历史文化发展过程，基本处于自然状态或者保持历史原貌，具有区域代表性的，可以申请设立省级风景名胜区，报省、自治区、直辖市人民政府批准公布。自然景观和人文景观能够反映重要自然变化过程和重大历史文化发展过程，基本处于自然状态或者保持历史原貌，具有国家代表性的，可以申请设立国家级风景名胜区，报国务院批准公布。

（四）按照景区的经营方式来划分

1. 所有权、经营权、管理权统一的景区

该类景区管理机构既是所有权代表，也是景区的经营主体，负责景区的开发和保护，景区三权互不分离。如广胜寺风景旅游区，该景区属于国务院首批公布全国重点文物保护单位、国家4A级风景旅游区、世界文化遗产保护地，有世界唯一保存完整的琉璃宝塔，有佛经稀世之宝《赵城金藏》及全国保存唯一的大型元代戏剧壁画，有流量4立方米/秒的霍泉。这类景区的优势主要体现在高度权威的管理主体，职能充分，运行高效；劣势在于董事会领导下的总经理负责制对管理者的能力要求很高，责、权、利不明，产权虚置或者弱化。再如大同云冈石窟，该景区文物资源的保护、管理和开发及全部经费一概由国家财政负担，其工作人员属于政府或事业编制。

2. 所有权、经营权、管理权分离的景区

（1）股份制景区

这种模式是对景区进行股份制改造，有的是政府委托股份制企业经营度假旅游景区，或在景区经营企业的基础上新组建一家股份制公司，所有权归景区管理机构所有。例如开封清明上河园景区，所有权归开封市政府和海南置地集团有限公司共有，各占一定比例的股份，而经营权和管理权则归海南置地集团有限公司下属的清明上河园有限公司。这类景区的优势在于市场融资能力强，经营机制灵活，效益稳步提升，有效地促进了国有资产的保值增值，三权分立有利于资源保护。劣势在于存在政策风险，企业的商业化行为可能导致对资源的破坏，对投资和政策环境要求较高。

（2）整体租赁型景区

该经营模式景区的主要特征是景区的所有权和经营权有效分离，政府对景区统一规划，并对企业的开发经营、资源保护实施监督管理权，而企业负责景区的开发与保护，并向景区管理委员会上缴景区租赁费，政府和企业各司其职，相互制约。例如河南尧山国家 5A 级旅游景区、国家地质公园，该景区的所有权归鲁山县人民政府，景区整体租赁给天瑞集团有限公司行使景区的经营权，承担景区的开发、建设及经营管理，而石人山风景名胜区管理处作为管理机构只行使景区经营与资源保护的监督管理权。

三、在线旅游平台

在线旅游平台（Online Travel Agency，以下简称 OTA），是旅游电子商务行业的专业词语，指旅游消费者通过网络向旅游服务提供商预订旅游产品或服务，并通过网上支付或者线下付费，即各旅游主体可以通过网络进行产品营销或产品销售。OTA 出现后，将原来传统的旅行社销售模式放到网络平台上，更广泛地传递了线路信息，互动式的交流更方便了客人的咨询和订购。

如图 4 - 2 所示，2015—2019 年中国在线旅游市场交易规模不断增长，但增速有所下滑。2019 年中国在线旅游市场交易规模为 10059 亿元，同比增长 14.96%。受疫情影响，2020 年中国在线旅游市场交易规模首次出现负增长。据网经社电子商务研究中心发布的《2020 年度中国在线旅游市场数据报告》显示，2020 年全年在线旅游交易规模约为 7950 亿元，同比下降 20.97%。

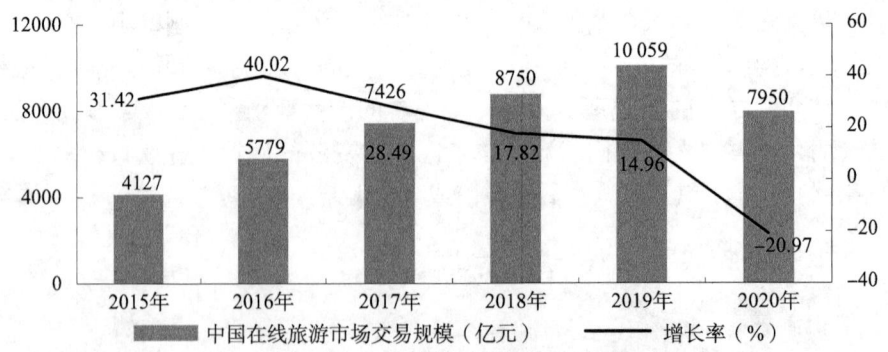

图 4 - 2　2015—2020 年中国在线旅游市场交易规模

数据来源：中国网经社电子商务研究院网站，下同。

近年来中国在线旅游行业用户规模持续增长，如图4-3所示，2019年中国在线旅游行业用户规模为4.13亿人，较2018年增加了0.21亿人。2020年旅游业虽受疫情影响，但用户规模依旧保持稳定增长。2020年中国在线旅游用户规模约为4.32亿人，同比增长4.6%。

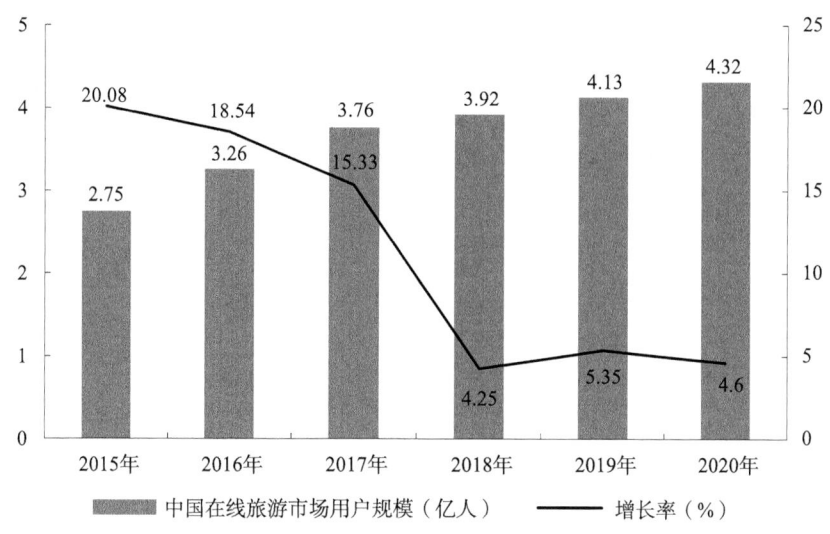

图4-3 2015—2020年中国在线旅游市场用户规模

数据来源：中国网经社电子商务研究院网站。

1997年10月，全国首家旅游网站——华夏旅游网成立。同年，中国旅游网、西安马可孛罗国际旅行社的英文网和桂林国旅的英文网开通。1999年，携程和艺龙相继成立，这两家公司的成立，标志着我国真正意义上的在线旅行服务业的开端。2003—2009年是我国在线旅行服务业的快速成长期，一些如今已经在不同细分市场居于垄断地位的企业陆续成立，如2004年的同程、遨游和穷游；2005年的去哪儿、芒果网和悠哉网；2006年的酷讯、马蜂窝和途牛；2008年的驴妈妈和2009年的欣欣等。在线旅行服务业的成长极为迅速，至2009年，我国在线旅游渗透率已达4.8%，携程已名列我国旅游集团20强的第五位。随着市场环境的快速变化和互联网技术的普及，众多传统业态旅行社的优势受到严峻挑战，都在"线上线下""何去何从"的问题上思考着自身的生存与发展空间。

第 2 节　酒店业劳动组织

酒店是以营利为目的，依托建筑物及配备的设施，为公众提供住宿、膳食及其他服务的商业组织。

一、酒店业概述及发展历程

（一）我国酒店业发展历程

客栈、驿站是古代酒店业的两种主要形式，从商周时期一直延续到清朝末年。

1888 年我国第一家邮局台湾邮政总局成立。之后，邮政业快速发展，取代了驿站。1840 年第一次鸦片战争之后，西式饭店大量出现。到 1939 年年底，在北京、上海、广州等城市已有外国资本建造和经营的西式饭店近 80 家。1854 年，上海第一家西式饭店"中央饭店"成立，后来在这个饭店原址上重建了如今上海赫赫有名的地标建筑和平饭店。与之同时，为普通民众提供食宿服务的客栈、旅馆也大量存在。

在新中国成立后的计划经济时代，我国的酒店基本包括两大类，一类是设施简单的社会旅馆，另一类是设施较全、档次较高的政府招待所。

改革开放之后，境外各国人士如潮水般涌入我国。为了接待他们，我国开始建设了一批达到国际水平的新型酒店。这些酒店的结构布局、设备设施、经营理念、管理服务等方面明显优于国内的一般社会旅馆。改革开放至今，我国新型酒店发展势头迅猛。截至 2023 年年底，中国五星级酒店就有 846 家。

（二）外国酒店业发展历程

第一时期为客栈时期（18 世纪前）。该时期产生于 18 世纪前，这个时期的客栈设备简陋，服务质量差，仅能提供食宿服务。

第二时期为大酒店时期（18 世纪末至 19 世纪末）。该时期产生于 18 世纪末，当时英国的产业革命促进了生产力的发展，社会财富快速积累，催生了豪华酒店的诞生。此时酒店的接待对象主要是王公贵族、达官显贵、商人，且此时的酒店是非营利性的。

第三个时期为商业酒店时期（20世纪初至"二战"）。该时期是指20世纪初至"二战"。此时的酒店价格合理，以安全为服务宗旨，能提供舒适、便利、清洁的服务。

第四个时期为现代酒店时期（"二战"后至今）。该时期始于20世纪40年代，直到现在。此时的酒店具有一些明显的特点，如酒店连锁经营、酒店的市场定位更为专业化、各类型酒店充分利用高科技，提供更为个性化的服务等。

二、酒店的分类

（一）依据消费对象划分

1. 商务型酒店

商务型酒店也称暂住型酒店（Transient Hotel）。商务型酒店的位置主要处在城市中心（如CBD等），以接待商务人士为主；其在酒店设施、服务项目、价格等方面都以商务为出发点，尽可能地为商务客人提供便利。目前我国酒店中占比例最大的是商务型酒店。商务型酒店的特征：消费水平较高、消费倾向明显、消费季节性不明显、消费目的地较为集中。

2. 度假型酒店

度假型酒店又称为度假村，英文名称为"Resort Hotel"，服务于度假旅游市场，具备传统酒店的基本功能，为度假者提供特殊服务。度假型酒店的特征：以接待休闲度假的客人为主；多修建于海滨、温泉、风景区附近；经营的季节性较强；要求有完善的娱乐设施。

3. 长住型酒店

长住型酒店特点：为租客提供长时间的食宿服务；多采用家庭式结构，以套房为主；既提供一般酒店服务也提供一般家庭服务。

4. 会议型酒店

会议型酒店是以接待各种会议，包括展览会、展销会、洽谈会、交流会、学术研讨会等会议顾客为主要接待对象的酒店。会议型酒店具有大中型国际、国内会议接待能力，会议收入占酒店总收入比重较大，一般超过酒店收入总额的35%。

(二) 依据客房数量划分

根据客房数量可将酒店划分为：超大型酒店（大于 2000 间）、大型酒店（1000 ~ 2000 间）、大中型酒店（500 ~ 1000 间）、中型酒店（200 ~ 500 间）、中小型酒店（50 ~ 200 间）。

(三) 依据地理位置划分

根据酒店所处位置分为城市酒店、乡村酒店、景区酒店、公路酒店（Motor Hotel 或 Motel）、机场酒店（Airport Hotel）等。

三、酒店业组织架构及岗位

(一) 酒店组织形式

酒店的组织结构类型比较多，主要有直线制组织结构、直线职能制组织结构、事业部制组织结构三种。采取何种组织结构要根据酒店经营的需要，从自身的实际出发。

1. 直线制组织结构

按直线垂直领导的组织形式，其特点是各部门按垂直系统排列，酒店的命令和信息是从酒店的最高层到最低层垂直传输。直线制组织结构或无职能部门，或设一个职能部门兼管多种管理职能。直线制组织结构比较适合于规模小、业务较单纯的酒店。

2. 直线职能制组织结构

大多数酒店都采用直线职能制的组织结构。它将酒店所有部门分为两大类：一类是业务部门，一类是职能部门。业务部门按直线层级的形式进行组织，实行垂直指挥。职能部门按分工和专业化的原则执行某一类管理职能。职能部门和各业务部门实行横向联系，以自身的职能管理为各部门服务。

3. 事业部制组织结构

酒店实行事业部制组织结构，通常的形式是主体酒店是一个核算单位，酒店下属各单位是各自独立的核算单位，主体酒店及下属各单位均在酒店组织系统之中。主体酒店公司可设立公司职能部门，管理整个系统的相关事务，而下属各企业也可设立相关的职能部门或职能岗位，处理子系统的相关业务。

（二）酒店组织系统的设置及功能

由于各酒店的规模、性质和业务活动不同，酒店运营组织系统的设置和职责分配也不相同。一般来说，酒店根据为顾客提供的酒店产品和服务的类别和特性设置相应的部门结构。按照酒店各部门的性质，可以将酒店划分为业务部门、职能部门和其他组织。前两类部门的设置及功能如下：

1. 酒店业务部门

（1）前厅部

前厅部也称为总台服务部、前台部、大堂部，是酒店以房务运作为中心的营业部门，是酒店组织客源、销售酒店产品、沟通和协调各部门对客服务，并为顾客提供前厅系列服务的综合性部门。前厅部是现代酒店的重要组成部分，在酒店经营管理中具有举足轻重的地位。前厅部的主要功能机构都位于酒店最前部的大厅。前厅部是酒店的"神经中枢"，前厅部的业务工作贯穿于顾客与酒店接触和交易往来的全过程。前厅部主要承担预订客房、办理登记手续、安排住宿房间、代客储存物品、办理邮电业务、外币兑换、咨询、结账等工作，为顾客提供全面的服务。前厅部的工作带有全局性，会直接影响酒店服务质量和管理水平的高低。因此，前厅部被称作酒店服务与管理的"橱窗"，前厅部人员在顾客心目中是"酒店的代表"。此外，前厅部还担负着联系和协调酒店各部门工作，并为酒店最高决策层提供决策信息和数据的重任，所以前厅部是酒店组织管理的关键部门和中心环节。前厅部组织机构的具体设置，各酒店不尽相同。比如，一些高星级酒店前厅部设置有预订处、接待处、问讯处、行李处、电话总机、收银处、商务中心等。

（2）客房部

客房部也称管家部，是酒店管理有关客房事务，向客人提供住宿服务的部门。客房是顾客住宿和休息的场所，也是酒店设施的主体部分。客房部是酒店的主要创收和创利部门。随着现代化旅游业的发展，顾客对客房环境、住宿设施、清洁卫生设备及服务质量等都提出了很高的要求。因此，为顾客提供一个整洁、舒适、安全的房间是客房部的主要任务。客房部是酒店占用面积最大、顾客停留时间最长的部门，客房服务也是项目多、内容杂、随机性强的服务工作。客房部服务质量和管理水平的好坏，不仅关系整个酒店的声誉和经营效果，而且直接影响酒店的经营收入和效益高低，因而酒店企业必须妥善地做好客房部管理，不断提高酒店的经营管理水平。客房部的组织机构因酒店规模、档次、业务范围、经营管理方式等不同而有所区别，一般包括客房主管部、楼层服务组、公共区域服务组、棉织品组和洗涤组等。

（3）餐饮部

餐饮部是酒店的又一个主要创收部门，虽然其创收能力通常小于客房出租的总收入，但该部门所获得的营业收入仍然是相当可观的。酒店餐饮部是集原料采购、验收、储藏与分发、食品生产、加工、销售和服务于一体的部门。由于餐饮部所辖面广、涉及环节多、员工数量最多且文化程度差异大等，因此餐饮部成为酒店管理中管理难度较大的一个部门。不同酒店，餐饮部的规模不同，其组织机构也不尽相同，但一般都包括食品采购供应、厨房加工烹调、餐厅酒吧三部分业务活动，因而其相应设置的业务部门有原材料采购供应部、厨房、餐厅、酒吧等。

（4）康乐部

康乐部是酒店特别是度假型酒店中设有的为满足客人休闲娱乐、康体健身等活动的综合性营业部门。康乐部通过向客人提供健身娱乐设施和相应的服务，获得相应的营业收入。康乐部的主管和其他专职人员，一般都具有组织、策划健身娱乐活动的能力和专长，他们也为酒店顾客组织一些别开生面、富有吸引力的娱乐活动来满足顾客的娱乐要求，提高设施的利用率和销售水平。因为酒店的规模大小不一、服务档次高低不同，康乐部的机构设置也不一样。一般酒店规模越大、服务档次越高，为客人提供的休闲娱乐设施也就相对高档而丰富。部分酒店包括游泳池、高尔夫球场、网球场、保龄球馆、沙狐球、棋牌室、桑拿室、美容美发、健身房、歌舞表演、KTV 包房等娱乐场所。这些娱乐场所的活动均由康乐部组织安排，并设专门人员负责组织和指导工作。随着酒店业的不断发展，康乐部在度假型酒店中的重要作用也越来越明显，已逐渐成为酒店营业收入的重要组成部分。

（5）商品部

许多酒店都设有商品部或商品销售点，大型酒店的商品部和市区内零售商场的经营相类似。其基本功能是为顾客提供商品，如食品、服装、生活用品、工艺品等，一般都以当地特有的旅游商品为主。商品部不同于一般的单纯性社会商场，它不仅是销售商品的场所，更是向住店客人和入店客人提供酒店服务的地方。所以，酒店商品部都会营造一个装修高档豪华、环境优美舒适的购物环境，来满足顾客的购物要求，增加酒店的收入。而且，随着酒店业的不断发展，酒店商品部的商品以及经营业务将会不断发展扩大，其营业收入在酒店总收入中所占比重也会越来越大。

2. 酒店职能部门

（1）行政办公室

行政办公室也称总经理办公室，它在总经理对酒店实行经营管理过程中起着重要的沟通上下、联系左右、协调内外的作用。行政办公室具体负责各类文件的打印、收发、归档等工作；负责处理各类往来的信函、电邮、电报、传真，及时上传下达，接听电话并做留言记录；为总经理出差办理预订机票、客房等具体事宜；安排酒店高级管理人员值班表、酒店内部用车；制作酒店各种例会的会议纪要及文件发放等工作。

（2）人力资源部

人力资源部是为了满足酒店经营管理的需要，协助其他部门负责酒店管理人员和服务人员的选聘、录用、培训、选拔、考核、奖惩、工资福利、劳动保险、劳动争议处理等各项管理活动的部门。它是酒店最基本也是较重要的部门，一般直接受总经理的领导和指挥。人力资源部除了设有经理和副经理，还有专职人员负责员工调配、职工培训、工资管理、缴纳社保等。有些酒店的人力资源部还设有专门的员工培训机构。

（3）财务部

财务部负责处理酒店经营活动中的财务管理和会计核算工作，担负着酒店聚财、理财的重要职责，是整个酒店经营管理工作的信息中枢，是反映酒店经营成果、为总经理进行市场预测和经营决策提供信息和数据资料、督导各部门改善经营管理、提高经济效益的职能部门。财务部人员的数量取决于酒店的经营规模的大小。一般来说，酒店财务工作直接由酒店的副总经理领导，财务部内部设有经理、副经理、主管会计、会计员、出纳员若干名。

（4）销售部

销售部是主要承担以扩大酒店客源、增加企业收入、宣传酒店形象为中心的营销工作，也是酒店对外宣传和推销的窗口，是酒店外联和广告宣传的中枢部门。为保证酒店有充足的客源，销售部的人员要进行市场调研，了解市场需求，掌握客源流向并负责推销酒店产品，以实现酒店产品的创新和增值。酒店销售部的大小规模是有差异的。销售部一般设有经理和主管销售业务的专职人员。有些规模较大的高档酒店的销售部还设有分管旅游销售、会议销售、宴会销售的经理以及公关经理等专职人员。为搞好销售工作，酒店总经理也会关注和领导销售部的有关事宜。

（5）安保部

安保部也是酒店重要的职能部门之一。安保部对顾客的人身和财产安全、酒店各种设施与财产安全以及酒店员工的安全等均负有重要的责任，因为顾客在酒店不仅需要良好的住宿条件和其他服务，还要有一个安全、舒适、宁静的环境。安保部一般设有安保经理和专职的安全保卫工作人员。他们对全酒店进行24小时的安全保卫和巡逻，以保障酒店及顾客的安全。

（6）工程部

工程部也是酒店重要的职能部门之一，它是酒店重要的生产经营和后勤保障部门，主要负责酒店房屋、设施、设备等的日常维修、保养与更新等工作，以使酒店的外部及内部装修等保持在完好的水平上，确保酒店为客人提供一个良好的居住、工作与生活环境，确保酒店日常经营活动的正常进行和经营目标的顺利达成。工程部还需要按照计划对酒店的能源进行有效的管理。工程部组织机构包括工程部办公室（由工程部经理、助理、调度员等组成）、锅炉冷冻组（由锅炉房和冷冻机房组成）、电工组（由交配电组、强弱电组组成）、维修组（由综合维修人员组成）、电梯组（由电梯操作、维修人员组成）、土建组（由土建、木工、油漆工组成）。有的酒店只设置锅炉、冷冻、水电和土建四组。

【案例 4 - 1】

销售工作该由谁负责?

A 酒店过去是一家市政府所属的高级招待所, 经过重新改造后, 升为四星级酒店。但酒店的组织机构基本上沿袭了招待所的模式。为了加强销售工作, 酒店增设了公关销售部。但是由于过去销售工作由客房、餐厅和各业务部门分别去做, 所以这一格局并未打破。这样便出现了酒店所有部门都有销售指标, 各个部门一同出去跑销售的局面。有时为了争取同一客户, 各部门轮番争抢, 出现内部竞争。这种状况弄得有些客户莫名其妙。他们认为如此混乱的管理不可能造就良好的服务, 因此打消了与 A 酒店合作的念头。

在销售部, 每个人的工作都由销售额目标决定, 只要你能完成定额, 无论你拉什么客户都行。结果造成这位销售人员前两天刚来, 而另一位销售人员又登门推销, 而且两个销售人员的报价并不完全相同, 弄得客户不知所措。另外, 由于经常出现内部竞争, 致使销售部与其他部门之间, 销售部内部员工之间, 经常因为客户发生矛盾, 影响了酒店内部的协调合作。

第3节 旅游酒店业就业

旅游酒店业属于第三产业服务业。服务业被称为经济增长"稳定器"和就业"吸纳器",具有"稳增长""稳就业"的双重功能。预计2025年我国服务业增加值占GDP的比重将达60%,也就是说服务业在国民经济增长中发挥着主力作用。从就业的角度看,服务业主要投入是人力资源,劳动密集型特征明显,旅游酒店行业对人力资源的依赖尤其突出。随着经济发展和产业结构演进,服务业就业人员比重将持续逐步提高。但是近年来,我国出生人口和劳动年龄人口连续下降,人口结构发生变化,加上工业经济的"去产能"和新一轮技术革命将"挤出"部分劳动力流向服务业。

旅游酒店业当前在新技术的推动下出现了许多新理念、新模式和新业态。行业劳动力市场对劳动者的需求呈现出新特点,比如劳动的灵活性自主性增强、劳动者的素质对科技知识要求增加。这些变化促使旅游酒店业的就业者需要重点考虑的问题从单纯地了解岗位信息、掌握面试技巧,拓展到充分地了解趋势适应变化,更新知识提升技能。

一、就业概述

(一)就业的概念和类型

1. 就业和劳动就业的概念

就业是为生活需要付出并换取报酬的合法的职业劳动。作为一项有目的的社会实践活动,劳动就业是经济发展的重要组成,又是劳动者参与社会劳动、发挥劳动能力的必要条件。劳动就业关系着经济发展和社会稳定,更和劳动者个人和家庭的生活水平息息相关。

劳动就业是指具有劳动能力的人使用生产资料从事合法的社会劳动,创造一定的经济社会价值,获取相应的劳动报酬或经营收入,用以满足自己及家庭成员的生活需要。

2. 劳动者定义为就业者的三个条件

一是劳动年龄在法定范围内，具备劳动能力的劳动者。法定劳动年龄是法定最低年龄至退休年龄之间，我国法律规定，劳动年龄界限为男 16～60 岁、女 16～55 岁。

二是从事合法劳动并获得合法收入。从事国家法律规定的不受所有制性质和用工形式限制的社会劳动。

三是必须从事某项社会劳动，并可以获得相应收入。依靠救济、利息生活的人，不能视为就业者。

3. 就业的类型

从所属行业角度，就业可以分为城镇就业和乡村就业，第一产业、第二产业和第三产业就业。

从就业的经济类型角度，就业可以分为在国有经济单位就业、在城镇集体单位就业、在其他经济单位就业、在乡镇企业就业、从事私营经济和个体劳动、在农村就业等形式。其他经济单位包括联营经济、股份制经济、外商投资经济、港澳台投资经济单位。

从就业模式角度，可以分为正规就业和灵活就业。

从劳动者整体就业角度，社会存在充分就业和不充分就业两种状态。

从劳动者身份角度，可分为职工和工人，其中职工分为全民所有制职工、集体所有制职工、其他所有制职工、城镇职工，工人可分为农民工、正式工和临时工、固定工和合同工。

（二）就业的特征

1. 属于重要的经济活动

马克思主义劳动价值论认为，商品的价值和剩余价值都是由人类劳动创造的。就业创造国民财富，也是国民财富分配的基本依据。劳动就业是资本增值和积累的来源。就业宏观上是实现国民经济良性运行和发展重要前提，微观上是劳动者让渡劳动力使用权，换取生活资料，使用劳动力的用人单位必须向劳动者支付工资等物质待遇。劳动就业在创造社会财富的同时，也创造了劳动者自身发展与解放的条件。

2. 体现出人的社会性

劳动就业是人的本质需求，无论是谋生型就业，还是自我实现型就业。就业是实现个体自我生存发展的物质基础，也是满足个体的精神需求。就业产生社会联系，使人类具有的合群倾向，能够形成良性的社会关系，缓和社会阶层之间的矛盾，并能增强人的职业能力、组织性和社会接纳性。就业有利于社会稳定与文明发展，从而减少社会管理的各种成本，比单纯依靠社会福利保障解决失业矛盾更有利于社会稳定和保障劳动者权益。

3. 具有双向的选择性

传统就业缺乏选择性，改革开放后的劳动就业选择性逐步扩大，而且是双向的，即劳动者可以根据其职业偏好和能力选择就业岗位和就业地区，用人单位能够根据其经营实际的需要在劳动力市场自由地选择劳动力。双方选择完成的标志是确立劳动关系，即用人主体和劳动主体双方通过平等协商签订劳动合同。选择的前提是劳动力和生产资料在数量和质量上基本匹配。

4. 出现劳动力的流动

经济发展提高生产力，促进社会分工的精细化，促使社会经济结构和产业结构发生变化，从而导致劳动力就业结构的变化。劳动者会出现流动，就业岗位转换，从一个部门或行业转换至另一个部门或行业，从落后国家和地区流向发达国家和地区。劳动力流动是伴随经济发展产生的正常现象，但是必须被控制在合理的限度之内。如果流动让劳动者长期处于非熟练状态，这会给劳动者带来负面影响。

5. 体现社会制度特性

我国是社会主义国家，生产资料公有制成为社会的主导经济形式，劳动者是生产资料的主人，劳动产品归劳动者所有，生产目的是最大限度地满足人民群众日益增长的物质和文化生活的需要。在资本主义国家，就业反映和维护的是资本家和雇佣工人之间剥削与被剥削的经济关系。在我国，就业所反映的是劳动者之间平等协作的关系，反映国家、集体和劳动者利益一致的关系。

（三）就业的原则

1. 平等就业原则

在劳动力市场上，不同民族、种族、性别、宗教信仰的劳动者享有平等的就业权利和机会。

2. 双向选择就业原则

在选择就业岗位和劳动者时，劳动者和用人单位都具有市场主体资格。劳动者根据自身的素质，可以自主选择用人单位。用人单位享有用工自主权。

3. 竞争就业原则

为了获得理想的就业岗位，劳动者必须树立就业风险意识和就业竞争意识。竞争就业体现了市场经济的公平原则，有利于实现劳动力的合理配置。

4. 照顾特殊群体就业原则

特殊群体人员是指由于特殊原因而有就业障碍或在劳动力市场上处境不利的人员。《中华人民共和国劳动法》规定的这类人员主要包括妇女、残疾人、少数民族人员、退役军人等。

5. 禁止未成年人就业原则

为保护未成年人的健康成长，国家禁止未满 16 周岁的未成年人就业。

二、旅游酒店业就业新特点

（一）就业政策更积极

旅游酒店业是国民经济的重要产业，是扩大就业的重要渠道，后疫情时期，为了加快旅游酒店业复工复产，各省市在国家政策指导下并结合当地实际情况，制定并推出积极的扶持政策，帮助旅游酒店企业员工复岗、恢复经营、渡过难关。人力资源社会保障部牵头五部委印发《关于做好疫情防控期间有关就业工作的通知》，其中强调完善高校毕业生就业举措，一是用国家、地方、高校毕业生就业网开展就业服务，完善高校毕业生就业信息共享发布机制；二是鼓励高校和用人单位利用互联网进行供需对接，实行网上面试、网上签约、网上报到，引导用人单位适当延长招聘时间、推迟体检时间、推迟签约录取；三是公共就业人才服务机构要延长报到接收时间，可通过信函、传真、网络等方式为高校毕业生办理就业协议签订、就业报到手续；四是加强求职心理疏导，组织有经验的职业指导师、心理咨询师和高校心理学教师，推出一批在线咨询指导课，开通心理热线。

（二）就业市场更灵活

旅游酒店业涉及领域广泛，人才的需求多样化，根据行业门类和岗位层次的不同，就业人员可以找到适合自己的岗位，这个产业既需要一些高学历、知识储备丰富的管理、规划类人才，也需要提供简单技能的普通劳动力，后者的需求量往往比较大。步入 5G 时代，人工智能逐渐替代传统网络工具，90% 以上的生活和工作离不开移动设备的频繁使用，高速的信息化、海量的数据化不断造就新一代的用工模式和形态，比如，一些景区运营的季节性很强，相关岗位会有一些阶段性和流动性，一些岗位的弹性很大，能够以更灵活的就业方式吸纳更多的劳动力；集传统代理和营销平台于一身的在线预订平台将推动旅游业供给侧与需求侧的变化，上游供应商依托平台将获得丰富的客源，下游客户借助平台将增添更多便利性，在线预订平台的广泛运用有助于拓宽旅游酒店业就业市场，扩大就业岗位。

（三）就业观念更自主

就业观是对就业的认知和预期，存在于人们的思想意识中，左右着个体的选择和行为。作为职场主力军的 90 后和 00 后新生代，他们渴望新事物、活跃且开放、自主并自我、不安于现状，传统的每日 8 小时工作和每月固定薪酬福利，已很难成为他们愿意接受的工作状态和人生追求，他们博学多才可以随时选择并更换工作的类型和内容，他们可以依照自己的心情来自主挑选合适的工作岗位，他们将不拘泥于某一项专业或某一个企业，职业规划将更加随心所欲，他们会自我进步自我加压，为追求心仪的报酬或有趣的工作而激发自我动力。未来的年轻人通过不断学习，不断充实自己，在这个跨界合作的社会，多种专业交叉交织，认真地做自己喜欢的事情，因此"共享用工"将是新生代们乐意选择的一种工作方式。新一代强调劳动能力、劳动价值、劳动补偿、人际环境、个人发展、终身学习的就业观将呈现出更加自主、开放、包容和流动的特征。

三、旅游酒店业就业新实践

（一）旅游酒店业职业新方向

职业是个人作为社会一员参与社会分工，利用专门的知识和技能，为社会创造物质财富和精神财富，并为此承担一定的社会义务和责任，获取合理报酬并满足精神需求的工作。职业是具有高尚性的事业，凸显两层含义：一是专业分工，二是精神追求。职业的特征体现在经济性、社会性、专门性、时代性等方面。旅游酒店业是一个需要与人打交道的行业，从业者不仅需要具备专业技术知识和技能，更需要具有亲和力和表达力。根据国家发改委和旅游局的研究课题，旅游酒店业的就业类型可以分为三个层次，一是旅游核心产业就业，包括旅游住宿、旅行社、景区、旅游车船公司及其他旅游企事业单位的就业人员构成；二是旅游特征产业就业，包括餐饮、娱乐、铁路、航空、公路、水运、公共设施服务等 13 个部门中的旅游就业；三是旅游经济就业，通过旅游经济活动所拉动的直接或间接的就业人数。

技术进步也加速了旅游酒店业的发展进程、行业升级和垂直分化，旅游可以扩展到做文创、做艺术设计、做运营；酒店可以拓宽至做管理、做新零售、做策划创意、做空间美学，等等。当前，这个行业正从过去的增量市场转向存量市场，随着用户需求的变化，多元化取代标准化成为旅游酒店产品的新发展方向。所以职业选择上，不但机会多，而且还能互通，看起来是做一份工作，但其实做的是一个大产业的其中一部分，可提升的空间和晋升的机会也更加多元和复合。现代服务业快速发展，不断孕育出新职业，比如连锁经营管理师、供应链管理师、全媒体运营师、健康照护师等。

（二）旅游酒店就业新路径

1. 制订职业生涯规划

生涯是指生活里各种事态的连续演进方向，整合了个体一生中依序发展的各种职业和生活的角色，由个人对工作的投入而流露出独特的自我发展形式；它也是人生自独立以来到退休之后，一连串的有酬或无酬职位的统合，不光是职业，还包括任何与工作和副业有关的角色。生涯是以人为中心的，只有在个人主动寻求生涯时它才存在。生涯具有方向性、时间性、独特性、现象性和主动性。职业生涯广义上理解是生活、生命，狭义上就是指人一生中的职业历程。从事咨询心理学和生涯研究的学者金树人认为生涯可以从主客观两个方面加以阐释，主观意义的生涯强调形容个人所偏好的生活风格，所重视的生命意义，是具有独特性的；客观意义的生涯聚焦在个人生涯发展是与过程中的环境世界息息相关，包括客观工作世界的分类，这会影响个人职业生涯的规划和实施。生涯规划是运用系统的干预方法，帮助个人提升满意度、获得个人成长和生涯发展。这之中首要的是做好职业选择，一方面了解自身特质，包括个人的兴趣、态度、能力、技巧、价值观、人格特质、资源、限制；另一方面了解工作世界，完成工作任务所具备的各方面的特征，包括职业的要求、工作条件、薪酬、机会和发展前途，二者相互匹配才会形成满意的职业选择。

旅游酒店业的从业者进行职业选择时需要清楚了解自己的特质成因，明白知道各种工作成功所必须具备的条件和要求，以及待遇、就业机会和发展前景。在制定职业生涯规划时要重视个体性格差异，比如，按霍兰德理论，具有社会导向性格特征的人，喜欢与人互动的工作，如导游、客户服务等；具有机械倾向性格特征的人，喜欢安静的工作而尽量避免社交活动，如客房服务、旅游信息系统管理、台账管理等；具有追求审美体验性格特征的人，倾向于从事景区景点的工作；而以改变他人生活为导向的人，会努力成为一名酒店部门的管理者或项目管理者。

2. 培育职业必备新素质

旅游酒店业从业者需要具备无私奉献、爱岗敬业、勤劳肯干、遵纪守法、文明礼貌、热情友好等高尚的职业道德，忠诚守信的职业品质，极强的服务性，高度的责任至上、坚强的职业心理；需要掌握旅游酒店基础理论、具有较强专业技能，综合素质好、职业素质高、适应能力强、可塑性大并具备良好创新精神；需要具备写作能力、学习能力、应变能力、协调能力、分析能力、判断能力、解决问题能力、沟通能力、团队合作能力、运用新技术能力，以上这些构成了旅游酒店业的从业者的职业素质。

新时代的旅游酒店业变化很快，以"创新驱动"不断地推陈出新，因而终身学习能力至关重要，需时刻自我学习，并转化到工作中；写作是进入这个行业的基本技能，平时养成良好的写作习惯，碎片化信息吸收过程中还要总结提炼，形成有用的素材。解决问题是很多新晋职场的年轻人需要不断提升的能力，做事需避免拖泥带水、丢三落四、不会沟通、不懂反思、缺乏韧性、怨天尤人，而要能够准确把握和理解问题的本质，能够在短时间内找到解决问题的方法，能够综合不同的信息，认识深刻，分析全面。具备团队合作意识和能力是必不可少的一项素质，能够迅速融入讨论，为整体利益着想，有独立的见解，也懂得妥协，能为小组其他成员主动提供帮助。沟通能力要求能够清楚顺畅地表达自己的观点；善于运用语言、语调、目光和手势等；积极主动，敢于打破僵局；能够认真倾听并尊重他人的合理意见；遇到冲突保持冷静，能够迅速找到解决办法。应变能力要求能够及时找到化解矛盾的方法，积极应对压力；能够根据变化及时调整自己的思考、行为方式；能够积极应对挫折。

【互动交流】

1. 简述旅行社的组织架构。
2. 我国的旅游景区有哪些类型？
3. 简述酒店的分类标准和类型。
4. 简述酒店组织机构设置及功能。
5. 就业的概念、类型、特性和原则都包括哪些要点？
6. 新一代年轻人进入旅游酒店业就业应该具备什么样的素质？

【案例任务】

毕业了去做导游还是酒店宾客服务？

导游的清晨：带团起得最早的一次，是因为要赶去外地的早航班，四点不到就起床了，去酒店前台拿上餐厅为我们提前准备好的早餐盒饭，披星戴月地往机场赶。天还没亮，大街上亮着路灯，空荡荡的三环路上只有我们一辆车在飞快地奔跑。想想自己真是够可怜，如果不是因为工作，凌晨四点半，上了一通宵的网，这时的我大约才刚刚躺下睡觉吧。

酒店的就业：国际酒店集团、地产咨询公司、餐饮集团、主题公园、线上旅行平台、活动和展会策划公司、旅游景区、旅游咨询公司、旅游行政管理部门等都是相当不错的就业方向。传统酒店的入门工资确实不高，但增长速度较其他行业要快很多。就五星级酒店而言，北京、上海、广州、深圳、苏州五地的高级经理平均年薪均已超过22万元。在酒店工作时间越长，资历增加，与人打交道的经验就越丰富，处事能力也会提高。酒店业尤其需要综合能力强的中高级人才，有强大的语言能力，除了英语和母语外还会一门第三语言；具有出国学习工作的背景，具备全球化视野、接受过全球最先进的培训，了解同一家酒店如何在世界不同地方做到本地化运营，有实战经验的绝对是企业抢手的香饽饽。

请分析：

后疫情时代，旅游酒店业岗位有什么样的变化？如何应对这样的变化实现更高质量的就业？

【参考文献】

1. 陈肖静. 旅游学通论 [M]. 合肥：合肥工业大学出版社，2011.
2. 唐秀丽. 现代酒店业管理概论 [M]. 重庆：重庆大学出版社，2018.
3. 周敏慧. 酒店业概论 [M]. 北京：经济科学出版社，2015.
4. 李伟，魏翔. 互联网+旅游 [M]. 北京：中国经济出版社，2015.
5. 金树人. 生涯咨询与辅导 [M]. 北京：高等教育出版社，2007.
6. 陈卓. 礼仪训练与旅游行业职业修养 [M]. 北京：中国劳动社会保障出版社，2016.
7. 李珂. 初次就业不迷"盲" [M]. 北京：机械工业出版社，2021.
8. 党印. 职业与劳动：大学生劳动教育十讲 [M]. 北京：人民交通出版社，2021.
9. 刘向兵. 新时代高校劳动教育论纲 [M]. 北京：社会科学文献出版社，2019.
10. 何承金. 劳动经济学 [M]. 大连：东北财经大学出版社，2013.
11. 黄安余. 就业失业论 [M]. 北京：中央编译出版社，2015.

第 5 章

旅游酒店业劳动供求与收入

【本章简介】

　　旅游酒店业从业者众多，从业者来自哪里、需求情况如何、收入怎样，这是未来从业者广泛关心的话题。本章讲述旅游酒店业从业者来源、从业者需求、从业者收入水平。旅游酒店业从业者既有各类院校的毕业生、从其他行业转业过来的人员，也有各类兼职人员和临时雇用的人员。每个行业的发展均要依托于大大小小的企业，企业既需要一线的业务部门，也需要二线的支撑部门。总体上，旅游酒店业从业者的收入水平近年来不断增长，收入与其他服务业相当，各级别各岗位之间的收入存在差异。

【学习目标】

　　1. 列举旅游酒店业从业者的来源。
　　2. 分析旅游酒店业从业者的需求。
　　3. 知悉旅游酒店业收入水平的差异。

【导入案例】

无锡市旅游业从业者的年龄与学历分布

　　无锡市旅游行业从业者中，旅游行业高层管理人员的年龄以 40～50 岁中老年为主，占 41% 左右；中基层管理人员的年龄以 30～40 岁中青年为主，占 37% 左右；一般员工的年龄以 20～30 岁年轻人为主，占 44% 左右。从业人员中，平均年龄在 20～30 岁的比例占到 75%。

　　无锡市旅游行业从业者中，高层、中层管理人员的学历层次分布较广泛，低到初中文化，高到研究生文化，其中以大专文化为多数，抽样调查结果显示，占 40% 左右，高层管理者的总体文化层次与实际要求有一定的差距；基层管理人员和一般员工的学历层次普遍偏低，以初中和高中文化为主，抽样调查结果显示，所占比例高达 86% 左右。抽样调查结果显示，无锡市旅游行业从业者中，普通高校大专教育和职业类教育、本科旅游专业与非旅游专业的从业者比例基本持平。

　　请思考：
　　旅游行业的哪些工作岗位有高学历门槛？

第1节　旅游酒店业从业者来源

旅游酒店业是典型的服务行业，向顾客提供导游服务、旅游路线定制服务，亦提供住宿服务、餐饮服务和休闲服务等。各类服务既需要一定的场所和工具，也需要一定的从业者，并且在很大程度上，人是决定服务质量和顾客满意度的。旅游酒店业从业者包括学校应届毕业生、其他行业的转业人员和各类兼职临聘人员。

一、旅游酒店业的总体从业人数

2020 年 3 月 11 日，中国旅游研究院发布《2019 年旅游市场基本情况》，数据显示，2019 年旅游业对 GDP 的综合贡献为 10.94 万亿元，占 GDP 总量的 11.05%。旅游直接就业 2825 万人，旅游直接和间接就业 7987 万人，占全国就业总人口的 10.31%。2020—2022 年新冠疫情对旅游业产生重大冲击，不过疫情结束后，人们的旅游需求回归至以往的发展趋势，旅游业将逐步复苏，从业者将平稳增加。

酒店业方面，国家统计局数据显示，过去十几年中，住宿业和餐饮业从业人数持续增加，在 2012 年分别达到近 220 万人、250 万人，之后由于中央八项规定的落实，行业受到一定冲击，从业人数小幅减少，经过几年调整，从业人数再次增加，到 2021 年，两个行业从业人数分别达到近 170 万人、290 万人，如图 5 – 1 所示。

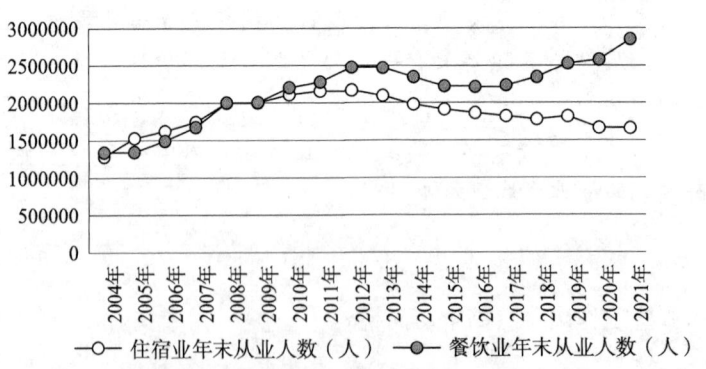

图 5 – 1　住宿和餐饮业年末从业人数

数据来源：国家统计局数据库。

二、国内外各级各类院校

在二三十年前，专门培养旅游酒店业人才的学校较少，大量从业者来自社会。尤其是一线的餐厅和客房人员，不需要太多的专门知识，只要有吃苦耐劳的精神，愿意学习，经过短期培训后就可以上岗。这些人员成为旅游酒店业的中坚力量。在21世纪前后，随着高校扩招，不少高校招收旅游酒店业的本科和专科生，这些应届毕业生成为本行业的新生力量，并逐渐成为行业发展的中流砥柱。

到2022年年末，全国共有高等旅游院校及开设旅游系（专业）的普通高等院校852所，在校生49.84万人；中等职业学校881所，在校学生45.41万人。两项合计，旅游院校总数1733所，在校学生为95.25万人。[①] 2022年，全国共有260家本科院校开设酒店管理专业，按每个学校年度招生200人，每个专业学制四年估算，在校生达20.8万人。[②]

三、相关行业的转业人员

在二三十年前的旅游酒店业从业者中，大多数来自社会人员，有的来自农村，有的来自城镇，大多数学历不高，是中学或小学文化水平，甚至没有接受过正规的学校教育。由于当时的旅游酒店业工作内容相对简单，易学好操作，只要经过短期培训就能上岗。

今天，随着分工的细化，顾客对服务质量要求的提高，旅游酒店业对专业知识的要求越来越高，对服务经验和质量的要求也逐渐提高。与此同时，旅游酒店业蓬勃发展需要大量从业者，在此背景下，一些有相关专业知识的高学历人员转向旅游酒店业，比如，一些计算机专业的人员到酒店业从事系统维护与开发工作，一些英语专业的学生到酒店业从事外宾接待工作，与此同时，一些学历不高但有其他行业服务经验的人员转向旅游酒店业，比如，在其他行业从事销售、人力资源管理、调酒、安保、保洁的人员到旅游酒店业从事类似工作。

还有一个来源是，一些退伍军人转业后，到旅游酒店业从事相关工作，以优良的作风、过硬的素质和高尚的品质受到同业人员和顾客的好评。

今天，随着中国国际化水平的提高，很多外资酒店集团和旅游集团进入中国，一些周边国家的劳动力进入中国，在相关的旅游、住宿或餐饮企业工作，亦成为中国旅游酒店业的从业者。

---

① 数据来源：2022年文化和旅游发展统计公报。
② 让产业所需、学生所学同频共振［EB/OL］.（2023-04-24）［2024-01-18］. https：//www.sohu.com/a/669828890_362042.

酒店业人才向大规模城市集中①

酒店业人才供需主要集中于规模较大的城市，一二三线城市在供给侧占比 87.3%，在需求侧占比 93.6%，均为人才流动主要市场。作为旅游服务业的核心产业，酒店业发展与城市经济、人口和旅游的发展密不可分，一二三线城市各方面发展较四五线城市更为超前，更易获得资本市场的青睐，尤其在高端领域，高端酒店品牌在一二三线城市布局更多，产生大量人才缺口，为供给侧向较大规模城市集中提供了客观条件。

受人才资源向大城市集聚的影响，从一线城市到五线城市，人才紧缺程度逐渐加重。近年来，四五线城市被挖掘出较多具备可发展性的旅游资源，资本市场和独立投资者也投入了较多的关注和尝试，但是相比起需求侧的增长，供给侧一直处于势弱状态，人才紧缺情况明显，职位数和求职者的比例低到 5∶1 甚至 10∶1，人才稀缺已经成为四五线城市发展住宿业与旅游业的一大痛点。

四、各类兼职和临聘人员

近年来旅游酒店业发展较快，很多企业在旺季或短期工作中需要大量人手，在内部员工不足的情况下，求助于同一集团的其他公司，面向在校生招聘一些临时的兼职人员，或者从社会上临时招雇人员。比如，某酒店举行一次大型外卖活动，酒店本身的员工数量有限，很难从各部门抽调力量，只能从集团内的其他酒店抽调人员，或者招雇小时工、临时工、学生志愿者，以保障单次活动圆满成功。这些兼职和临聘人员的最大特点是不固定，有可能经常来参加一些短期的工作，有可能偶尔来一两次，有时不需报酬，纯属志愿服务，有时收取报酬。酒店人力资源部门若能巧妙借用兼职和临聘人员，可为酒店节省不少人力成本。

与此同时，随着酒店服务外包的发展，近年来出现了专门的客房外包公司，承接各酒店的客房保洁工作。一个外包公司承接多个酒店的客房保洁工作，这些外包公司招聘一些从业者，专门培训，可同时在多个酒店从事相关工作。

一个新兴情况是，在共享经济背景下，近年来出现了一些专门的软件平台，任何一个人都可以注册成为会员，在闲暇时间从事酒店客房保洁工作，自愿选择工作时间，自愿接单，完成任务经验收合格即获得劳动报酬。如此一来，旅游酒店业从业者将扩大到

---

① 2020 酒店人薪资报告出炉，一线城市平均薪资 6668 [EB/OL]. (2020 - 10 - 21) [2023 - 10 - 03]. https://www.sohu.com/a/426196370_166693.

所有愿意从事相关工作的人，这些人没有固定的劳动合同，不过是行业发展的强大后备力量。

【专栏 5 - 2】

国内酒店业逐渐降低对人工的依赖①

2012 年年初国家政策明令遏制公费消费后，全服务酒店锐减。随着酒店业投资人追求理性、合理投资，逐步减少了全服务酒店的投入，转而面向更广泛的商旅人群市场。近几年数量增长的商旅酒店、中档酒店，根据客人需求，提供有核心需求的服务，比如只提供早餐、健身房的商务酒店。投资者和经营者重新规划用工人数，使得总体从业者减少。同时，酒店通过劳务外包，比如客房保洁和保安人员外包，劳务公司通常采用多劳多得的计酬方式，比酒店直接用工人数会有所减少。

更重要的是，酒店软件系统的升级使员工数量不断减少。人工减少是跟着 PMS 系统革新一步步减少的。在 20 年前的全服务酒店中，仅财务部门就有五六个员工，而现在这些工作基本都被计算机系统代替了。

2018 年年末，国内全部住宿业的法人单位数量同比增加了 72.60%，而从业者下降了6.80%。背后原因在于，国内全服务型酒店（以四、五星级酒店为主）减少，与此同时酒店智能化水平提升。

---

① 酒店从业者却越来越少，智能机器人何时成为酒店"万能员工"？[EB/OL].（2019 - 12 - 25）[2023 - 10 - 03]. https://www.sohu.com/a/362784823_163539.

第 2 节　旅游酒店业从业者需求

旅游酒店行业涉及的企业包括旅行社、各类景区、主题公园、住宿和餐饮企业。在景区、主题公园、酒店和餐馆的建造阶段，需要大量资金，属于资本密集型行业。在运营阶段，则需要大量员工，属于劳动密集型行业。因此，从业者需求量最大的阶段是运营阶段，企业数量越多，规模越大，需要的从业者数量就越多。

一、两个行业人员总需求

旅游业涉及多类企业和单位。截至 2017 年，我国已拥有旅行社 2.79 万个，景区景点 3 万多个，其中 A 级景区 10340 个，包括 5A 级 249 个、4A 级 3034 个，世界遗产 52 项，全域旅游示范区创建单位 506 个，红色旅游经典景区 300 个。[①] 截至 2018 年年底，全国旅行社、星级饭店、A 级景区、博物馆、文化站、文化馆、群众艺术馆、艺术表演团体、艺术表演场馆和公共图书馆共 364447 个，直接从业者共 518.94 万人，其中旅行社、星级饭店和 A 级景区的直接从业者分别为 41.14 万人、102.54 万人、134.48 万人。[②] 国家统计局数据库显示，截至 2021 年年底，全国共有 42432 个旅行社，65666 个住宿和餐饮企业，8771 个星级饭店（见图 5 - 2，图 5 - 3）。按照平均每个旅行社 300 人、平均每个住宿和餐饮企业 400 人的规模，粗略估计需要 3900 万从业者。这个估计的数字尚不包括景区、本行业的软件企业需要的大量人员，如果加上这些，总需求会更多。

与此同时，近些年中国旅游酒店业发展迅速，2010—2019 年餐饮和旅游市场分别保持了 11.4% 和 18.3% 的增长率，成为第三产业增长的驱动之一。2020—2022 年的疫情冲击了旅游酒店业发展，不过随着疫情逐渐趋稳，中国大众出游的长期市场趋势不会发生大的变化，旅游酒店业对人才的需求仍将不断增加。

---

① 旅游酒店业 70 年变迁：从外交事业转变为中国经济增长新引擎 [EB/OL]. (2019 - 09 - 11) [2023 - 10 - 03]. https：//www.yicai.com/news/100329033.html.
② 中国文化和旅游统计年鉴（2019）[M]. 北京：国家图书馆出版社，2019.

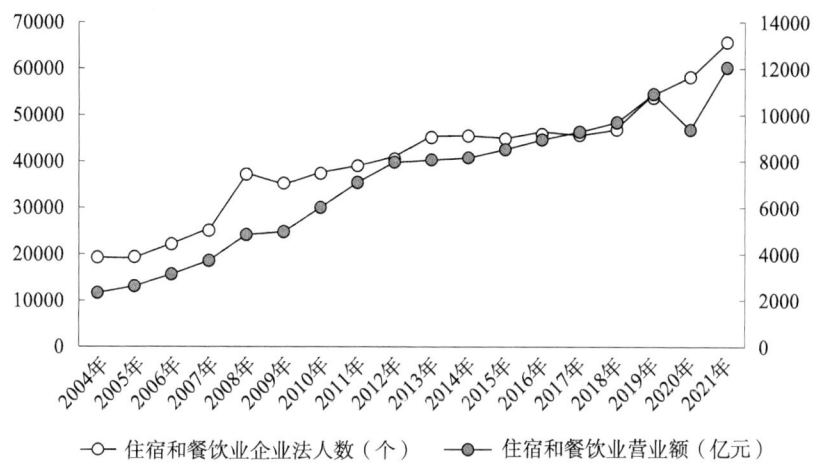

图 5 - 2　2004—2021 年住宿和餐饮企业法人数和营业额

数据来源：国家统计局数据库。

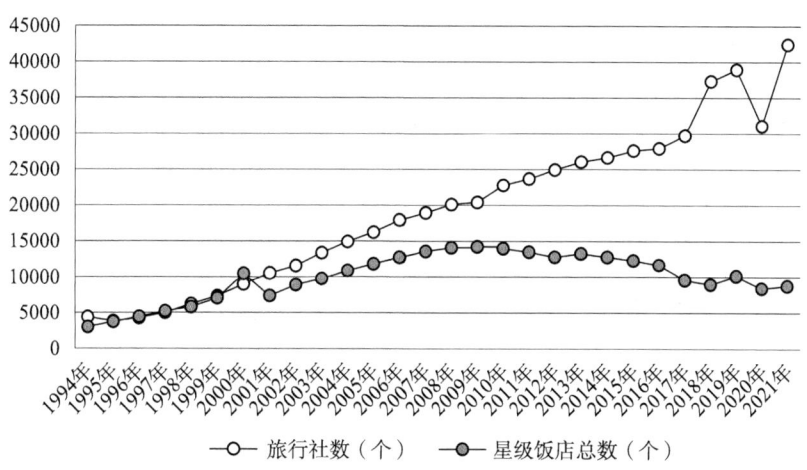

图 5 - 3　中国旅行社和星级饭店数量

数据来源：国家统计局数据库。

【专栏 5 - 3】

酒店业从业者为何"短缺"？①

30 年前没有专业的酒店人，也没有专业的酒店高等职业院校，到如今，绝大多数高

① 酒店业从业者为何"短缺"？[EB/OL].（2011 - 06 - 27）[2023 - 10 - 03].http://jiudian.jiameng.com/news/34239_1.htm.

等院校都已经开设旅游院系。但有的酒店人，尤其是奢华酒店运营商仍在抱怨酒店专业从业者"短缺"。

中国经济强劲的增长为本土酒店业带来了很大的发展空间，可以预见未来几年仍然是酒店加盟行业高速发展期。但是这种急速增长也让酒店在专业人才方面显得捉襟见肘。一方面，专业院校毕业的学生不愿意"对口"就业。另一方面，酒店招聘到的员工跳槽快，辞职率高，以至于大部分酒店不愿意投入过多资金和精力对服务人员进行深度培训。

为什么酒店员工的跳槽或辞职率这么高？

一是传统观念问题。酒店员工普遍对提供服务没有自尊感，而且普通人对酒店服务人员有着社会地位的偏见，这致使服务人员在对住客提供服务时，本身就没有自豪感和愉悦感。当新的机会到来时，他们自然会选择自我满足感更大的工作。

二是消费者的问题。职业平等不仅是指酒店、员工和教育者之间对彼此的态度，同时也指服务人员和住客之间的关系。客人不一定就是对的，也不一定就能事事做主的。如果消费者能够摆正心态，对服务人员保持以平等、互相尊重的态度，在接受服务后，对服务员回馈一声感谢或者一个微笑，服务员也会对他的工作增加成就感。太多的消费者对酒店服务人员颐指气使，他们的态度决定了服务人员也不会在这种氛围中愉悦工作。

三是员工培训问题。很多酒店管理人员抱怨他们培养了一年的员工，过了春节后就决定不再回来继续工作，因而他们不愿在员工培训方面投入大量资源。可这往往也是个恶性循环，当员工没有在培训中获得更多专业知识时，他们认为这份职业对打造自己的前途并没有太多积极影响，因而更容易放弃目前的工作。

四是收入问题。酒店业一线从业者工资微薄，仅够个人的基本生活支出，很多应届毕业生认为这种工资水平与个人预期相差很远，不愿全心投入，未抱在这个行业继续发展的期望。

二、旅游业从业者需求

旅游业飞速发展引发了对大量旅游人才的需求。根据中国旅游业统计公报相关数据显示，2010—2017 年国内游客数量从 21.03 亿上涨至 50.01 亿，呈现出稳步上涨的态势。游客的增长率和从业者需求量成正比，按照每年 10% 的游客增长率计算，2017 年我国旅游业直接就业人数至少应达到 1405 万人，才能基本满足行业人力资源数量需求。事实上该年全国旅游业直接从业者仅有约 600 万人，[①] 现实人数与行业潜在需求相差甚远。

从部门划分来看，旅游企业的人员需求包括一线部门、二线部门的人员需求及高层管理人员的岗位需求。一线部门包括宾客服务部、销售部、安保部，二线部门包括财务

---

① 杨秋玲. 我国旅游产业从业者结构现状及培养建议［J］. 中国市场，2020（25）：43－44，48.

部、人力资源部、公关部，等等。从人员需求数量上看，一线部门的人员需求最大，二线部门相对较少。

旅游业涉及多个学科和领域的知识，未来，旅游业人才的需求将呈现多样化和专业化的叠加趋势。

1. 高层次人才

旅游人力资源的现状是：人力很多，人才不足，普通劳动力多，高素质人才少。旅游业紧缺的人才有两类：一是企业经营管理需要的人才，如高层管理者和中层管理者，后者包括人力资源管理与开发、旅游规划、市场营销、收益管理、物业管理、旅游休闲管理等；二是新兴旅游业态的专业人才，如会展旅游、旅游资本运营、旅游网络管理、分时度假旅游等。

2. 复合型人才

旅游业复合型人才既懂旅游业的专项知识和技能，又有其他专业的横向知识和技能，两方面相辅相成、互为补充。旅游业发展需要这样的复合型、创造型人才，比如旅游新媒体、旅游大数据等方面的人才。

3. 各种外语人才

如今很多中国学生已掌握基本的英语交往能力，英语能力强的人在就业市场上有竞争优势。随着中国发展，到中国旅游的外国人不断增多，在接待、游览、洽谈等环节对其他语种的人才需求也越来越大，比如日语、韩语、法语、俄语、西班牙语等，如果大学生掌握这些外语，将在就业市场上获得较强竞争力。

4. 高素质导游人才

近年来中国导游群体的综合素质有所提高，不过参差不齐的现象仍然广泛存在，导游的素质直接关系旅游服务的质量和旅游企业的形象。

旅游业发展既需要现有导游群体参加各类培训，提升服务质量，也需要新的高素质人才加入行业，这些高素质人才除了拥有职业资格证和专业技能证书，也拥有其他方面的能力或证书，比如领队证，满足行业发展的新兴需求。

三、酒店业从业者需求

就行业性质来看，酒店行业是一个劳动密集型行业，需要大批高技能、高素质人才从事一线服务与管理，它的任何工作程序都必须依靠人来完成，不能用高精密的机器来替代；从人才的学历层次来看，酒店行业对人才的需求越来越专业化、职业化和质量化，基层服务人员和管理人员普遍要求具有中专以上学历层次，尤其是著名的国际品牌酒店管理集团，对人才的要求与挑选更为苛刻，语言、技能、素质、形象缺一不可。

现实情况是，目前行业发展与人才缺乏的矛盾日益显著，一方面是酒店对高技能、高素质人才的求贤若渴；另一方面各院校酒店专业毕业生"理论与实践"脱节现象严重，不能适应酒店对人才的要求。

在一般的小餐馆和小民宿中，从业者数量有限，经常不超过十个人，在中型餐馆、连锁酒店中，单个餐馆和酒店通常有几十个员工。在星级酒店中，普遍有相对完整的组织架构，有多个明确的运营部门，每个部门有专门的员工。与旅游企业类似，有一线部门和二线部门之分，一线部门包括客房部、餐饮部、康乐部、安保部、销售部，二线部门包括财务部、人力资源管理部、后勤工程部、公关部，等等。一线部门需要大量人员，二线部门的人员需求量相对较少。

1. 一线岗位的用工[①]

酒店业目前供应和需求量均较大的主要集中在低端服务人员，从业者主要来源于中等职业技术学校。这部分人进入酒店后主要担任前厅和客房服务人员，但要成为高级管理人员，存在一定难度。

目前星级酒店紧缺的专业人才主要有三类：一类是宾馆酒店总经理、各部门经理等中高层管理人才；第二类是技能级别较高的餐厨、服务等技能型人才；第三类是具备较强"补位"意识的服务型人才，这类人要能弥补酒店各个部门之间的服务空白点。

按照酒店部门来分析，酒店业目前在餐饮部、销售部、客房部三大部门用人需求比较大。餐饮部是企业对外的部门，用人需求最为旺盛。从基础服务人员到餐厅经理都有需求。销售部紧缺的是营销管理人才，需要有若干年的行业经验，并且熟悉酒店特色和产品，熟悉酒店客房、餐厅、前台等各岗位工作特点，有很强的人际沟通能力。此外，随着各类进口保洁工具价格的攀升，如今酒店越来越重视客房部的工作，优秀的客房管理者首先要熟悉各类进口保洁工具，能进行工具性能维护和维修，此外还将承担下属员工的技能培训工作。

2. 中高层管理人才

调查发现，认为经理人必须具有"相关工作经验"的占76.08%，10.88%的酒店认为，事业心和责任感是一个合格的酒店经理人必备的条件，而11.04%的酒店认为酒店经理人必须有"艰苦创业的精神"，只有2%的酒店认为经理人的"学历"是最重要的。

在酒店经理人必须具备的素质方面，不同的酒店显然有不同的要求。调查显示25.11%的酒店要求经理人具备"团队协作精神"，20.82%的酒店则要求经理人有"开拓

---

① 酒店人才需求调查报告 [EB/OL]. (2020 – 03 – 06) [2023 – 10 – 03]. https：//www.sohu.com/a/380577009_120141887.

精神"，而要求经理人必须"善于协调"和"善于沟通"的分别占 14.58% 和 12.50%，14.58% 的酒店认为经理人最重要的素质是"勤勉敬业"，10.41% 的酒店则比较看重经理人是否"诚实守信"。

因此，在酒店管理这个特殊行业里，最重要的素质其实说起来很简单——发自内心的热爱，以前有人看不起服务业，不愿意在酒店这种"伺候人"的行业里工作，最根本的一点就是对职业没有认同；酒店经营管理人才还要具备一项素质，即处理人际关系的高超本领，因为酒店业做的是"人"的生意，比起其他行业更需要频繁地与人打交道，如果性格不适合与人沟通，就比较难在这一行立足；酒店职业经理人需不断提升自身职业素养，衡量成熟的职业经理人能力的最高标准是对旅游市场的正确决策和把握，既要熟悉旅游市场动态，在把握发展趋势、确立市场定位等决策层面上具备判断力，又要精通业务，懂管理，能进行实际操作。

【案例 5 - 1】

贵州镇宁县举办酒店行业从业者专项培训①

为加快镇宁自治县服务行业的快速发展，提升镇宁酒店服务的层级和水平，推动旅游业的迅猛发展，5 月 11 日，镇宁自治县文体广电旅游局联合镇宁自治县公安局、县市场监管局、县卫生和健康局、县消防队针对镇宁酒店行业从业者服务技能、相关法律法规、食品卫生和安全常识等进行培训。县政府办公室副主任、全县 15 个乡镇（街道）分管领导和相关负责人参会，全县重点酒店（宾馆）从业者近 200 人参加培训。

镇宁自治县是贵州西线旅游中心，主要是山、洞、水"三奇"为特色的自然风光，景观独具一格，素有"风景县"之誉，境内拥有国家 5A 级景区黄果树瀑布、龙宫，国家 4A 级景区夜郎洞、高荡，以及牙礁石林、孟获屯、官寨白骨塔等景区，境内旅游资源丰富。近年来，镇宁不断加大旅游业的发展力度，酒店行业服务呈井喷式发展。这次培训对迎接镇宁县举办的第八届安顺市旅游产业发展大会，全面提升镇宁酒店行业从业者服务质量和水平，树立镇宁服务从业者的新形象，全面提高旅游服务业人才队伍素质尤为重要。

这次培训提高了镇宁自治县酒店行业从业者的文明道德素质、服务基本技能和经营管理水平，全面提升了酒店行业管理水平和服务质量，培养造就了一批拥有较高素质的高标准酒店从业者，树立了镇宁服务从业者的新形象。

---

① 镇宁组织开展酒店行业从业者培训 ［EB/OL］. （2021 - 05 - 11）［2023 - 10 - 03］. https：// baijiahao. baidu. com/s？ id = 1699461096043898118&wfr = spider&for = pc.

第3节 旅游酒店业从业者收入

收入水平是供求博弈的结果。当供给大于需求，收入水平将下降；当供给小于需求，收入水平将上升。在具体的每个岗位上，由于岗位素质和能力要求不同，供求情况也不同，基层员工的素质和能力要求相对低于中高层员工，能达到这些要求的人数较多，可替代性相对较大，经常是供大于求，因此收入水平相对较低；中高层岗位对素质和能力的要求相对较高，能够达到相应要求的人数相对较少，可替代性相对较小，经常是供不应求，因此收入水平相对较高。

一、各层级员工收入水平

旅游酒店业从业者可按不同标准进行分类，比如按部门、年龄、工龄、层级等，会有不同的划分。从收入的角度，最重要的差异与层级相关。一般来说，基层员工收入相对低，随着层次上升，收入水平相应提升，高层员工的收入最高。在同一层级上，那些工龄长、经验丰富员工的收入多于工龄短、经验一般的员工。不同部门之间基层员工的收入水平普遍接近，也会有一些差异，比如一些技术性岗位的基层员工收入高于一般服务性岗位基层员工的收入，如表5-1所示。

表5-1 2022年北京五星级酒店各类岗位的收入水平

岗 位	来 源	收入（月薪）/元	需 求
实习生	学校	1500～2500	顺利毕业
正式工	广告或朋友推荐	4000～6000	包吃住有工资
经理或主管	其他公司或正式工升职	6000～12000	养家糊口，工作稳定
前台	互联网、面招、海报	5000～8000	工作稳定
服务员	互联网、面招、海报	3000～4000	包吃住有工资
部门经理	互联网、其他企业	6000～10000（不含分红）	部门业绩合格
总经理	晋升，猎头公司	100000～300000	酒店发展稳定，能够盈利
部门秘书	互联网、其他企业	3000～7000（涨幅10%）	协助部门完成业绩
总经理秘书	互联网、其他企业	5000～12000（涨幅15%）	协助总经理进行调控

数据来源：本章作者访谈调研。

从业者收入存在企业间的差异。同一个岗位的工作在国企、外企和私企之间，收入存在差异。通常情况是，国企收入相对较低，外企和私企收入相对较多，这是因为国企提供了其他方面的福利，弥补了收入差异。外企和私企收入较多，通常是因为工作量大，多于相同岗位的国企员工。

【案例 5-2】

一个酒店业 8 年从业者的收入与快乐

琳琳已经在酒店行业工作 8 年多了，她的年收入大概有 10 万+。她的收入在这个行业中不算太低也不算太高，但她每天却过得很快乐。

琳琳的父母一个是律师，一个是中层管理人员。在这样比较优秀的家庭中，琳琳的求学之路却很痛苦。她从小到大，无论如何努力，成绩也只能在中等，最终也只考上一个职高，去学了酒店管理专业。选择这样一个专业的原因，主要受父母的影响。他们一家人是十分喜欢旅游的。基于这个原因，一家人都认为在酒店工作也是一份不错的职业。但当她认真接触了这个行业，才知道这个行业是多么的不容易。

虽然专业写着管理两个字，但很多都是待人接物、迎宾礼仪，还包括怎么去铺床等，都是一些基本技能。当琳琳去实习时，到了一家豪华的五星级酒店，干的是服务员的工作。一切都需要从最底层做起。每天工作内容都差不多，不停地保持微笑，特别是要保持对客人的微笑，接待客人，送客人，看看客人需要什么帮忙，同时还要注意不要让客人认为你一直在盯着他们。还需要做酒店餐厅的卫生工作，时刻保持餐厅的整洁度。虽然是高档的酒店，也经常会遇到一些挑剔的客人，各种奇葩的刁难，比如动作慢一点，就要被责骂。每天都干得像一头牛一样，大部分晚上都是半夜 12 点下班，几乎都累得动不了，而且还经常顾不上吃晚饭。每月只有 3000 元的收入，却巨累无比，而且还经常受主管的打击。

那时候琳琳一直在考虑转专业的事情，后来因为一位工作了几十年的师兄的开导，她最终还是坚持了继续深造，读高职的酒店管理。那位师兄是这么说的，这个行业最看重的就是基层的积累，如果没有扎实的基层积累就想做管理人员，那是不可能的。这个行业很多领导都不喜欢没有基层经验积累的人，必须在实践工作中不断积累，不断地提升，才有机会往上成长。要把眼光放长远一点。

琳琳听取了师兄的建议，考上了高职，学到了更多的专业知识，而且经常利用空闲的时间去各种酒店实习做兼职。慢慢地，她发现与客人的沟通特别重要，特别是英语水平的提高。琳琳的高职是在迪拜读完的，因为那里是全球酒店业数一数二的地方。在激烈的竞争中，她以前几名优异成绩拿到了在迪拜酒店工作的机会。

在迪拜酒店工作的时候也是很辛苦的，到手的工资其实也不高，折合人民币 8000 元左右。每天早上 6 点就要开始工作，而且时间还不固定，因为需要根据客人的情况而变化。让她痛苦的一件事还是语言，本来以为自己的英语已经不错了，真正工作时才发现，很多客人的英语是带有各种方言的，各种听不懂。她只能利用空闲时间不断地与同事交流，坚持了一年多，终于有了很好的效果。比如连菜单上的配料名，琳琳都能倒背如流。

琳琳坚持下来了，而且回国工作，依然从基层做起，生活却很充实，她还计划以后继续深造，去读个 MBA 来提升自己。

二、不同城市和工龄的收入差异[①]

一线城市薪资水平遥遥领先，新一线和二三线城市薪资水平受人才供需情况影响[②]。

受生活成本的正向影响，一线城市的薪资水平相对较高；新一线城市的旅游服务业整体上还处于发展阶段，新的布局带来新的市场机遇和就业机会，对于一线服务人才和基层管理人才需求旺盛，平均薪资相对较低；二三线城市市场容量小、人才体量小，对于高素质人才和资深行业人才的缺口较大，存在高薪招贤纳士的现象，所以整体平均薪资高于新一线城市。

一线城市各层级人才薪资优势明显，以高收入抵御高支出；二三线城市服务类岗位薪资较低，或影响人才流出。

如图 5-4 所示，各层级人才行业平均薪资分别为高层 15 289 元、中层 6910 元、基层 4672 元和一线 4096 元。一线城市各层级人才薪资水平优势明显，尤其高层岗位高于全国酒店业平均薪资 16.6%；新一线和二三线城市各层级人才平均薪资均低于全国酒店业平均薪资 10% 以内，其中二三线城市的基层管理岗位和一线服务岗位的薪资低于行业平均薪资 6% ~ 10%。

如图 5-5 所示，一线城市各部门平均薪资整体领先，新一线城市和二三线城市分别在厨师领域和非标住宿领域高薪"逆袭"。整体上，一线城市酒店企业各部门薪资水平均高于全国酒店业平均水平以及新一线、二三线城市对应部门平均薪资水平。作为在一线城市中唯一低于全国酒店业平均薪资水平的厨房部门，在新一线城市酒店企业各部门中最为突出，平均薪资高于全国酒店业厨房部门平均薪资 7.6%，这和成都市、重庆市、长沙市等致力于打造"美食文化"的城市定位密不可分。此外，二线城市的非标住宿业发展稳定，民宿/公寓的平均薪资高于全国酒店业平均薪资 5%。

---

① 2020 酒店人薪资报告出炉，一线城市平均薪资 6668 ［EB/OL］. （2020 - 10 - 21）［2023 - 10 - 03］. https：//www.sohu.com/a/426196370_166693.

② 一线城市是北京、上海、广州、深圳。新一线城市是《第一财经周刊》根据商业资源集聚度、城市枢纽性、城市人活跃度、生活方式多样性和未来可塑性五大指标综合评比后划分的名单。2021 年的新一线城市包括成都、杭州、重庆、西安、苏州、武汉、南京、天津、郑州、长沙、东莞、佛山、宁波、青岛和沈阳等。二线城市一般指各省（自治区）的省会。三线城市一般指各省的地级市。

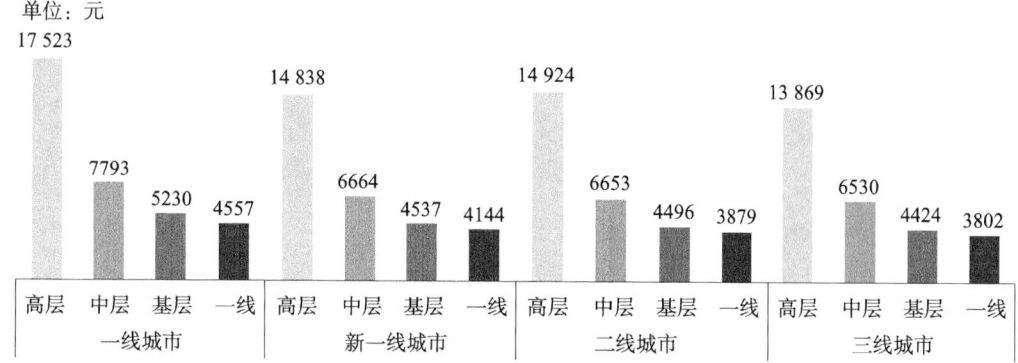

单位：元

图 5 – 4　按城市类型各层级平均薪资对比

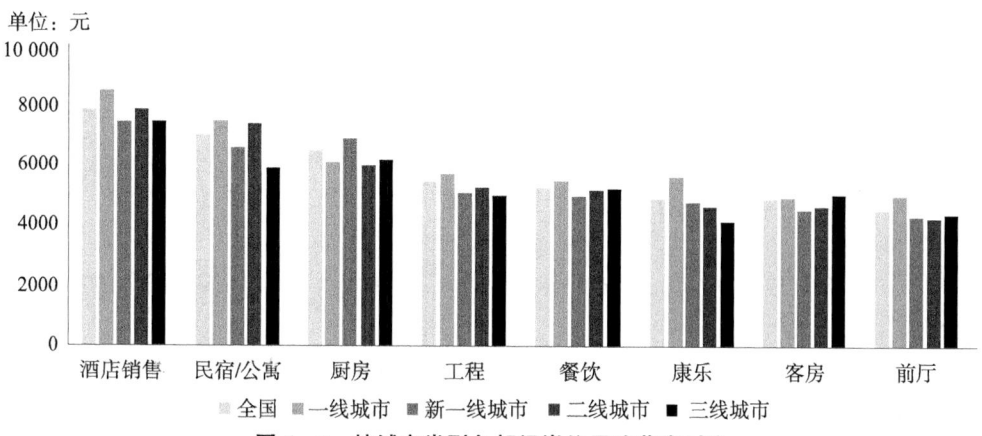

单位：元

图 5 – 5　按城市类型各部门岗位平均薪资对比

薪资水平随工龄的增长呈"梯度型"增加，一线城市竞争力明显强于其他城市。如图 5 – 6 所示，在不同工作年限的薪资分布方面，一线城市几乎全面超越其他城市。在 2～5 年工龄区间内，由于新一线城市需求大量基层和初级服务类人才，拉低了平均薪资水平，所以二三线城市提供的薪资水平略高于新一线城市。此外，三线城市对于资深行业人才的需求较强烈，提供的薪资水平较大幅度高于新一线和二线城市。

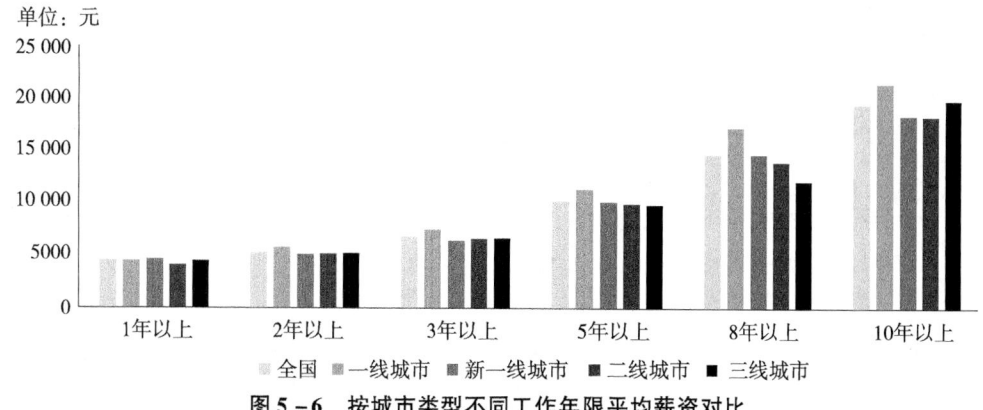

单位：元

图 5 – 6　按城市类型不同工作年限平均薪资对比

2017 年一线城市酒店及旅游业薪酬行情①

前程无忧发布 2017 年一线城市酒店旅游业薪酬行情。在一线城市的酒店经理岗位上，有些雇主给出的薪资可高达 2 万元/月，非常具有竞争力。

（1）酒店业

数据显示，2017 年 4 月 1 日—4 月 30 日，9000 多家酒店/旅游业雇主在网上发布了 30000 多个职位，核心岗位的薪酬上涨较为明显，销售岗位薪酬随淡旺季变化明显，基础岗位薪酬与上年基本持平。此次数据统计涵盖了酒店行业的几大类岗位：酒店/宾馆经理、大堂经理、酒店/宾馆销售、楼面/客房服务员以及酒店前台。数据显示这些职位在过去一年（4 个季度）的薪酬稳中有升，但一线城市和非一线城市的起薪差别明显，核心岗位的薪酬竞争力明显强于其他岗位。

酒店/宾馆经理这一职位对求职者要求较高，一般需要 5 年以上管理经验，熟悉营销、运营、市场等业务。因此在上海，酒店/宾馆经理的薪酬可以达到 1 万元~1.5 万元/月，在深圳甚至达到 1.5 万元~2 万元/月。而在其他城市这一职位的薪水一般也能达到 0.6 万元~1 万元/月。

酒店/宾馆销售这一职位由于工资构成是底薪＋提成，所以单从城市来看，区间就比较大，最低和最高之间的差距可以达到 1.5 万元，工资浮动较大。数据显示，超大型一线城市一般在 0.6 万元~0.8 万元/月，其他城市则为 0.3 万元~0.6 万元/月。

大堂经理这一职位在酒店行业中属于较为稳定的岗位，超大型一线城市薪水在 0.5 万元~0.7 万元/月，其他城市在 0.35 万元~0.5 万元/月，涨幅均不明显。其他一些基础的岗位，如客房服务/楼面服务和酒店前台，各城市之间差距不大，平均为 0.4 万元/月。值得一提的是，酒店业的岗位一般都有包吃住的福利，对于员工来说特别是基础岗位的员工，每个月将减少很大一笔开支。

（2）旅游业

针对旅游业几大类的岗位：签证专员、导游/旅行顾问、旅游产品销售以及票务，数据显示，旅游业薪酬更倾向于"看天吃饭"，这和酒店业稳步上升的薪酬不同。2016 年三四季度各个岗位的平均薪酬要明显高于其他季度，旅游的淡旺季或直接影响员工的薪资高低。

导游/旅行顾问和旅游产品销售这两个职位薪资构成基本为底薪＋提成，所以在旅游旺季的时候薪水可以达到近万元每月，在上海等一线城市，个别销售在旺季促成一笔大单，甚至可以做到"一单吃一年"。而在旅游淡季时这两个职位的薪水基本维持在 0.5 万

---

① 酒店经理"薪情"随淡旺季变化 核心岗位稳中有升［EB/OL］.（2017 - 05 - 17）［2023 - 10 - 03］. http：// house. people. com. cn/GB/n1/2017/0517/c164220 - 29281205. html.

元~0.7 万元/月的水平，城市之间差别也不是特别大。

签证专员和票务属于旅游业中较为基础的岗位，对于专业度要求不高，薪水基本在0.4 万元~0.6 万元/月，近一年的增幅不大。

此外，从旅游业雇主提供的福利来看，员工培训的覆盖率达到了90%，还给员工提供旅游以及各种补贴等福利，在薪酬竞争力并不强的旅游业岗位中，各项福利对于人才的吸引和保留起到了很大的作用。

三、收入水平的动态变化

在 2010 年前后，北京、上海、广州等一线城市五星级酒店客房或餐饮部的普通一线员工的月收入通常是 4000 元左右，扣除各种保险和公积金后，工资卡中最后收到的收入为 2000 元左右。在 2020 年前后，同样酒店同样部门的一线普通员工收入水平有所提升，工资卡中最后收到的收入通常超过 4000 元。这一收入水平怎么样？有的人认为高，有的人认为低，到底是高还是低取决于每个人的收入预期。要知道，酒店业的通常待遇是提供住宿，提供员工餐，在一线城市，这两项待遇的市场价至少有 5000 元，考虑到这两项待遇后，对于一个刚毕业的应届专科生或本科生来说，实际收入水平并不低。

在中层岗位上，比如餐厅经理、餐饮部总监、客房部总监、市场销售部总监等，近些年的收入水平不断提升，与其他行业同等级别人员的收入持平。

【互动交流】

1. 旅游酒店业从业者主要来自哪里？
2. 如何看待旅游酒店业的员工需求趋势？
3. 旅游酒店业从业者的收入为何不同？

【案例任务】

未来要用创新应对挑战[1]

疫情已经过去，但是未来的路怎么走，很多人也在思考。

观光国旅青岛分公司的导游刘伟认为，以前旅行社营销只注重"销"，但是忽略了"营"。刘伟说的"营"首先指的是顾客对他从了解到信任的过程。

---

[1] 工作在"别处"——旅游业从业者现状调查［EB/OL］．（2020－11－09）［2023－10－03］．https：//baijia-hao. baidu. com/s？ id＝1682833402916136777&wfr＝spider&for＝pc.

2019 年 9 月，刘伟在喜马拉雅有声电台开通了原创栏目"细说日本"。这是一档纯粹的知识分享栏目。刘伟说："我只单纯向听众介绍日本的文化、旅游特色以及游玩和省钱攻略，从来不在节目里推广有价产品或者线路。"但栏目的引流效果很好，他的客户有 80% 都是粉丝转化而来的。

他说："曾有个粉丝加我微信请我定制攻略，直接就转了 2000 元定金。我问'不怕我是骗子吗？'粉丝说'哪有骗子费那么大劲做了 200 多期节目才骗钱？'消费者都很聪明，从了解到信任有个过程，而这个过程，就是'营'。"

"细说日本"在疫情期间吸引了不少粉丝。"疫情刚来那会儿，粉丝最多的时候有 8 万多人，因为大家都出不去，有时间听，听了就'种草'——想在疫情过去后去日本自由行。后来，全球疫情越来越严峻，很多原来抱有热情的粉丝比较失望，感觉'没有拔草的机会'，听众就减少了。"刘伟说。

现在刘伟的粉丝还有 6 万多人，境外疫情仍在起伏之中，境外游开放节点未明。刘伟一直在为旅游市场的恢复做着"营"的准备，他除了继续运营"细说日本"栏目，还经常在朋友圈里发布自己拍摄剪辑的短视频，都是各种优美的风景，有日本的，也有他的居住地青岛的。

"营"还指对旅游产品的打造。刘伟说，线上平台对他启发很大。比如美团，从餐饮到娱乐都是"散装"模式，用户可以从"外卖"这种最小单元进行选择，然后再考虑选择电影院、景区门票等，合在一起就是他一天当中的消费动线，完全是自主选择的"拼盘"。"我想，自由行也应该采取这种'自助餐'模式，我们备好料，让客人自选。"

刘伟准备在"定制自由行"的方向发力。"就是根据游客需求，为游客定制行程计划，从机票、酒店预订，到城市之间、景点之间的公共交通，到购物商圈、餐饮娱乐休闲，再到更深入的文化体验。服务价格从 1000 元到 2000 元不等。"

现在，刘伟正考虑把山东全境游打散成各种"一日游"的可选菜单，为每个主要目的地设计一整天的活动。"比如客人在济南的一天怎么安排，吃什么，看什么，都是特别'土著'的安排，让客人觉得像找了个老朋友带他玩一样，有烟火气，也是很多自由行客人最想要的效果。"

刘伟说："只要客人抵达目的地，我就开始'跟单'服务，通过微信群在线解决客人的问题，让客人有种'找我就够了'的放心。"

请分析：
旅游业从业者如何创新业务模式，提高收入水平？

【参考文献】

1. 党印. 职业与劳动——大学生劳动教育十讲 [M]. 北京：人民交通出版社，2021.
2. 刘向兵. 劳动通论 [M]. 第 2 版. 北京：高等教育出版社，2021.

第6章

旅游酒店业劳动心理与调整

【本章简介】

随着社会经济的高速发展，对劳动者要求越来越高，由此引发的劳动心理问题不可小觑。旅游酒店业作为劳动密集型产业，更是如此。本章主要介绍了劳动心理的概念和内容，并对本行业劳动者在劳动过程中可能遇到的心理问题进行解析并给出相应建议。劳动心理问题的解决对于劳动效率和服务质量而言意义重大，旅游人与酒店人应该克服心理障碍，以积极的心态谱写人生篇章。

【学习目标】

1. 阐述劳动心理的概念和基本内容。
2. 列举劳动心理的影响因素。
3. 预判并解析从业者在不同阶段的心理问题。
4. 总结劳动心理问题调适方法。

【导入案例】

想要放弃实习的实习生

某高校酒店管理学院每年组织学生到学校所在城市的各大酒店实习，每一个酒店都会配备一名实习指导老师。一天，张老师接到实习生陈同学的电话，陈同学一边哭一边说："老师，我不想实习了。"张老师连忙进行安抚并询问原因，经过一番交流，陈同学说明了事情的原委。陈同学在某宾馆的客房部工作，该部门统一将实习生安排在客房 A 岗和客房 B 岗，据陈同学描述 A 岗的工作强度要比 B 岗大许多，而她一直被安排在 A 岗，并不像其他实习生那样定期进行 A 岗和 B 岗的轮换。她多次跟领班反映，岗位也没有得到变动。目前，身体透支严重，加之遭到不公平待遇，她感到十分灰心与气愤，因此，直接向张老师提出要退出实习。

请思考：

陈同学遇到了什么问题？如果你是张老师，你会怎样协助陈同学解决问题？

第 1 节　劳动心理概述

一、劳动心理学关注点

劳动心理学作为心理学的分支，是随着现代劳动活动的产业化和现代心理研究的科学化而形成和发展的。劳动心理学主要研究劳动者在劳动过程中的心理活动现象和规律，可以简单概括为人—机关系、人—境关系、人—人关系三方面。

1. 人—机关系

人—机关系即劳动者与机器的关系，它是劳动心理学最初的研究内容，希望通过研究劳动者与机器的匹配、技术的适用等问题，以帮助劳动者快速掌握新技术，并能对其进行创新。例如，酒店前台系统的操作会给新进人员带来不小的挑战。

2. 人—境关系

人—境关系即劳动者与工作环境的关系，希望通过研究照明、色彩、音乐、温度、湿度等环境因素对劳动者心理产生的影响，寻找到能够消除劳动者工作厌倦感和疲劳感的方法。酒店公共区域的环境因素不仅可以为顾客带来良好的体验，也可以为员工营造舒适的工作氛围。

3. 人—人关系

人—人关系即在劳动过程中劳动者与其他劳动者之间的关系，在旅游酒店业中还涉及劳动者与顾客之间的关系，希望通过研究个人与个人，或个人与群体交互过程所表现出来的心理特征，以解决劳动者在劳动过程中的人际关系处理问题。

在旅游酒店业中，劳动心理问题更多体现在人—境关系与人—人关系中。

二、劳动心理的概念及基本内容

（一）劳动心理的概念

简单来说，劳动心理就是指劳动者在劳动过程中所产生的心理现象。这些心理现象都是在劳动者与劳动工具、劳动环境以及其他劳动者等的交互过程中所产生的，具备一定的特点与规律。在旅游酒店业中，不论是企业管理者还是劳动者自身，掌握劳动心理特点及规律对于提高劳动生产效率、保障劳动者安全与健康都有着重要作用。

（二）劳动心理的基本内容

1. 劳动者的个性心理

个性是个体带有倾向性的、本质的、较为稳定的心理特征的总和，一般包括性格、气质、能力等。一个人外在的穿衣打扮、面部表情、声音语调以及内在的思维方式、思想品德等，都是个性的彰显，也是区别于其他人的特点。一个人的个性既是基因遗传的结果，也受到后天环境的影响，因此个性的形成与发展要经历一个复杂的过程，大体经历三个时期：孩童时期、学生时期、踏入社会。劳动者的个性心理则是指在个体踏入社会成为劳动者时所具有性格、气质和能力的总和。

不同行业或职业对劳动者的个性心理有不同的要求。一般而言，旅游酒店业的劳动者需要养成热情友善、宽容耐心的性格，具备温文尔雅、平易近人的气质，有良好的沟通能力与人际交往能力。如果劳动者在服务过程中出现不敢与客人交谈、过于偏执拒绝倾听他人建议、经常言语或行为攻击客人等情况，则说明此类劳动者的个性不适宜从事旅游酒店业。

2. 劳动者的环境心理

个体的行为总是发生在特定的环境中，劳动环境通常是指劳动者从事生产活动的环境，主要包括光照环境、声音环境和大气环境等。光照环境包括照明、眩光和色彩，声音环境包括噪声、音乐，大气环境包括大气污染、温度、湿度等。相信每个人在日常生活中都会有切身体验，比如在灯光昏暗时无法提起精神作业，在长时间强光和高光的刺激下眼睛会感到疲劳甚至出现幻影，蓝色会让人感觉清冷，橘色会让人感觉温暖；比如听到电钻的声音会觉得心烦意乱，快节奏的音乐会让人不自觉地加快步伐，而舒缓的音乐会让人身心放松；还有，在灰蒙蒙的雾霾天心情也会跟着不晴朗，身体感觉到寒冷、炎热或潮湿时都会削减劳动的动力……所有的这一切都是外部环境对心理造成的影响，进而约束着人的行为。

因此，在酒店中，大堂的灯光会随着昼夜变化而调整，公共区域的装饰和色彩会随着四季更替而变换，广播的音乐会随着一天24小时中不同的时段而交替，酒店内部也始终保持着四季如春的24℃恒温，这不仅是为顾客营造了良好的消费环境，也使酒店劳动者保持较为积极的环境心理。

3. 劳动者的时间心理

劳动者的时间心理，是指劳动者对工作时间的主观感觉。一般而言，工作时间是指劳动者在工作场所所支出的时间总和，然而同一个工作时间，不同的劳动者会反映出不同的心理表现，工作目标明确、安排合理的劳动者会觉得时间过得很快，而工作目标模糊、内容枯燥、缺乏动力的劳动者会觉得时间很漫长。在一个8小时的工作日当中，劳动者会经历上午第一小时的预热、第二到第三小时精力充沛与高效率、第四小时的稍显懈怠、午休后的体力与脑力的恢复、工作效率的提升，到最后临近下班时间的能力减弱或个别劳动者的加速和冲刺，如图6-1所示。

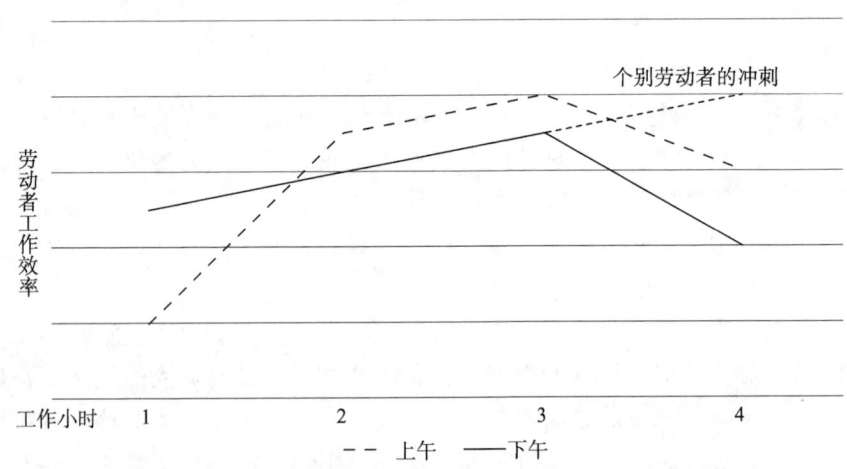

图6-1 劳动者工作效率随工作时间推进的一般化曲线

旅游酒店业当中很多的劳动岗位是24小时不间断的对客接待岗位，需要广泛采用轮班工作制。轮班工作对于酒店员工的时间心理有不可忽视的影响，尤其是夜班作业，容易对劳动者的生理和心理产生干扰。长期处于夜班岗位，容易使劳动者睡眠不足导致注意力不集中、工作失误率增加，对客缺乏热情。因为白天需要休息，和家人团聚以及社会交往的机会减少，容易增加劳动者孤独感进而产生心理问题。因此，酒店管理层与劳动者个人都应采取积极的措施去克服轮班工作所带来的时间心理问题。

4. 劳动者的群体心理

所谓群体，是指由两个或两个以上的个体组成，为了追求同一的价值和实现共同的目标，以一定的结构聚集在一起活动的相互作用、相互依赖的整体。由此可见，一家旅行社或一家酒店就可构成一个劳动群体，劳动者的劳动行为必须在一定的群体中才能实现，特定的心理需求必须在劳动群体中才能够得到满足。

劳动群体一般可分为正式劳动群体与非正式劳动群体，正式劳动群体是指为了达成特定目标而执行特定任务与工作的群体，在企业中具体呈现为"部门"，例如旅行社的销售部是一个专门销售旅游产品的劳动群体；非正式群体则是指不经官方规定，由于个体之间的好感、吸引、认同、信赖等情绪而自然形成的联合体，用现在比较流行的说法叫"圈子"。非正式群体是劳动者群体心理研究的重点内容，因为能否加入某一非正式劳动群体中，直接影响着个体的社交和归属需求的实现，对劳动者的心理倾向和行为举止有深刻的影响，例如私交比较好的同事之间在工作的交流与对接中彼此会有更多的理解和包容，能够形成更加融洽和谐的工作氛围，进而有利于每一位劳动者的身心愉悦。

三、影响劳动心理的因素

劳动心理的影响因素十分复杂，既包括主观因素又蕴含着客观因素。

（一）主观因素

1. 劳动价值观念

价值观是指个体对客观事物的意义及重要性的总体评价，是个体重要的心理基础，支配着个体的态度与动机，从而影响个体的行为。对于旅游酒店行业的劳动者来说，价值观念能够决定其如何克服社会上仍然存在的行业偏见与歧视，如何贯彻服务精神与理念，如何在平凡的岗位上发挥自我价值。树立正确的劳动价值观念，劳动者才能确立正确的奋斗目标，发扬劳模精神，克服在劳动过程中产生的困难，进而为自己的事业长期奋斗。

2. 劳动技能

劳动技能是指劳动者在具体工作岗位上从事生产的过程所需的知识、技术、经验、能力等素质的总和。对于旅游酒店业的绝大多数基层工作者来说，劳动技能可具体指服务技能。一个具有丰富的专业知识储备和服务经验、熟练掌握服务技术和尺度并拥有较强的观察和学习能力的劳动者，在具体的对客服务和处理宾客关系时就较为得心应手，不易产生心理负担，从而形成较高的服务效率和质量；相反，如果劳动者对服务技能不熟练，服务过程中频频出错，无形中形成压力甚至对工作内容感到抵触和排斥，从而陷入服务效率降低、服务热情削减的恶性循环。因此，"工欲善其事，必先利其器"，服务技能的培训对于旅游酒店业从业者来说必不可少，只有掌握了相应的技能才能拥有良好的心态去从事劳动。

3. 行业认同感

随着经济的发展，社会分工越来越细化，每一个人所从事的劳动都隶属于某一具体的领域，于是劳动者的行业认同感就显得格外重要。就如同你喜欢一个人，才会愿意跟他在一起，当你喜欢自己所属的领域，你才会有劳动热情与动力。如果劳动者本人就对旅游酒店行业存在歧视和偏见，那么势必影响其劳动态度，进而影响劳动实践的效率和效果。这也启示劳动者，在择业的过程中要依据个人兴趣和爱好合理选择，也应在劳动过程中努力培养行业认同感。

（二）客观因素

1. 社会现象冲击

每一个人都是社会人，无法独立于社会而存在，社会上一些现象不可避免会对劳动者心理产生冲击。由于个体的知识、经历、能力不同，其对各种社会现象的认知与解读也不尽相同。例如，当下引起广泛讨论的"躺平"现象，"躺平"行为本质是受伤者的一种修养、疗养，而广大劳动者却容易将其理解为"什么都不干"，尤其是刚刚步入旅游酒店业的毕业生，由于工作起点较低，容易产生心理落差，主动给自己贴上"躺平"标签，对工作持有消极悲观的态度。可见，社会现象的冲击会对劳动心理与劳动态度产生重大影响。

2. 人际关系

人际关系的处理直接决定着劳动者能否顺利融入劳动群体，尤其是上文提到的非正式劳动群体，也就是能否找到属于自己的"圈子"。当下，很多人自称患有"社交恐惧症"，也有很多人调侃式地分享自己的"社死"瞬间，这些玩笑话的背后也在一定程度上折射出人际关系的处理给人带来的心理压力。在旅游酒店业的工作环境中，从业者不仅要面对自己的上司、下属和同事，还要接待来自世界各地的顾客，为他们提供各式各样的服务，能够拥有良好的人际关系极大地影响着工作的积极性，因此劳动者要学会社交、敢于社交。

3. 劳动分配与保障

在劳动过程中，分配的不合理和保障的不到位也影响着劳动者的情绪和效率。在劳动内容、劳动强度、劳动时间、劳动报酬等方面的分配上，旅游酒店企业应该做到科学合理，避免让劳动者感觉受到了不公平的待遇，否则劳动者容易出现消极怠工甚至逆反心理；在劳动保障方面，劳动环境、设施、安全等问题受到劳动者的密切关注，旅游酒店业的发展受到自然灾害、流行病灾害、消防安全、食品卫生安全等诸多因素影响，人身安全是从业者首先考虑的问题，企业应通过福利补贴、人文关怀等方式提高劳动者的工作积极性和行业发展信心。

【案例 6 - 1】

入职酒店前后的心理转变

某普通高校酒店管理专业毕业生小陈，在校招之际满怀热忱立志要在酒店业有一番作为，由于其对口的专业背景以及个人强烈的入职意愿，小陈终于如愿以偿加入某国际知名酒店，成为一名管培生。

"在酒店培训期间，同是应届毕业生的同事相处就像跟学校一样，大家都是兄弟姐妹，那时还没意识到竞争。"小陈说，"正式就职时，感觉一切都变味了。潜意识里大家都开始拼了，交流也少了，因为彼此都担心对方知道自己今天完成的任务，现在无形中就营造出一种竞争氛围。"

等到真正进入酒店行业才明白，酒店工作并没有小陈想象中那么光鲜亮丽。酒店作为一个 24 小时营业的公共场所，工作强度大，需要黑白倒班，作息的扰乱使体质本就不好的小陈身体透支，经常提不起精神。酒店同事之间不似培训时那般亲密无间，人际关系逐渐复杂，性格较为敏感的小陈总感觉同事有意疏远自己。酒店的顾客来自天南海北，素质也参差不齐，小陈也遇到过旅客故意刁难的情况……这些都让小陈很泄气，甚至对自己曾经的理想产生了怀疑。当时的新冠疫情更是给工作带来了不小的挑战，以致小陈开始怀疑自己的能力能否适应酒店的工作。

第2节 旅游酒店业劳动心理透析

一、新进阶段：态度决定一切

（一）劳动态度

在劳动者初涉旅游酒店业之际，劳动态度对其在行业的适应和发展来说极其重要。态度是个人对外界对象（包括人、事和物）较为稳定的、由认知、情感、行为倾向三种成分所构成的内在心理倾向。"劳动态度"则是"态度"的下位概念，指个体对劳动的内容、方法、形式、价值取向等方面所持有的较为稳定的感受及心理倾向，同样包含认知、情感、行为倾向三种成分。认知是指对劳动的认识和了解，这是劳动态度的基础；情感是指对劳动的喜好或厌恶的内心体验，这是劳动态度的核心成分；行为倾向是指对劳动准备作出的反应，这是劳动行为的预备状态。例如"我知道旅游酒店业是服务业，我喜欢旅游酒店业，我愿意从基层做起"，这里分别表达了对旅游酒店业的认知、情感和行为倾向。

（二）劳动态度的功能

1. 认知功能

一方面劳动态度中包含认知的成分，即认知构成了态度，另一方面劳动态度会反作用于认知，即态度影响到认知。旅游酒店业从业者对于服务他人是否具有端正的态度，直接影响他对其工作内容评价的公正性和准确性，如果从业者心里认为服务就是伺候他人，那么他就会将其视为低人一等的工作，显然这是不公正、不准确的。

2. 情感功能

在工作岗位上，如果实际劳动体验与劳动者原有的情感态度一致，那么劳动者会感觉到轻松愉悦；相反，如果进入旅游酒店业之后，劳动者感觉工作内容并不像表面看上去那样光鲜亮丽，正如案例6-1中的小陈一样，不再像当初那么热爱这个行业，就会出现烦恼和紧张等消极情绪。

3. 效率功能

众所周知，态度决定成败。在具体的劳动过程中，态度也在一定程度上决定着效率。如果劳动态度端正，思想行为专注，则更容易产生较高的劳动效率；相反，在工作中总是三心二意、顾左右而言他，劳动效率则会大大降低。但需要注意的是，劳动态度只是影响劳动效率的一个因素，另外还有群体关系、奖励机制等多方面因素。

(三) 可能的态度问题

1. 行业认知模糊

很多研究表明，旅游酒店业从业者的职业期待与实际体验差异巨大，个中原因相对复杂，但其中一个不可忽视的原因就是在进入该行业之前，其行业认知较为模糊，尤其是针对大学毕业生而言，对职业起点期待过高，对行业环境了解浅显，例如很多大学生粗浅地认为去酒店就可以当大堂经理，到旅行社工作就可以游山玩水，这种认知的不准确直接影响到实际体验之后的工作积极性。

2. 行业认同感低

虽然随着旅游经济的发展，旅游业的地位已经上升为国民经济的战略性支柱产业，但是传统的行业偏见与歧视仍然没有彻底消除，尤其是酒店业的劳动者在社会上仍然存在着低能力、低地位、低薪酬的负面刻板印象，这会极大降低劳动者的行业认同感，破坏劳动者的社会自尊与自信，进而导致行业的人才高流失与流动现象。

3. 劳动缺乏主动

劳动态度是从认知到情感到行为倾向的连锁反应，有的旅游酒店业劳动者由于对行业的认知模糊，稀里糊涂进入该行业，并且对行业产生较低的认同感，自然在具体的劳动过程中就会缺乏主动性，具体表现在对客服务不热情、不求有功但求无过、遇事不会灵活应对等方面。

二、探索阶段：疲倦初露端倪

在劳动者进入旅游酒店业适应了一段时间之后，开始对相关业务进行进一步探索，此时由于劳动内容的单一性和劳动强度加大，劳动者容易出现疲劳和倦怠的情况。

（一）劳动疲劳

疲劳是指劳动者在作业过程中，由于持续的能量消耗导致生理与心理机体发生变化，使得工作能力下降的一种现象。疲劳可分为生理疲劳与心理疲劳。

1. 生理疲劳

生理疲劳是指生理机能恶化，可以是由于过量劳动以致供氧不足引起的全身性疲劳，也可以是由于局部肌肉、肌腱过度紧张劳动而导致的局部疲劳，生理疲劳最普遍的表现就是肌肉疲劳。众所周知，旅游酒店业是劳动密集型产业，尤其是直接对客服务的基层岗位劳动强度一直很大，所以工作一天之后，胳膊、小腿肌肉酸痛等生理疲劳的感觉会很明显。

2. 心理疲劳

心理疲劳是指心理功能减弱，是由于心理负荷过量而引起的疲劳，因此心理疲劳不仅是由我们通常理解的脑力劳动所引起，如果体力劳动过程中心理负荷较重，也容易导致心理疲劳，也就是我们俗称的"心累"。比如在工作中，与同事及领导关系不洽，或者遇到胡搅蛮缠的顾客，都容易使劳动者产生心理压力从而感觉疲劳。

在疲劳的初期，劳动者会出现体力不支、观察力下降的情况；在疲劳的中期，则会注意力分散，工作频频出错；随着疲劳程度的不断加剧，劳动者身体机能恶化、记忆力衰退，不仅无法正常工作，还容易患上疾病。因此，在疲劳的初期，劳动者就应该引起重视，及时调整和休息。

（二）职业倦怠

"倦怠"实质上是一种情绪性的耗竭，职业倦怠是劳动者的能力、精力和资源在工作中的过度消耗所产生的情绪耗竭和筋疲力尽的感受。职业倦怠主要有三个维度，分别是情绪耗竭、去人格化、个人成就感降低。

1. 情绪耗竭

情绪耗竭是由于个体在工作中将情感资源过度消耗，使得工作热情锐减、情绪持续低落、体力下降。在旅游酒店业当中，情绪的耗竭主要体现在情绪劳动中。所谓情绪劳动，可以简单理解为劳动者在工作中要呈现出组织要求的、令人满意的情绪状态。例如旅游酒店业中经常提到的"微笑服务"，有很多劳动者仅为了满足领班、经理的要求、迎合顾客需求而伪装热情和虚假扮演，长此以往就容易出现情绪耗竭。

2. 去人格化

去人格化，又被称为"人格解体"，是指劳动者对顾客或消费者的消极情绪，这种现象在服务行业中最为常见，即在对客服务的过程中，将服务对象视为"物"，服务过程冷淡疏远，敷衍了事，甚至出现言语攻击，比如社会上频繁出现的导游辱骂游客、强迫游客购物现象。

3. 个人成就感的降低

个人成就感降低是职业倦怠的第三个组成部分，是指劳动者对自己的消极情绪，对自己的劳动价值和劳动能力进行负面评价。随着在旅游酒店行业探索的深入，一般会出现两种情况，一种是工作内容逐渐增多、劳动强度逐渐增强，劳动者感觉力不从心；另一种是基层工作内容逐渐显得单调枯燥，劳动者感觉个人价值得不到发挥。无论哪种情况，都会导致个人成就感的降低，进而产生职业倦怠。

【案例 6-2】

职业倦怠夺走服务行业笑脸①

25 岁的小陈是某国际大酒店的服务员，工作不到三年，最初是个派多少活都能给老板完成得干净利落的人，现在却一提工作就头疼，对客服务不热情，服务过程中三心二意，几次遭到顾客投诉，嘴上成天挂着"老牛拉破车，难受"。经常不舒服，请假看病又查不出问题，加上丝毫不见长的业绩，让领导火冒三丈。

这是典型的职业焦虑症状，酒店服务人员经常为其所困扰，他们的工作经常需要付出一定的情感，同时情绪的表达受到许多束缚，遇到再"刺头"的顾客也必须微笑以待，容易让人感到"心累"。职业焦虑与倦怠容易使劳动者出现缺乏工作热情、工作效率下降、表现大打折扣、心情如同跷跷板很不稳定、易怒焦虑、自我评价降低等不良心理状态，还会导致失眠、多梦、食欲下降、肠胃不适等生理问题。总体来看，工作压力大、找不到成就感、工作内容一成不变、自己太过追求完美等，是导致职业倦怠的主要原因。

那么，应该如何避免职业倦怠呢？首先，接受任务时应量力而行，工作时也应做好时间管理和任务管理。其次，一定要学会减压，选择适合自己的减压方式，如跑步、音乐、美食等。最后，别让工作夺走生活。平常多做一些轻松的事情如看喜剧或幽默漫画、找朋友倾诉等，以消除工作带来的负面影响。

---

① 职业倦怠夺走服务行业笑脸［EB/OL］．（2010-10-28）［2023-10-03］．http：//health. ifeng. com/psy-chology/career/detail_2010_10/28/2925961_0. shtml.

三、发展阶段：需求问题凸显

(一) 劳动者需要

在劳动者决定深耕旅游酒店业后，在职业生涯的发展阶段，劳动者会产生不同的需要，"需要"是个体对客观条件需求的一种主观反映，即对该客观条件感到缺乏，因此如果需要得不到满足，则会引发一系列心理问题。按照马斯洛层次需要理论，人的需要可以被分为递进的五个层次，分别是生理需要、安全需要、社交需要、尊重需要和自我实现需要。

1. 生理需要

生理需要是劳动者对衣、食、住、行等基本生活条件的需求，是人最原始、最基本的需求，位于需求层次的最低端，只有当生理需求得到满足之后，劳动者才会有精力和心气去追求更高层次的需求。这也是为什么大家在求职时会首先关注薪酬绩效、员工住房等问题。

2. 安全需要

安全需要是劳动者对劳动保障、劳动安全等方面的需求，当工作环境威胁到人体健康和安全时，当劳动者时刻处于担心失业的惶恐中时，其工作积极性就会受到严重影响。旅游酒店业的发展环境具有不稳定性，自然灾害、流行病灾害、消防、食品卫生等都涉及安全问题，人身安全是从业者首先考虑的问题。

3. 社交需要

当劳动者的生理需要和安全需要得到满足后，就会渴望在群体中得到爱和关注，人是社会性动物，没有人可以独立于社会存在，每个人都需要交往，通过加入一些非正式劳动群体，得到归属感，否则就会产生孤独感。

4. 尊重需要

尊重需要是指劳动者在事业发展到一定阶段后，希望获得一定的社会地位和声誉，以此得到别人的认可和尊重。旅游酒店业的从业者在服务他人、尊重他人的同时，也希望得到对方的尊重和认可。如果人的自尊心得不到满足或者受到伤害，那么劳动者就很容易质疑自己，产生自卑感。

5. 自我实现需要

自我实现需要是劳动者在职业发展中最高层次的需求，人在其他需求都得到满足的情况下，会追求对自我的实现和超越，而人的学习和成长是没有止境的，每个人都不会简单止步于部门经理或店长，都会不断追寻更好的自己，因此自我实现需要是唯一一个永远得不到满足的需求，但它永远是激励人不断前行的动力。

(二) 可能的心理问题

针对职业发展阶段，劳动者的需求尤其是社交需要、尊重需要和自我实现需要得不到满足时，会引发各种各样的心理问题，主要表现在以下 3 个方面：

1. 孤独感

孤独不是一种客观状态，而是一种与他人或群体隔离与疏远的主观感觉。在旅游酒店业，有很多轮班作业的情况，尤其在夜班岗位，值班人员和接待客户的数量有限，与人沟通机会较少，白天又需要休息，没办法和家人团聚或参加其他社会交往，因此就会产生强烈的孤独感；另外，在工作环境中，与同事和领导关系不睦，得不到他人的关怀和支持，情绪无处倾诉和发泄，会导致自我封闭的现象。如果这种状态长期持续下去，劳动者会被孤独感包围，感觉自己与整个世界格格不入。

2. 自卑感

近年来 90 后、00 后群体不断进入劳动市场，不同于以往年代的劳动者，因为时代的进步、经济的发展以及原生家庭的积累，他们当中绝大多数的人已经不需要单纯地依靠劳动来满足自身的生理需求与安全需求，社交和尊重需要已然成为他们基本的需要，所以当代大学生普遍崇尚"体面劳动"，即劳动的目的主要是为了人的尊严和体面生活，因此在劳动过程中人的尊严和体面需要得到足够的保护[①]。传统社会对旅游酒店业的行业偏见与歧视仍然没有被彻底消除，对从业者低能力、低地位、低薪酬的刻板印象极大地破坏了劳动者的社会自尊与自信，劳动者容易被自卑感影响到自身的职业发展。

3. 自我价值的丧失感

在人的物质条件得到满足时，不论你的学历水平的高低、社会资源的多寡，势必会追求精神世界的富足，这是"人往高处走，水往低处流"的社会自然现象。人的潜力是无止境的，但这不代表在超越自我的路上不会遇到瓶颈和阻碍。在现实情况中，劳动者会误把"事业瓶颈"当成"事业天花板"，进而自我怀疑和否定，产生自我价值的丧失感。其实，在上文已经提到，自我实现需要是唯一一个永远得不到满足的需求。换个角度看问题，当一个人开始思索自我价值的时候，就说明他已经站在需求层次的顶端，只需继续耐心探索，就可以有所突破。

---

① 何云峰. 人类解放暨人与劳动关系发展的四个阶段 [J]. 江淮论坛，2017 (1)：12 – 18.

第3节 旅游酒店业劳动心理调整

一、劳动者心理调整

(一)端正态度，积极准备

1. 加强行业认知

劳动者应该通过学习专业知识、了解行业前沿消息和市场发展现状，不断加强对旅游酒店业的认知。旅游是一个集吃、住、行、游、购、娱为一体的综合性产业，随着"互联网＋"经济发展以及旅游和文化的融合，旅游酒店业被赋予了更多的能量。旅游是跨界能力最强的行业，旅游＋农业、旅游＋工业、旅游＋地产、旅游＋科技等各种各样的融合，都使得旅游行业大有作为。因此，旅游管理专业、酒店管理专业毕业的学生不仅可以去旅行社或酒店，不仅能做一名导游或服务员，现在行业正在升维和垂直分化，还可以从事很多诸如旅行策划师、艺术设计、酒店策划创意、酒店空间美学、民宿管家等诸多新兴的职业。只有对行业有了准确、全面的认知，才能树立正确的态度去从事劳动。

2. 培养行业认同感

劳动者的行业认同感不应该受传统行业偏见与歧视的影响而降低，当下，旅游业被誉为我国的"朝阳产业"，是国民经济的战略性支柱产业，能够为带动我国经济文化水平发展作出重要贡献。例如，乡村旅游在2018年被写入中央一号文件，作为乡村振兴战略的重要发展领域之一；① 2021年5月，文化和旅游部联合中央宣传部、中央党史和文献研

---

① 2018 年中央一号文件（全文）［EB/OL］.（2018 － 02 － 05）［2024 － 01 － 18］. https：// www. yiyang. gov. cn/ xxgkpt/625/13606/13614/content_369294. html? eqid = c0bce4ab0009715000000006645a384f.

究院、国家发展改革委联合推出"建党百年红色旅游百条精品线路"①。这充分说明，旅游业对于带动区域经济发展、宣扬特色文化等方面具有重要作用。另外，身处旅游酒店业，我们能够接触到各行各业、世界各地的人们和文化，这对于个人增长见识、积累经验而言意义重大。因此，劳动者需要多学多看多经历，逐渐培养行业认同感和忠诚度，进而树立要对行业发展作出贡献的主人翁意识。

【专栏 6 - 1】

旅游和酒店业的美好机遇②

旅游和酒店业正处在时代的风口。中国进入消费新时代，旅游和酒店将成为消费时代人们追求美好生活的必要承载。因此，从事这个行业的机会自然会比较多，发展前景也广阔，说它是朝阳产业，一点不为过。《城市的胜利》一书指出，随着以制造业为代表的传统工业从城市中心撤离或衰竭，以文化创意和休闲娱乐为主的新兴产业逐渐兴起，大都市的增长会越来越依靠作为消费中心的城市功能与定位，而城市定位背后的消费服务将迎来非常多的职业新机会。

旅游和酒店业正处于品质提升期。我们过去的旅游和酒店业由于种种原因，处于低维阶段，所以品质提升期的空间非常大。如果你是一个应届生，没什么经验，给你两个岗位，一个是电商岗位，另一个是旅游酒店岗位。建议你选择后者，因为前者的生态已经非常成熟，你要想进入这个行业并作出成绩，壁垒过厚，与其在外围做已经高手林立的产业，不如做基础产业，有更好的提升机会。

旅游和酒店业拥有多种复合职业机遇。旅游和酒店业看起来比较垂直，但其实细分来看，就是一个大的综合业态。现在的旅游和酒店业正在经历消费升级、互联网以及数字化的全面改造，所以行业之间有非常多相通的地方。比如说，提到旅游，过去可选职业最多的就是导游，提到酒店行业，可选职业最多的就是服务人员。但现在，行业正在升维和垂直分化，旅游可以做文创，可以做运营，也可以做艺术设计；酒店可以做管理，做策划创意，做新零售，做空间美学，等等。

旅游和酒店业更能培养投资理财逻辑。在畅销书《21 世纪资本论》中，法国经济学家托马斯·皮凯蒂根据多个国家 300 年来的财富分配数据做了测算，得出的结果是，资本收益率高于国民收入增长率，也就是说，国民财富在持续增长，但同时，劳动者依靠劳动积累财富的速度远低于资本的增值速度。但资本不仅是拥有许多钱，而是拥有更科学

---

① 文化和旅游部　中央宣传部　中央党史和文献研究院　国家发展改革委关于发布"建党百年　红色旅游百条精品线路"的公告 ［EB/OL］．（2021 - 06 - 01）［2024 - 01 - 18］．https：//www. gov. cn/zhengce/zhengceku/2021 -06/01/content_5614610. htm.

② 25 万旅游和酒店应届生，如何找工作？［EB/OL］．（2021 - 06 - 24）［2023 - 10 - 03］．http：//www. travel-daily. cn/article/146277.

敏锐的投资逻辑，进入后房产时代，旅游和酒店产业的投资正在飞速发展，进入这个行业，熟悉这个行业，掌握的投资机遇也会更多。

3. 提高主动劳动意识

不管是在生活中还是工作中，"主动"本就不是一件很容易的事情，缺乏主动意识并不可怕，请劳动者不要将其视为一种心理障碍，进行自我怀疑或否定。很多时候主动意识的缺乏，其实是因为经验的有限。因此，"主动"是可以锻炼出来的。比如在酒店工作中，刚开始的时候你可能没有办法像同事那样手疾眼快主动为客人提供其需要的物品，但是经历几次之后你会发现你也可以及时关注到客人潜在需求，主动为其提供恰到好处的服务，这就需要在日常生活中时刻注意积攒经验，在经验丰富的基础上，逐步提高主动劳动意识，端正劳动观念与态度。

(二) 克服疲倦，努力探索

1. 科学作息

旅游酒店业是劳动密集型产业，劳动强度较大，劳动者根据自身需要科学安排作息时间，合理利用闲暇时间进行充分休息。休息是指不受劳动制度约束，进行生理或心理调整，但有一个前提是经历了一定时间的劳动之后，休息才有意义，没有劳动就无所谓休息。同时，如果没有休息，劳动也无法进行下去。因此，劳动者应该充分利用休息时间及时进行放松，不要过度娱乐导致身心更加疲惫，像"周一综合症"多数情况都是由于劳动者在周末进行了与往常作息相悖的熬夜、过量运动等活动引起的。另外，在劳动过程中，劳动者也可以采取一些小策略进行调整和休息，比如换一种办法去完成相同的工作内容，就像人走路一样，偶尔换一条路走会增加新鲜感从而忘记走路的劳累感。

2. 合理情绪劳动

情绪劳动需要劳动者在工作中呈现出组织要求的、令人满意的情绪状态。但是在现实工作中，劳动者当下的情绪与要求总会有不相符的时候，比如在某短视频平台上有一个点赞量超过300万次的作品，视频中高速口收费员小姑娘被一名不理解政策的司机辱骂，委屈落泪，但下一秒却得挤出微笑来迎接下一位过路司机，这一表现赢得无数人的鼓励和心疼，也引起无数情绪劳动者的感同身受。情绪劳动可分为表层表演和深层表演，表层表演是在劳动中仅表现出工作要求的情绪状态，而内心真实感受不变；深层表演是指努力使真实感受符合工作要求。如果劳动者长期进行表层表演，对顾客和同事强颜欢笑、虚情假意，就会出现身心疲惫的情况。因此，劳动者要学会深层表演，努力调整内心情绪，增加专业认同，把顾客的满意当成自己的快乐。

3. 自主创新

很多时候疲劳和倦怠感的产生是由于工作内容枯燥乏味，导致劳动者逐渐丧失职业兴趣，进而心理上出现了疲倦感。此时，暂时的休息是一种调整方法，还有另外一种普遍适用的方法就是创新，主动对自己的工作内容进行创新，包括优化工作流程，更新工作方法，拓展工作内容等。创新对劳动者和劳动本身都意义重大，首先，可以增加劳动者的新鲜感和劳动兴趣，以削减劳动的倦怠感；其次，创新工作方法，可以强化劳动者的劳动技能，增加本领；再次，优化工作流程可以提高劳动效率和劳动质量；最后，也是最重要的，自主创新可以树立自己的信心，增强对工作岗位的责任心。因此，不论身处哪个职位，劳动者都要勤于思考，自主创新，为工作岗位作出自己的贡献。

(三) 关注需要，谋求发展

1. 积极人际交往

如果一个人长期脱离群体，进行自我封闭，缺乏社会交往，就会被孤独感包围，所以必须重视自身对社交的需要。积极开展人际交往，不仅可以为劳动者积累很多人脉资源，还可以维持和同事及领导的和谐关系、拥有和谐的工作氛围，最重要的是在人际交往中可以为情绪寻找一个倾诉对象，并且可以从中获得理解和认可，是人得到心灵慰藉的重要渠道。在人际交往中，首先要对人真诚，真诚的人永远是受欢迎的；其次要学会自我尊重和尊重他人，平等和谐相处最基础的条件就是互相尊重；最后，也是最重要的，不要把社交当成心理负担，当为错综复杂的人际关系所累时，要懂得让自己短暂地逃离和放松。

2. 自我尊重

相信我们都听说过一句话"如果你都不尊重自己，如何让别人尊重你"，的确是这样，自尊能让劳动者在工作中获得健康平等的人际关系。首先，要客观地认识、评价自己，这是自我尊重的前提，越深入认识自己，越能够了解自己的特点，对自己做出准确的评价；其次，学会跟自己和解，不要让自己陷在追求完美的焦虑情绪中，适当原谅自己的不完美反而会豁然开朗；最后，养成独立自主的习惯，不依赖他人、不盲目从众，有独立思考和判断的能力。但是，自我尊重不是盲目的自信和自恋，要保持谦虚，对自己的错误要敢于承认、对自己的责任要勇于承担，这样才会获得别人的尊重和认可。

3. 合理期待

当自己的期待总是落空，自己的需求总是得不到满足的时候，劳动者应该静下心思考一下自身期待和需求的合理性。所谓"希望越大失望越大"，现实情况与自我期待之间的落差，容易让人感觉丧失了自我价值。因此，在职业发展过程中，劳动者应该根据现实条件适当降低过高的心理期待，对自己在职业生涯中可能遇到的瓶颈和障碍作出合理的预判和设想。在此基础上，设置清晰合理的职业目标，并根据劳动环境的变化不断调整，逐步实现对自我需求的实现和超越。

二、用人单位心理干预

劳动心理问题的产生不仅是劳动者个人的问题，更与劳动环境息息相关；劳动心理问题不仅关系到劳动者本人的身心健康，更对劳动生产效率和质量产生重大影响，因此，用人单位应该进行必要的心理干预。

1. 开展培训

首先，应该对劳动者的劳动技能进行培训，提高劳动技能的熟练程度，讲授新的劳动方法和工具，以此增强劳动者的自信心；其次，通过集中培训，增加劳动者与同事、领导的相处和沟通的机会，建立情感联系，增加凝聚力，有助于形成和谐融洽的工作氛围；再次，适当开展思想政治教育，帮助员工在纷繁浮躁的社会氛围中，树立正确的劳动观念和劳动态度；最后，为基层员工提供参加行业前沿研讨会或高级进修的机会，增加员工的行业认同感和忠诚度。

2. 激励机制

首先，在物质激励方面，应该制定科学合理的薪酬与福利保障体系，建立正常的工资增长机制；其次，在情感激励方面，重视劳动者个性，扬长避短，人尽其用，关注劳动者的情绪，给予充分的关怀与理解；再次，要为劳动者提供一个安全劳动环境和融洽和谐的工作氛围，引导员工之间、员工与领导之间的人际关系，帮助员工合理安排作息时间，尤其是轮班作业的员工要得到更加充足的休息与调整；最后，要适当放权，给予员工更多的表现机会与挑战，增强职业自信。

3. 沟通疏导

首先，建立完善的沟通机制，保证每一位劳动者的发言权与建议权，对待员工的问题进行及时的反馈和必要的关怀；其次，设立职业心理健康咨询日，鼓励劳动者在遇到心理问题时前往咨询，为劳动者提供情绪疏导；最后，应及时关注出现心理问题的劳动者，主动约其谈话沟通，了解情况，为其提供必要的帮助和宽慰。

【互动交流】

1. 劳动心理包含哪些内容？

2. 劳动者在旅游酒店业从业的过程中可能会遇到哪些心理问题？具体表现是怎样的？

3. 劳动心理的影响因素有哪些？从劳动者和用人单位两个角度分析，如何保障劳动者心理健康？

【案例任务】

酒店"问题员工"①

员工是酒店最宝贵的资源，是酒店生存发展的最关键要素。但有一部分员工，他们个性比较突出，但不太服从管理；他们工作态度积极，但有时的表现却是"粗枝大叶"；他们在某一方面能力很强，但不谦逊好学，这类员工在本文中将其定义为"问题员工"，来看一下他们典型的问题表现：

表现1：工作能力突出，但难以相处

在现实工作中，有一部分员工，个人工作能力十分突出，业绩理想，但单打独斗，不愿与人合作，特立独行。没有认识到团队的存在，也没有意识到团队成员对他的支持。这种现象很容易降低团队成员间协作能力，使一些本身具备一定协作意识的员工，也拒绝与其他同事协作，致使无法形成良好的团队氛围，更无从谈及发挥团队力量。

表现2：工作业绩特别好，但经常挑战管理者权威

很多酒店，为在工作中营造"你追我赶"的积极场面，会设计业绩、宾客满意度等指标，进行"销售状元""服务标兵"等评选活动，有部分员工因工作努力、表现突出成功当选，有些非常优秀的员工还会连续几次当选。在这之后，个别优秀员工就开始变得桀骜不驯，头脑中浮现出"一切用成绩说话"的念头，目空一切。当工作中出现问题，领导批评教育时，他们便表现得面服心不服，更甚者直接顶撞领导，挑战领导的权威，给管理者的工作开展造成不小难度。

表现3：工作积极性尚可，但小错误不断

这便是我们平时所说的"大错误不犯，小错误不断"类型的员工。这部分员工在工作中能积极面对工作，并表现出较强的主动性，并能与酒店或部门大的工作方向同步。但在具体的工作细节方面，有时因工作熟练程度不够，有时因对要求标准等细节思考不到位，或是粗心大意等原因，经常会犯一些小错误，影响到工作成果。

表现4："三无"员工

所谓"三无"员工，即工作中无差错、无积极性、无成绩的那部分员工。如果说这种员工不称职，他们工作几乎不出现差错。但要说这种员工称职，他们几乎也没有取得过任何成绩。这些员工也可以用"当一天和尚撞一天钟"来形容。他们每天不早来一分钟，但也不晚走一秒钟，穿上工装，就开始"撞钟"，但除了"撞钟"，任何其他事情不参与。

---

① 酒店"问题员工"的管理［EB/OL］.（2012 - 09 - 26）［2023 - 10 - 03］. http：//fashion.ifeng.com/travel/news/hotel/detail_2012_09/26/17921584_0.shtml.

请分析：

1. 以上提到的"问题员工"的表现，实际上反映了员工自身的哪些心理问题？
2. 从员工的角度来说，应该如何调整这些心理问题？
3. 从管理者的角度来说，应该如何对"问题员工"进行管理？

【参考文献】

1. 郝文斌，冯丹娃，杜海军. 劳动心理学 [M]. 大连：东北林业大学出版社，2008.
2. 程正方. 现代管理心理学 [M]. 北京：北京大学出版社，1997.
3. 李月调. 酒店业员工群体刻板印象 [D]. 泉州：华侨大学，2019.
4. 沈志义. 劳动心理学 [M]. 南昌：江西人民出版社，2006.
5. 何云峰. 人类解放暨人与劳动关系发展的四个阶段 [J]. 江淮论坛，2017，（1）：12 – 18.
6. Hochschild，A. R. Emotion Work，Feeling Rules，and Social Structure [J]. American Journal of Sociology，1979，85（3），551 – 575.

第 7 章

旅游酒店业劳动安全与危机

【本章简介】

安全生产是保护劳动者安全健康、保证国民经济持续发展的基本条件。随着各类生产安全事故频繁发生，旅游酒店业安全生产形势极为严峻，引起了各界的高度重视。为了贯彻落实"安全第一，预防为主"的安全工作方针，切实维护旅游酒店业从业者的劳动保护合法权益，确保他们的安全与健康，有必要加快建立和完善安全体系建设，完善安全生产责任制，坚决遏制重特大安全事故，提升防灾减灾救灾及危机处理能力。

本章首先概述了旅游酒店业劳动安全，其次从相关概念与实施过程等角度详述了旅游酒店业劳动安全管理，最后概述了旅游酒店业劳动安全中的危机公关。

【学习目标】

1. 列举我国旅游酒店业劳动安全法律法规建设。
2. 描述旅游酒店业劳动安全管理的实施过程。
3. 列举旅游酒店业劳动安全危机公关的原则与策略。

【导入案例】

吉林导游丽江砍人事件①

2007 年 4 月 1 日 16 时许，吉林徐某带领由吉林雾凇旅行社组团的"夕阳红"旅行团队 40 余人来到丽江旅游，因昆明导游彭某改变行程，领客人进古城四方街，途中客人走散，徐某为此与彭某发生争执。当彭某离开后，徐某走进四方街东大街古城食品公司门市专营工艺品店，向店主寸某询问是否有刀，寸某拿出一把长约 22 厘米的匕首，徐某趁其不备将匕首夺到手，并将对方刺伤。之后，他持刀向四方街广场、新华街黄山下段跑了 300 余米，沿途用刀刺伤游客及路人 19 名。当日 16 时 33 分，警方将其抓获。经法医鉴定，受害人中，重伤 1 人，轻伤 3 人，轻微伤 15 人，未达轻微伤者 1 人。

请思考：

为何会发生此类安全事件？

---

① 储皖中. 吉林导游丽江砍伤二十人面临三百万元索赔［N］. 法制日报，2011-04-26（8）.

第1节 旅游酒店业劳动安全概述

一、旅游酒店业劳动安全溯源及相关概念

(一) 旅游酒店业劳动安全溯源

作为人类生存与发展的最基本要素，安全是生命与健康的基本保障。而安全生产则是保护劳动者安全健康、保证国民经济持续发展的基本条件。近年来，我国旅游经济迅猛发展，取得了世人瞩目的成就。但是，在旅游经济快速增长的同时，出现了越来越严重的劳动安全问题。随着各类旅游酒店业安全事故频繁发生，安全生产形势极为严峻。不仅造成了国家财产和公民生命的巨大损失，严重制约了我国旅游经济的平稳发展，而且还与我国当前构建和谐社会的目标相悖。

(二) 旅游酒店业劳动安全相关概念

1. 劳动安全

对于劳动安全而言，可以从劳动者及企业两个层面加以界定。从企业层面来看，劳动安全是指在生产过程中，企业应防止中毒、车祸、触电、塌陷、爆炸、火灾、坠落、机械外伤等危及劳动者人身安全的事故发生。从劳动者角度来看，劳动安全又称职业安全，是劳动者在职业劳动中人身安全获得保障、免受职业伤害的权利。

2. 旅游酒店业劳动安全

对于旅游酒店业劳动安全而言，亦可以从旅游酒店企业及旅游酒店从业者两个层面加以界定。从旅游酒店企业层面来看，劳动安全是指在生产过程中，企业应防止自然灾害、事故灾难、公共卫生事件、社会安全事件等危及旅游酒店从业者人身安全的事故发生。从旅游酒店从业者角度来看，劳动安全，又称职业安全，是旅游酒店从业者在职业

劳动中人身安全获得保障、免受职业伤害的权利。

二、旅游酒店业劳动安全法律法规

旅游酒店从业者在工作生活过程中，应了解掌握法律法规赋予的权利和规定的义务，确保劳动过程中的人身和财产安全。目前，我国旅游酒店业劳动安全法律体系已经形成了以《中华人民共和国宪法》和《中华人民共和国劳动法》为根基，以《中华人民共和国安全生产法》等为主干，以《中华人民共和国旅游法》等相关条款为枝叶的较为完整的法律体系。部分法律相关条款具体如下：

（一）《中华人民共和国宪法》

《中华人民共和国宪法》是中华人民共和国的根本大法，规定拥有最高法律效力。中华人民共和国成立后，曾于 1954 年 9 月 20 日、1975 年 1 月 17 日、1978 年 3 月 5 日和 1982 年 12 月 4 日通过四个宪法，现行宪法为 1982 年宪法，并历经 1988 年、1993 年、1999 年、2004 年、2018 年五次修订。

其中，第四十二条涉及劳动安全：中华人民共和国公民有劳动的权利和义务。国家通过各种途径，创造劳动就业条件，加强劳动保护，改善劳动条件，并在发展生产的基础上，提高劳动报酬和福利待遇。劳动是一切有劳动能力的公民的光荣职责。国有企业和城乡集体经济组织的劳动者都应当以国家主人翁的态度对待自己的劳动。国家提倡社会主义劳动竞赛，奖励劳动模范和先进工作者。国家提倡公民从事义务劳动。国家对就业前的公民进行必要的劳动就业训练。

（二）《中华人民共和国劳动法》

1994 年 7 月 5 日第八届全国人民代表大会常务委员会第八次会议通过了《中华人民共和国劳动法》。根据 2009 年 8 月 27 日第十一届全国人民代表大会常务委员会第十次会议《关于修改部分法律的决定》第一次修正。根据 2018 年 12 月 29 日第十三届全国人民代表大会常务委员会第七次会议《关于修改〈中华人民共和国劳动法〉等七部法律的决定》第二次修正。该法是依据宪法制定的，其目的是保护劳动者的合法权益，调整劳动关系，建立和维护适应社会主义市场经济的劳动制度，促进经济发展和社会进步。其中涉及劳动安全的包括劳动安全卫生、女职工和未成年工特殊保护、社会保险和福利等。

第二条　在中华人民共和国境内的企业、个体经济组织（以下统称用人单位）和与之形成劳动关系的劳动者，适用本法。国家机关、事业组织、社会团体和与之建立劳动合同关系的劳动者，依照本法执行。

第五十二条 用人单位必须建立、健全劳动安全卫生制度，严格执行国家劳动安全卫生规程和标准，对劳动者进行劳动安全卫生教育，防止劳动过程中的事故，减少职业危害。

第五十三条 劳动安全卫生设施必须符合国家规定的标准。

新建、改建、扩建工程的劳动安全卫生设施必须与主体工程同时设计、同时施工、同时投入生产和使用。

第五十四条 用人单位必须为劳动者提供符合国家规定的劳动安全卫生条件和必要的劳动防护用品，对从事有职业危害作业的劳动者应当定期进行健康检查。

第五十五条 从事特种作业的劳动者必须经过专门培训并取得特种作业资格。

第五十六条 劳动者在劳动过程中必须严格遵守安全操作规程。

劳动者对用人单位管理人员违章指挥、强令冒险作业，有权拒绝执行；对危害生命安全和身体健康的行为，有权提出批评、检举和控告。

第五十七条 国家建立伤亡事故和职业病统计报告和处理制度。县级以上各级人民政府劳动行政部门、有关部门和用人单位应当依法对劳动者在劳动过程中发生的伤亡事故和劳动者的职业病状况，进行统计、报告和处理。

第九十二条 用人单位的劳动安全设施和劳动卫生条件不符合国家规定或者未向劳动者提供必要的劳动防护用品和劳动保护设施的，由劳动行政部门或者有关部门责令改正，可以处以罚款；情节严重的，提请县级以上人民政府决定责令停产整顿；对事故隐患不采取措施，致使发生重大事故，造成劳动者生命和财产损失的，对责任人员依照刑法有关规定追究刑事责任。

(三)《中华人民共和国安全生产法》

2002 年 6 月 29 日第九届全国人民代表大会常务委员会第二十八次会议通过了《中华人民共和国安全生产法》，2002 年 11 月 1 日实施。根据 2009 年 8 月 27 日第十一届全国人民代表大会常务委员会第十次会议《关于修改部分法律的决定》第一次修正，2009 年 8 月 27 日实施。根据 2014 年 8 月 31 日第十二届全国人民代表大会常务委员会第十次会议《关于修改〈中华人民共和国安全生产法〉的决定》第二次修正，2014 年 12 月 1 日实施。2020 年 11 月 25 日，时任国务院总理李克强主持召开国务院常务会议，确定完善失信约束制度、健全社会信用体系的措施，为发展社会主义市场经济提供支撑；通过《中华人民共和国安全生产法（修正草案）》。

该法是为了加强安全生产工作，防止和减少生产安全事故，保障人民群众生命和财产安全，促进经济社会持续健康发展而制定。其确定了我国包括劳动安全在内的安全生产的基本法律制度。

第十七条 生产经营单位应当具备本法和有关法律、行政法规和国家标准或者行业标准规定的安全生产条件；不具备安全生产条件的，不得从事生产经营活动。

第十八条 生产经营单位的主要负责人对本单位安全生产工作负有下列职责：

（一）建立、健全本单位安全生产责任制；

（二）组织制定本单位安全生产规章制度和操作规程；

（三）组织制定并实施本单位安全生产教育和培训计划；

（四）保证本单位安全生产投入的有效实施；

（五）督促、检查本单位的安全生产工作，及时消除生产安全事故隐患；

（六）组织制定并实施本单位的生产安全事故应急救援预案；

（七）及时、如实报告生产安全事故。

第十九条 生产经营单位的安全生产责任制应当明确各岗位的责任人员、责任范围和考核标准等内容。

生产经营单位应当建立相应的机制，加强对安全生产责任制落实情况的监督考核，保证安全生产责任制的落实。

第二十条 生产经营单位应当具备的安全生产条件所必需的资金投入，由生产经营单位的决策机构、主要负责人或者个人经营的投资人予以保证，并对由于安全生产所必需的资金投入不足导致的后果承担责任。

有关生产经营单位应当按照规定提取和使用安全生产费用，专门用于改善安全生产条件。安全生产费用在成本中据实列支。安全生产费用提取、使用和监督管理的具体办法由国务院财政部门会同国务院安全生产监督管理部门征求国务院有关部门意见后制定。

第二十一条 矿山、金属冶炼、建筑施工、道路运输单位和危险物品的生产、经营、储存单位，应当设置安全生产管理机构或者配备专职安全生产管理人员。

前款规定以外的其他生产经营单位，从业者超过一百人的，应当设置安全生产管理机构或者配备专职安全生产管理人员；从业者在一百人以下的，应当配备专职或者兼职的安全生产管理人员。

第二十二条 生产经营单位的安全生产管理机构以及安全生产管理人员履行下列职责：

（一）组织或者参与拟订本单位安全生产规章制度、操作规程和生产安全事故应急救援预案；

（二）组织或者参与本单位安全生产教育和培训，如实记录安全生产教育和培训情况；

（三）督促落实本单位重大危险源的安全管理措施；

（四）组织或者参与本单位应急救援演练；

（五）检查本单位的安全生产状况，及时排查生产安全事故隐患，提出改进安全生产管理的建议；

（六）制止和纠正违章指挥、强令冒险作业、违反操作规程的行为；

（七）督促落实本单位安全生产整改措施。

第二十三条 生产经营单位的安全生产管理机构以及安全生产管理人员应当恪尽职

守，依法履行职责。

生产经营单位作出涉及安全生产的经营决策，应当听取安全生产管理机构以及安全生产管理人员的意见。

生产经营单位不得因安全生产管理人员依法履行职责而降低其工资、福利等待遇或者解除与其订立的劳动合同。

危险物品的生产、储存单位以及矿山、金属冶炼单位的安全生产管理人员的任免，应当告知主管的负有安全生产监督管理职责的部门。

第二十四条 生产经营单位的主要负责人和安全生产管理人员必须具备与本单位所从事的生产经营活动相应的安全生产知识和管理能力。

危险物品的生产、经营、储存单位以及矿山、金属冶炼、建筑施工、道路运输单位的主要负责人和安全生产管理人员，应当由主管的负有安全生产监督管理职责的部门对其安全生产知识和管理能力考核合格。考核不得收费。

危险物品的生产、储存单位以及矿山、金属冶炼单位应当有注册安全工程师从事安全生产管理工作。鼓励其他生产经营单位聘用注册安全工程师从事安全生产管理工作。注册安全工程师按专业分类管理，具体办法由国务院人力资源和社会保障部门、国务院安全生产监督管理部门会同国务院有关部门制定。

第二十五条 生产经营单位应当对从业者进行安全生产教育和培训，保证从业者具备必要的安全生产知识，熟悉有关的安全生产规章制度和安全操作规程，掌握本岗位的安全操作技能，了解事故应急处理措施，知悉自身在安全生产方面的权利和义务。未经安全生产教育和培训合格的从业者，不得上岗作业。

生产经营单位使用被派遣劳动者的，应当将被派遣劳动者纳入本单位从业者统一管理，对被派遣劳动者进行岗位安全操作规程和安全操作技能的教育和培训。劳务派遣单位应当对被派遣劳动者进行必要的安全生产教育和培训。

生产经营单位接收中等职业学校、高等学校学生实习的，应当对实习学生进行相应的安全生产教育和培训，提供必要的劳动防护用品。学校应当协助生产经营单位对实习学生进行安全生产教育和培训。

生产经营单位应当建立安全生产教育和培训档案，如实记录安全生产教育和培训的时间、内容、参加人员以及考核结果等情况。

第二十六条 生产经营单位采用新工艺、新技术、新材料或者使用新设备，必须了解、掌握其安全技术特性，采取有效的安全防护措施，并对从业者进行专门的安全生产教育和培训。

第二十七条 生产经营单位的特种作业人员必须按照国家有关规定经专门的安全作业培训，取得相应资格，方可上岗作业。

特种作业人员的范围由国务院安全生产监督管理部门会同国务院有关部门确定。

第二十八条 生产经营单位新建、改建、扩建工程项目（以下统称建设项目）的安全设施，必须与主体工程同时设计、同时施工、同时投入生产和使用。安全设施投资应当纳入建设项目概算。

第二十九条 矿山、金属冶炼建设项目和用于生产、储存、装卸危险物品的建设项目，应当按照国家有关规定进行安全评价。

第三十条 建设项目安全设施的设计人、设计单位应当对安全设施设计负责。

矿山、金属冶炼建设项目和用于生产、储存、装卸危险物品的建设项目的安全设施设计应当按照国家有关规定报经有关部门审查，审查部门及其负责审查的人员对审查结果负责。

第三十一条 矿山、金属冶炼建设项目和用于生产、储存、装卸危险物品的建设项目的施工单位必须按照批准的安全设施设计施工，并对安全设施的工程质量负责。

矿山、金属冶炼建设项目和用于生产、储存危险物品的建设项目竣工投入生产或者使用前，应当由建设单位负责组织对安全设施进行验收；验收合格后，方可投入生产和使用。安全生产监督管理部门应当加强对建设单位验收活动和验收结果的监督核查。

第三十二条 生产经营单位应当在有较大危险因素的生产经营场所和有关设施、设备上，设置明显的安全警示标志。

第三十三条 安全设备的设计、制造、安装、使用、检测、维修、改造和报废，应当符合国家标准或者行业标准。

生产经营单位必须对安全设备进行经常性维护、保养，并定期检测，保证正常运转。维护、保养、检测应当作好记录，并由有关人员签字。

第三十四条 生产经营单位使用的危险物品的容器、运输工具，以及涉及人身安全、危险性较大的海洋石油开采特种设备和矿山井下特种设备，必须按照国家有关规定，由专业生产单位生产，并经具有专业资质的检测、检验机构检测、检验合格，取得安全使用证或者安全标志，方可投入使用。检测、检验机构对检测、检验结果负责。

第三十五条 国家对严重危及生产安全的工艺、设备实行淘汰制度，具体目录由国务院安全生产监督管理部门会同国务院有关部门制定并公布。法律、行政法规对目录的制定另有规定的，适用其规定。

省、自治区、直辖市人民政府可以根据本地区实际情况制定并公布具体目录，对前款规定以外的危及生产安全的工艺、设备予以淘汰。

生产经营单位不得使用应当淘汰的危及生产安全的工艺、设备。

第三十六条 生产、经营、运输、储存、使用危险物品或者处置废弃危险物品的，由有关主管部门依照有关法律、法规的规定和国家标准或者行业标准审批并实施监督管理。

生产经营单位生产、经营、运输、储存、使用危险物品或者处置废弃危险物品，必须执行有关法律、法规和国家标准或者行业标准，建立专门的安全管理制度，采取可靠的安全措施，接受有关主管部门依法实施的监督管理。

第三十七条 生产经营单位对重大危险源应当登记建档，进行定期检测、评估、监控，并制定应急预案，告知从业者和相关人员在紧急情况下应当采取的应急措施。

生产经营单位应当按照国家有关规定将本单位重大危险源及有关安全措施、应急措施报有关地方人民政府安全生产监督管理部门和有关部门备案。

第三十八条 生产经营单位应当建立健全生产安全事故隐患排查治理制度，采取技术、管理措施，及时发现并消除事故隐患。事故隐患排查治理情况应当如实记录，并向从业者通报。

县级以上地方各级人民政府负有安全生产监督管理职责的部门应当建立健全重大事故隐患治理督办制度，督促生产经营单位消除重大事故隐患。

第三十九条 生产、经营、储存、使用危险物品的车间、商店、仓库不得与员工宿舍在同一座建筑物内，并应当与员工宿舍保持安全距离。

生产经营场所和员工宿舍应当设有符合紧急疏散要求、标志明显、保持畅通的出口。禁止锁闭、封堵生产经营场所或者员工宿舍的出口。

第四十条 生产经营单位进行爆破、吊装以及国务院安全生产监督管理部门会同国务院有关部门规定的其他危险作业，应当安排专门人员进行现场安全管理，确保操作规程的遵守和安全措施的落实。

第四十一条 生产经营单位应当教育和督促从业者严格执行本单位的安全生产规章制度和安全操作规程；并向从业者如实告知作业场所和工作岗位存在的危险因素、防范措施以及事故应急措施。

第四十二条 生产经营单位必须为从业者提供符合国家标准或者行业标准的劳动防护用品，并监督、教育从业者按照使用规则佩戴、使用。

第四十三条 生产经营单位的安全生产管理人员应当根据本单位的生产经营特点，对安全生产状况进行经常性检查；对检查中发现的安全问题，应当立即处理；不能处理的，应当及时报告本单位有关负责人，有关负责人应当及时处理。检查及处理情况应当如实记录在案。

生产经营单位的安全生产管理人员在检查中发现重大事故隐患，依照前款规定向本单位有关负责人报告，有关负责人不及时处理的，安全生产管理人员可以向主管的负有安全生产监督管理职责的部门报告，接到报告的部门应当依法及时处理。

第四十四条 生产经营单位应当安排用于配备劳动防护用品、进行安全生产培训的经费。

第四十五条 两个以上生产经营单位在同一作业区域内进行生产经营活动，可能危及对方生产安全的，应当签订安全生产管理协议，明确各自的安全生产管理职责和应当采取的安全措施，并指定专职安全生产管理人员进行安全检查与协调。

第四十六条 生产经营单位不得将生产经营项目、场所、设备发包或者出租给不具备安全生产条件或者相应资质的单位或者个人。

生产经营项目、场所发包或者出租给其他单位的，生产经营单位应当与承包单位、承租单位签订专门的安全生产管理协议，或者在承包合同、租赁合同中约定各自的安全生产管理职责；生产经营单位对承包单位、承租单位的安全生产工作统一协调、管理，定期进行安全检查，发现安全问题的，应当及时督促整改。

第四十七条 生产经营单位发生生产安全事故时，单位的主要负责人应当立即组织抢救，并不得在事故调查处理期间擅离职守。

第四十八条 生产经营单位必须依法参加工伤保险，为从业者缴纳保险费。

国家鼓励生产经营单位投保安全生产责任保险。

(四)《中华人民共和国旅游法》

第四十七条 经营高空、高速、水上、潜水、探险等高风险旅游项目，应当按照国家有关规定取得经营许可。

第五十六条 国家根据旅游活动的风险程度，对旅行社、住宿、旅游交通以及本法第四十七条规定的高风险旅游项目等经营者实施责任保险制度。

第七十九条 旅游经营者应当严格执行安全生产管理和消防安全管理的法律、法规和国家标准、行业标准，具备相应的安全生产条件，制定旅游者安全保护制度和应急预案。

旅游经营者应当对直接为旅游者提供服务的从业者开展经常性应急救助技能培训，对提供的产品和服务进行安全检验、监测和评估，采取必要措施防止危害发生。

第 2 节　旅游酒店业劳动安全管理

人们在工作活动中或处在工作环境下，总是面临着各种潜在的危险源。这些危险源有化学的、物理的、生物的和其他种类的，可能会导致财物损失或损坏、危害环境、影响人体健康，甚至造成伤害事故。因此，人们将某一种危险或某些危险引发事故的可能性和其可能造成的后果称为风险。可以根据发生概率、危害范围和损失大小等指标来评定风险。

一、旅游酒店业劳动安全管理概念界定

（一）旅游酒店业劳动安全风险

旅游酒店业劳动安全风险有广义和狭义之分，广义上说，与旅游酒店业有关的风险都称为旅游酒店业劳动安全风险。而狭义的旅游酒店业劳动安全风险则是指，在未来或一定时间内，为了确保旅游酒店业劳动安全生产可能付出的代价，主要包括由于采用劳动安全技术措施投入的人、财物等安全生产支出，或者没有适当的旅游酒店业劳动安全生产投入可能付出的人身伤害、财产损失、环境破坏和社会影响等。

（二）旅游酒店业劳动安全管理

旅游酒店业劳动安全管理也称为旅游酒店业劳动安全保护，是指为了保护旅游酒店从业者在生产中的安全与健康，在改善劳动条件、预防和消除工伤事故、职工中毒和职业病等方面所进行的工作和采取的措施。主要是运用风险管理的理论和方法，与现行有效的安全管理制度、措施有机融合，突出安全风险管理基础、过程控制和应急处置，建立科学的旅游酒店业劳动安全风险运行机制和控制体系，实现旅游酒店业劳动安全管理标准化、规范化、系统化和科学化。

二、旅游酒店业劳动安全管理的实施过程

旅游酒店业劳动安全管理的实施过程包括五个环节：旅游酒店业劳动安全风险意识培育、旅游酒店业劳动安全风险识别研判、旅游酒店业劳动安全风险过程控制、旅游酒店业劳动安全风险应急处置、旅游酒店业劳动安全风险管理评估考核。其中前两个环节是基础，第三个环节是核心，第四个环节是关键，最后一个环节则围绕以上四个环节开展。

（一）旅游酒店业劳动安全风险意识培育

1. 普及旅游酒店业劳动安全风险管理知识

进行旅游酒店业安全风险管理知识的培训和宣传，即把工作中可能出现隐患的环节圈定出来，加以科学有效防范，最大程度地减轻可能发生的事故。通过对相关知识的宣传普及，使职工真心接纳这种管理方法，从而自觉落实旅游酒店业安全风险管理要求。切实实现安全风险管理目的，避免培训宣传形式主义和走过场的现象。

2. 提高旅游酒店业全员劳动安全风险意识

通过宣读旅游酒店业劳动安全事故通报，播放旅游酒店业劳动安全事故录像，发放旅游酒店业劳动安全事故案例书籍等形式，使旅游酒店业从业者从中吸取经验教训，增强劳动安全风险意识。

3. 加强旅游酒店业劳动安全文化建设

（1）利用刚性和柔性各种教育手段，广泛开展旅游酒店业劳动安全风险意识、劳动安全责任意识和劳动安全发展理念教育。

（2）适应旅游酒店业劳动安全工作的不同要求，细化旅游酒店业各岗位作业标准、工作流程，完善旅游酒店业劳动安全规章和劳动安全风险管理制度。

（3）立足旅游酒店业劳动安全生产实践，注重培养旅游酒店业从业者的良好作业习惯。

（4）大力选树、宣传旅游酒店业生产一线劳动安全先进典型，正面激励、示范引导。

（5）加强旅游酒店业劳动安全文化环境建设，不断激发旅游酒店业从业者劳动安全的工作热情和积极性。

（二）旅游酒店业劳动安全风险识别研判

旅游酒店业劳动安全风险识别与研判是通过搜集识别风险源、分析风险因子，从而

发现隐患，尽可能地预防和消除事故。

1. 旅游酒店业劳动安全风险信息采集

旅游酒店业劳动安全风险信息采集包括动态劳动安全信息采集和静态劳动安全信息采集。

（1）动态劳动安全信息采集。注重收集交接班会中反映的问题、各项监测检测设备产生的数据信息；作业中发生的违章及自控互控未落实问题、各级旅游酒店业从业者检查提出的问题及建议等，汇总形成劳动过程中的安全信息，并进行及时更新和管理。

（2）静态劳动安全信息采集。旅游酒店业生产过程中既有的劳动安全信息，包括以前发生的各类事故、故障和严重问题；上级通报的典型安全事故；旅游酒店企业总结确定的劳动安全风险控制关键点及各种安全控制措施等信息。

2. 旅游酒店业劳动安全风险识别研判的方法

旅游酒店业劳动安全风险识别研判要突出四大要素，即管理、人员、设备和环境，要促进动态和静态的有机结合，准确识别研判旅游酒店业劳动安全风险。

所谓动态、静态相互结合，就是一定要区分劳动安全风险的性质。人们每天都在进行日常工作，其劳动安全风险始终处于动态过程之中。从而进行劳动安全风险识别研判就必须动态掌握关键性、倾向性、苗头性的问题。

3. 旅游酒店业劳动安全风险预警管理

旅游酒店业劳动安全风险预警管理是指通过一定的管理方法和技术手段，对潜在的安全风险进行测量并以信息予以警示，最终实现风险消除或控制的过程。旅游酒店业劳动安全风险预警包括监测检测数据分析预警、作业层面劳动安全风险提示预警和管理层面劳动安全风险研判预警。

(三) 旅游酒店业劳动安全风险过程控制

旅游酒店业劳动安全风险过程控制是劳动安全风险管理的核心，主要包括规章制度控制、现场作业控制、技防物防控制、设备质量控制、专业管理控制、关键点控制等六个方面。

1. 规章制度控制

规章制度控制主要包括三个层面：一是健全旅游酒店业劳动安全技术规章制度；二是加强劳动安全相关规章的更新完善；三是强化劳动安全相关规章落实情况监督检查。为保证日常使用的规章、规程、作业标准齐全有效，对上级下达的劳动安全文件、命令要传达到人，传达记录应保管齐全；健全旅游酒店业从业者劳动安全自控、互控措施，确保作业过程劳动安全受控。

2. 现场作业控制

开展现场作业控制主要包括三个层面：一是要推进旅游酒店业劳动安全生产标准化建设；二是要规范旅游酒店业从业者现场作业控制；三是要落实旅游酒店业从业者现场劳动安全管控。

3. 技防、物防控制

（1）运用技防手段提高防范旅游酒店业劳动安全风险的能力；
（2）运用物防手段提高防范旅游酒店业劳动安全风险的能力；
（3）加快旅游酒店业劳动安全风险监测检测硬件建设。

4. 设备质量控制

（1）不断提升设备"修管用"质量；
（2）不断提升设备故障处理能力；
（3）不断强化设备管理单位的主体责任；
（4）严格设备质量源头控制；
（5）严格设备质量管理考核。

5. 专业管理控制

（1）充分发挥专业管理部门的控制作用；
（2）充分发挥专业技术人员的控制作用；
（3）充分履行专业检查评估职能；
（4）建立旅游酒店业专业场所劳动安全风险达标考核制度。

6. 关键点控制

（1）明确各责任主体控制责任；
（2）加强旅游酒店业工作场所劳动安全控制；
（3）强化调度指挥控制；
（4）开展旅游酒店业安全专项整治；
（5）改善旅游酒店业外部劳动安全环境。

（四）旅游酒店业劳动安全风险应急处置

旅游酒店业劳动安全风险应急处置主要包括两个层面：一方面是采取有效措施对非正常状态及时处置，另一方面是对发生故障或事故后的应急处置。具体包括以下七个方面的工作：

第一，把旅游酒店业劳动过程中出现的非正常状态，作为旅游酒店业劳动安全风险管理应急处置的首要目标，有针对性地制定应对措施，保障非正常状态能够得到及时有效处置，不断提高旅游酒店业各级员工主动防范、消除风险的能力，预防事故发生。

第二，进一步修订完善各项劳动安全风险应急处置预案，定期开展应急处置演练，不断提高应急反应速度和处置能力。

第三，制定储备应急处置物资、材料的标准，合理安排应急处置物资的存放地点，确保满足应急处置需要。

第四，加强应急救援网络和救援队伍建设，研发和配置专用救援装备，做到应急有备、响应及时、处置高效。

第五，进一步落实安全信息管理制度，严格报告制度，规范报告程序，强调报告纪律，杜绝安全问题迟报、瞒报现象。

第六，进一步完善非正常情况下旅游酒店业劳动安全问题的快速响应制度，明确相关部门的响应人员、时限、流程和应对方案，发生问题快速反应、迅速处置。

第七，落实安全问题快速阻断制度，有安全问题发生时，要立即将问题发生的经过、原因、责任、教训和整改措施及时向更大范围通报，有针对性地采取应对措施，并吸取经验，有效阻止同类型安全问题衍生和扩大。

（五）旅游酒店业劳动安全风险管理评估考核

旅游酒店业劳动安全风险管理评估考核坚持"过程考核与结果考核相结合，以过程考核为主"的原则。

旅游酒店业劳动安全风险管理评估考核应突出对旅游酒店业劳动安全风险点识别研判的准确与覆盖程度，各项过程控制措施和重要事项督办落实情况，旅游酒店业各级员工劳动安全风险管理职责的落实情况，解决安全问题的闭环管理情况和对劳动安全风险管理进行实效性考核。

【案例 7 - 1】

分心驾驶导致的死亡事故①

2023 年 7 月 8 日 19 时 23 分，黑龙江省大庆市一辆旅游客车（登记所有人为大庆市翔安旅客运输有限公司，实际控制人为大庆市云程国旅公司）搭载 51 名前往伊春的游客

---

① 旅游客车司机分心驾驶致 5 死 3 伤，公安部发安全预警 [EB/OL]．（2022 - 07 - 26）[2023 - 10 - 03]．https：//baijiahao．baidu．com/s？id = 1739397951869674455&wfr = spider&for = pc．

（核载 53 人），沿世纪大道行驶至龙凤区湿地跨线桥时，车辆顶部与桥头限高杆发生碰撞，导致车上 5 人死亡、3 人受伤。车载监控显示，驾驶人李某在驾驶过程中始终与副驾驶交谈，事发前右手持续揉右眼，左眼闭眼。初步判断，驾驶人分心驾驶、疏于观察是导致事故的直接原因。

第 3 节　旅游酒店业劳动安全危机公关

一、旅游酒店业劳动安全危机公关的基本概念

目前，由于国内旅游酒店业劳动安全研究刚刚起步，有关旅游酒店业劳动安全危机内涵的研究，虽有提及，但还不明朗、不系统。因此，科学、准确地把握旅游酒店业劳动安全危机内涵，是劳动安全危机研究必须首先解决的问题。尽管目前学界对危机的界定持不同观点，但却反映了学术研究的进步与繁荣，遗憾的是，这样的势头并未在旅游酒店业劳动安全界及早地引起重视，对旅游酒店业劳动安全危机内涵准确界定的亦较少。在这里，我们认为，旅游酒店业劳动安全危机是指由于突发性重大事件的发生而使旅游酒店业劳动安全活动陷入的严重困境，是外部环境突变与内部管理失常两者交互作用的产物。

危机公关是指应对危机的有关机制，它具有意外性、聚焦性、破坏性和紧迫性的特征。根据爱德华·伯尼斯（Edward Bernays）定义，公共关系是一项通过制定政策及程序来获得公众的谅解和接纳的管理职能。危机公关具体是指机构或企业为避免或者减轻危机所带来的严重损害和威胁，从而有组织、有计划地学习、制定和实施一系列管理措施和应对策略，包括危机的规避、控制、解决以及危机解决后的复兴等不断学习和适应的动态过程。

二、旅游酒店业劳动安全危机公关的原理、原则与策略

（一）旅游酒店业劳动安全危机公关的原理

1. 海恩法则

海恩法则（Heinrich's Law）是德国飞机涡轮机的发明者赫尔伯特·威廉姆·海因里希（Herbert William Heinrich）提出的一个在航空界关于飞行安全的法则，海恩法则指出：

每一起重大的飞行安全事故背后有 29 个事故征兆，每个征兆背后有 300 个事故苗头，每个苗头背后有 1000 个事故隐患。

该法则多被用于企业的生产管理，特别是安全管理中。根据"海恩法则"，任何一起事故发生必然有其原因，并且是有征兆的。它同时说明安全生产是可以控制的，安全事故是可以避免的。

海恩法则强调两点：一是事故的发生是量的积累的结果；二是再好的技术，再完美的规章，在实际操作层面，也无法取代人自身的素质和责任心。这对企业是一种警示，也给企业管理者提供了一种发现并控制征兆的生产安全管理方法。

2. 危机处理原理——墨菲定律

墨菲定律是一种心理学效应，由爱德华·墨菲（Edward A. Murphy）提出的，亦称墨菲法则、墨菲定理。墨菲定律指出：如果有两种或两种以上的方式去做某件事情，而其中一种选择方式将导致灾难，则必定有人会做出这种选择。这带给生产安全管理的启示是：如果事情有变坏的可能，不管这种可能性有多小，它总会发生。

3. 危机处理原理——蝴蝶效应

蝴蝶效应亦称"台球效应"，是气象学家洛兰兹（Edward Lorentz）1963 年提出来的。其大意为：一只南美洲亚马孙河流域热带雨林中的蝴蝶，偶尔扇动几下翅膀，可能在两周后在美国得克萨斯引起一场龙卷风。其原因在于：蝴蝶翅膀的运动，导致其身边的空气系统发生变化，并引起微弱气流的产生，而微弱气流的产生又会引起它四周空气或其他系统产生相应的变化，由此引起连锁反应，最终导致其他系统的极大变化。

"今天的蝴蝶效应"或者"广义的蝴蝶效应"已不限于当初洛兰兹的蝴蝶效应仅对天气预报而言，而是一切复杂系统对初值极为敏感的代名词或同义语，其含义是：为了预防潜在危机发生，必须从源头进行控制，管理好企业的每一个细节，时刻关注企业内部的任何信息和数据，进行分析，做好预测。

【案例 7-2】

凤凰古城危机公关①

作为国家历史文化名城的湘西凤凰古城，多次发生游客被打事件。例如：2007 年，发生"11 名女孩凤凰旅游惨遭殴打"事件；2008 年，张家界中国国际旅行社董事长因交通事故，在凤凰县交警队大院被当地青年殴打；2009 年，来自北京组团 13 人，在凤凰廖

---

① 湘西旅游景区焦点事件的新闻危机公关策略研究 [EB/OL]. (2022-08-20) [2023-10-03]. https：//www.wenmi.com/article/pwib1a03488c.html.

家桥镇被人刻意制造车祸假象，被数十个当地"地痞流氓"围打，最后被敲诈 9500 元；2009 年，为了一块价值 10 元的仿玉手镯，重庆游客骆思兵在凤凰古城遭遇拳打脚踢，两根肋骨被当地一摊贩及其同伙打断。

其中，"19 名重庆游客凤凰被殴事件"一度成为问题争论的关键和注意力的集中点，引起各大媒体报道和热议。该事件发生在 2011 年 10 月 19 日，19 名重庆游客在湘西凤凰古城旅游，因一起超车事故，游客与当地中巴司机发生冲突，随后发生殴打事件。对于该事件的报道立即引起了全国的关注和热议，舆论一片哗然。一时间，凤凰旅游景区及其所在的湘西旅游地区成为湘渝两地民众争论的焦点。这起事件无疑给湘西旅游景区和人民生活造成了极其不良的影响。凤凰古城公司负责人叶某也公开表示：凤凰暴力事件，让湖南旅游受伤。

(二) 旅游酒店业劳动安全危机公关的原则

3T 原则是危机处理的一个法则，也即三个以 "T" 为英文字母开头的关键点，故称之为 3T 原则。其由英国危机公关专家迈克尔·里杰斯特（Michael Regester）在《危机管理》（*Crisis Management*）一书中提出①，3T 原则强调危机处理时把握信息发布的重要性。第一，Tell You Own Tale（以我为主提供情况）。强调旅游酒店业劳动安全服务企业或机构应牢牢掌握信息发布主动权；第二，Tell It Fast（尽快提供情况）。强调危机处理时旅游酒店业劳动安全组织方和承办方应该尽快不断地发布信息；第三，Tell It All（提供全部情况）。强调旅游酒店业劳动安全组织方和承办方信息发布全面、真实，而且必须实言相告。

(三) 旅游酒店业劳动安全危机公关的策略

1. 把危机公关上升到战略的高度

当发生危机时，不管事件大小，旅游酒店业劳动安全涉及各方都要高度重视，防微杜渐，把握危机公关的最佳时间点，从而化解危机。

2. 透过表面看本质

很多危机公关人员只依据表面现象处理问题，而忽略了根本问题，最终导致只治标不治本，不能迅速彻底解决危机，留下了无穷后患，正所谓"野火烧不尽，春风吹又生"。

---

① Michael Regester. Crisis Management：How to Turn a Crisis into an Opportunity［M］. London：Hutchison Business，1987：44 - 46.

3. 速度第一

及时响应是危机公关的第一原则，也即发生危机时反应速度要比救火的速度还快，因为劳动安全涉及各方，如果发生危机事件比大火烧毁企业的厂房更加危险，因为危机吞噬的是其信誉。

4. 敢于承担

旅游酒店业劳动安全涉及的各方应该在第一时间，把所有危机事件的质疑声音与责任都承接下来，要秉持负责任的态度及时对危机事件进行处理，不可含糊其词或态度敷衍。

5. 沟通第一

旅游酒店业劳动安全涉及各方应让大众了解事件细节，畅通沟通渠道，取得大众的理解和信任，避免因沟通不畅导致事件的恶化升级。

6. 让别人为自己说话

应对媒体及公众的质问时，旅游酒店业劳动安全涉及各方不应做过多的解释发言，应及时请第三方权威部门介入，通过权威部门为自己说话，有了证据之后再主动联系媒体，让媒体为自己说话。

7. 转移视线

危机事件发生后要尽快转移公众视线，否则纠缠下去对旅游酒店业劳动安全涉及各方会十分不利。

8. 转危为机

当发生公关危机事件后，媒体与大众对该旅游酒店企业的关注度很高，这时若企业危机公关处理妥善、得当，危机事件不仅可以化解，还有利于提高各方的品牌知名度，树立良好的企业形象。

【互动交流】

1. 简述旅游酒店业劳动安全相关法律法规的作用与特点。

2. 东汉时期政论家、史学家荀悦在《申鉴·杂言》中曾说："进忠有三术：一曰防；二曰救；三曰戒。先其未然谓之防，发而止之谓其救，行而责之谓之戒。"请论述其与旅游酒店业劳动安全管理的关系。

3. 简述危机公关在旅游酒店业劳动安全事件中的作用。

【案例任务】

我是导游，先救游客①

　　23岁的文花枝是湖南湘潭新天地旅行社的导游。2005年8月28日下午2时35分许，文花枝所带团队乘坐旅游大巴在陕西延安洛川境内与一辆拉煤的货车相撞，这是一次夺走6条生命、还造成14人重伤8人轻伤的重大交通事故。当可怕的瞬间过去，坐在前排的文花枝清醒过来时，发现和自己同坐前排的司机和西安本地导游已经罹难，她自己左腿胫骨断裂、骨头外露、腰部以下部位被卡在座位里不能动弹。营救人员迅速赶来，他们想将坐在前排的文花枝抢救出来，她却平静地说："我是导游，后面都是我的游客，请你们先救游客。"长达两个多小时的艰难营救，对于伤者无疑过于漫长，数次昏迷的文花枝只要一醒过来，就又给自己的游客打气。文花枝是最后一个被营救的伤员，伤势严重：左腿9处骨折，右腿大腿骨折，髋骨3处骨折，右胸第4567根肋骨骨折，伤口已经严重感染，随时有生命危险。为了避免伤势进一步恶化，医院专家小组决定立即为她做左大腿截肢手术。一位年轻的姑娘就这样失去了自己的一条腿，主治医生李军教授惋惜地说："太可惜了。若早点做清创处理，不耽误宝贵的抢救时间，她这条腿是能够保住的。"从普通人成为英雄，除了责任之外，在危难时刻，她比别人更多了一分淡定与从容。文花枝先进事迹推出后，引起社会各界的广泛关注与赞誉。中央电视台《人与社会》栏目以《美丽的花枝》为题对她的事迹做了专题报道。文花枝获得了全国五一劳动奖章、全国三八红旗手、全国模范导游、全国五一巾帼奖等多项荣誉称号，并当选2006年度全国十大杰出青年。

　　请分析：
　　旅游从业者该如何面对旅游酒店业劳动安全事件？

【参考文献】

1. 王致兵. 我国劳动安全问题及对策［J］. 辽宁科技大学学报，2009（1）：99 - 102，107.

2. 北京铁路局. 劳动安全风险防范知识读本［M］. 北京：中国铁道出版社，2013.

3. Michael Regester. Crisis Management：How to Turn a Crisis into an Opportunity［M］. London：Hutchison Business，1987.

---

　　① 禹志明. 我是导游，先救游客［N］. 光明日报，2006 - 01 - 20.

第8章

旅游酒店业劳动合同与保障

【本章简介】

　　工作是人们赖以生存的基础，也是德育树人成果的检验。在毕业生求职找工作过程中，如何找到一份工作？找到工作后如何签订劳动合同？怎么判别这份劳动合同是否有效？如果用人单位没有按照合同内容履约应该怎么维权？如果违反了合同内容你要承担什么责任？这些都是在求职过程中、签订劳动合同时会遇到的问题。为避免陷入麻烦，遇到纠纷时争取合法权益保障，学习了解劳动合同方面内容是必不可少的。本章节主要讲述劳动合同的相关内容，主要包括在签订劳动合同时应该注意哪些方面的内容，当合法权益受到损害时如何维权，劳动者应该怎样更好地履行劳动合同的内容等。

【学习目标】

1. 描述劳动合同的内容。
2. 列举劳动合同的分类。
3. 熟悉劳动合同的订立原则和订立程序。
4. 掌握如何履行劳动合同以及劳动合同的解除、终止条件。
5. 列举非全日制用工形式。

【导入案例】

签订劳动合同

　　小王毕业后应聘到某酒店，并在规定日期内报到上班。由于业务繁忙，小王从上班后经常在外地出差，一直未与公司签订书面劳动合同。工作半年后，小王要求公司与其签订书面劳动合同，但是公司却以各种理由拒绝签订。

　　请思考：
　　小王该怎么维护自己的合法权益？

第 1 节 认识劳动合同

一、劳动合同的含义

合同一般是指用人单位和劳动者间确立劳动关系，明确双方权利和义务的协议。劳动关系一般是劳动者与用人单位在实现劳动过程中建立的社会经济关系。劳动合同是明确劳动者和用人单位双方权利和义务的协议，对于双方都具有重要的作用。一方面，它是实现劳动者劳动权利的重要保障，另一方面也是实现用人单位用人自主权的保障。而最主要的是，劳动合同可以防止和减少劳动纠纷的发生，维护双方的合法权益。

毕业生在求职过程中与用人单位签订劳动合同，是确立双方当事人劳动关系的一种法律形式，依法确立的劳动合同具有法律效力。劳动合同一旦确立，双方责任人必须认真、切实履行劳动合同，否则就要承担相应的法律责任。若产生纠纷，因为劳动合同的存在也容易区分责任，会根据劳动合同对照双方的履行情况，遵守劳动合同的一方受到保护，违反劳动合同的一方要承担相应责任。

二、劳动合同的分类

依据不同的分类标准，劳动合同可以有不同的分类。这里主要讲三种形式的分类方法。

（一）以合同期限为标准

劳动合同可以分为固定期限劳动合同、无固定期限劳动合同和以完成一定工作任务为期限的劳动合同。

固定期限劳动合同是指用人单位与劳动者约定合同终止时间的劳动合同，又称为定期劳动合同。无固定期限劳动合同是指用人单位与劳动者约定无确定终止时间的劳动合同，又叫作不定期劳动合同。以完成一定工作任务为期限的劳动合同，是指用人单位与劳动者约定以某项工作的完成为合同期限的劳动合同。

（二）依据合同的存在形式

劳动合同可以分为书面劳动合同和口头劳动合同。《中华人民共和国劳动法》（以下简称《劳动法》）第19条规定，劳动合同应当以书面形式订立，《中华人民共和国劳动合同法》（以下简称《劳动合同法》）做了进一步补充，第69条规定："非全日制用工双方当事人可以订立口头协议。"

（三）按照用工方式

劳动合同分为全日制用工劳动合同和非全日制用工劳动合同。全日制用工劳动合同是指劳动者依据国家法定工作时间，从事全日制劳动的劳动合同。全日制用工劳动合同一般是传统就业的实现方式。非全日制用工劳动合同是指劳动者依据国家法律规定，每日工作时间或者一定期间内的工作时间少于类似全日制劳动者的劳动合同。

三、劳动合同的内容

从劳动关系的角度，劳动合同的内容约定的是劳动者和用人单位双方当事人的权利和义务，这些权利和义务部分由当事人约定，部分由法律规定。

《劳动合同法》规定劳动合同需要包含以下条款：

（1）用人单位名称、住所和法定代表人或主要负责人

（2）劳动者的姓名、住址和居民身份证或者其他有效身份证件号码

（3）劳动合同期限

合同的期限是明确双方权利和义务的时间节点，合同中必备这一条款。主要分为固定期限劳动合同，双方明确终止时间的合同，订立的情形、时间的长短由当事人协商确定；无固定期限劳动合同，用人单位与劳动者协商一致，可以订立无固定期限劳动合同；以完成某一工作任务为期限的劳动合同，是指当事人把完成某一项工作或工程项目确定为劳动合同起始和终止期限，实际上这是一种固定期限合同，但是一般由于工作结束时间的不确定性，在合同订立时不需要在合同上明确具体合同终止时间，而是约定以某一具体工作任务的完成日期为终止时间。

（4）工作内容和工作地点

工作内容包括工作岗位、职位、任务、职责范围等。这一部分既关系劳动者的工作场所、工作地点、待遇等，也涉及用人单位人事管理的核心内容，是劳动关系的核心，很多争执和纠纷的焦点多在于此。

（5）工作时间和休息休假

我国法律规定标准工时制、不定时工时制和综合工时制等形式。标准工时制指用人单位正常安排工作时间的形式。《劳动法》规定了劳动者每日工作时间不超过 8 小时、平均每周工作时间不超过 44 小时的工时制度。在特殊条件下从事劳动的和有些特殊情况下，应执行短于正常标准工时的工作时间。对于实行标准工时制的，在法定工作时间之上提供的劳动即是加班。对于不定时工时制，可以实行不定时工作制或综合工作制等其他工作和休息办法。

（6）劳动报酬

劳动报酬是劳动者履行劳动义务所得，用人单位予以支付的各种形式的物质补偿。与广义的工资含义相同，双方约定劳动报酬内容、标准和支付办法。

（7）社会保险

社会保险的主要项目包括养老保险、医疗保险、失业保险、工伤保险、生育保险。

（8）劳动保护、劳动条件和职业危害防护

即由用人单位向劳动者提供用于劳动的必要的劳动保护，明确劳动条件，以及做好相应的职业危害的防护措施。

（9）法律、法规规定应当纳入劳动合同的其他事项

除了上述必备条款外，用人单位和劳动者可以就试用期、培训、保守秘密、补充保险和福利待遇等条款加以约定。

这里不得不提到的是试用期的问题。试用期是劳动关系双方当事人在劳动合同中约定相互了解、选择的时间期限。在此期间，如果劳动者符合用人单位的录用条件，时间期满，劳动者与用人单位即确定正式的劳动关系。试用期包含在劳动合同期限内，试用期最长不超过 6 个月。若劳动合同仅约定试用期的，试用期不成立，该期限为劳动合同期限。同一用人单位与同一劳动者只能约定一次试用期。对于劳动者来讲，试用期是劳动关系处于相对不稳定的状态，劳动待遇相比正式雇用较低，劳动者的权益保护处于较弱的保护水平。

【案例 8 -1】

变更劳动合同内容

2017 年老张与某酒店签订劳动合同，从事采购岗位。签订劳动合同时约定如因工作需要，可以调整老张的工作岗位。2020 年 7 月，公司向老张送达一份岗位调整通知书，表明老张于前一个月采购一批零件完全不合格，给公司造成严重损失。这表明老张已严重失职，不能胜任岗位要求，要求给老张变更工作岗位。老张认为公司未与其协商，单方面变更劳动合同，违反了《劳动合同法》。老张拒绝公司单方面做出的岗位调整，提起仲裁，主张公司应该按照原定劳动合同中的约定履行，维持其原来的岗位。

委员会经过调查了解到，此次失误并不完全是老张一人责任，采购是经过采购部领导指定的，而且事后也进行了退货退款，对公司并没有造成特别严重的经济损失。因此，并不能达到"不能胜任工作岗位"的地步，公司以不能胜任工作岗位为由，需要对此进行举证。公司无法提供有效的证据证明老张不能胜任，因此不能单方面变更劳动合同。经协商，双方同意解除劳动合同，并由公司支付经济补偿金。

本案中，用人单位擅自变更劳动合同内容，改变劳动者的工作岗位引发争议。公司在未与老张许可和同意的情况下，单方面改变老张的工作岗位属于无效行为。我国法律规定，劳动合同的变更需要同时具备以下三个条件：（1）劳动者或用人单位在平等自愿的基础上提出变更劳动合同的条件；（2）双方必须对变更的条件协商一致，而不是将自己的意愿强加给对方；（3）劳动合同变更的内容和程序要遵守法律规定。

第 2 节　劳动合同的订立

一、订立劳动合同的必要性

劳动关系的建立是用人单位自用工之日起即与劳动者建立的关系。建立劳动关系应当订立书面劳动合同，用人单位和劳动者是合同订立的双方主体。

用人单位是指依法成立并具备用人资格的社会组织，包括在境内的企业、个人经济组织、民办非企业单位等组织以及国家机关、事业组织、社会团体。用人单位需要具备用人资格，所谓用人资格是指用人单位能够自主招聘、使用劳动者的能力。

劳动者一般是指具有劳动能力，基于法律或契约在从属的关系上从事有偿职业劳动的自然人。劳动者需要具备相应的条件，劳动者不能患有所在岗位或者工种禁忌或不宜的疾病。

《劳动合同法》规定，"用人单位自用工之日起即与劳动者建立劳动关系。用人单位应当建立职工名册备查"。现实中，会存在劳动关系的建立时间和劳动合同的签订时间不一致的情况，如先用工后签订劳动合同或者先签订劳动合同后实际用工。由于签订劳动合同的时间和劳动关系的成立时间不完全一致，可能会影响到劳动者享有权利和承担义务。《劳动合同法》规定，"已建立劳动关系，应当订立书面劳动合同。已建立劳动关系，未同时订立书面劳动合同的，应当自用工之日起一个月内订立书面劳动合同。用人单位与劳动者在用工前订立劳动合同的，劳动关系自用工之日起建立"。

【案例 8-2】

试用期可否解除劳动关系①

小王毕业后与一家旅游公司签订了 1 年的劳动合同，任职行政人员，试用期为 2 个月，试用期工资是 4000 元/月，试用期后的工资为 5000 元/月。小王于 2004 年 8 月 5 日

---

① 苏浩朋. 劳动合同法案例评析［M］. 北京：对外经济贸易大学出版社，2008：109-110.

入职，10 月 20 日公司通知小王未通过试用期考评。按公司规章制度，对于第一次没有通过考评的试用期员工，公司不予录用；延长试用期 2 个月，考评通过的，才给予录用。11 月 30 日，公司以小王不能胜任工作为由，未能通过考核，公司不予录用。小王认为自己遵守各项制度，认真负责，具备一个行政人员的工作能力。并且延长试用期期间，自己的表现也得到了领导的赞扬。于是小王找公司讨要说法，要求公司支付解除劳动合同的经济补偿金，但遭到拒绝。于是小王向劳动争议仲裁委员会提出申请，要求公司补发 10 月、11 月转正工资差额，并向其支付 1 个月的工资作为补偿金。公司认为在试用期解除不符合录用条件的劳动者是用人单位的权利，依据法律法规，公司也不需要提前 30 日通知劳动者或向其支付 1 个月的工资。小王未获得转正是因为自身能力达不到公司要求，延长试用期时其也未提出异议，故公司支付其试用期工资并无不妥。

本案中，涉及试用期间内公司随意解除劳动关系而无合理理由，并附带可否延长试用期的问题。用人单位在试用期内解除劳动合同的，大多是以劳动者不符合录用条件为理由。而实际情况是很多用人单位不会对录用条件进行明确规定并告知劳动者，导致双方发生纠纷后对劳动者是否符合录用条件产生很大争议。在双方没有明确约定录用条件的情况下，可以通过评估劳动者的能力是否符合工作岗位的基本岗位要求来进行，建立完善的考核机制对试用期人员进行考核，而不能只是告知其不符合录用条件。另外，该公司若认为小王不能胜任公司工作，应当在试用期内决定解除与其的劳动关系，试用期经过即进入正式合同履行期，试用期过后，公司单方面决定延长试用期的做法没有法律依据。

二、劳动合同订立的原则

劳动合同的订立是用人单位和劳动者双方达成一致的体现；双方协商一致，是劳动合同成立的基础。《劳动合同法》规定，劳动合同由用人单位与劳动者协商一致，并经用人单位与劳动者在劳动合同文本上签字或者盖章生效。劳动合同文本由用人单位和劳动者各执一份。

订立劳动合同，应当遵循合法、公平、平等自愿、协商一致、诚实信用的原则。

合法是劳动合同有效的前提，这就要求劳动合同的订立主体、合同内容条款、合同的签订程序都必须是合法的。公平原则是指劳动合同的内容，双方的权利和义务的分配公平合理。平等自愿原则分为平等和自愿原则。平等原则是指在订立劳动合同的过程中，用人单位和劳动者双方处于法律地位上平等的地位。自愿原则是指在双方主体均是在意志自由、不受外界干扰的情况下订立的劳动合同。协商一致原则是指双方主体是在自主协商，充分表达自己意志取得双方一致认可进行的。充分协商是基础，达成一致是结果。诚实信用的原则要求双方责任人应当诚实、守信，在追求自己利益的同时不能损害他人的、社会的利益，这也是民法的基本原则。

【案例 8 - 3】

虚构过往经历签订合同是否有效？

周某应聘某酒店的销售主管岗位，在面试过程中向单位提交了曾在同行业多家企业担任销售主管等职务的工作履历表。面试单位对周某的工作经历很满意，通过面试后决定聘用周某，签订为期 3 年的劳动合同，聘任周某为公司的销售主管。

周某在酒店工作一个月后，经理发现周某的工作能力很一般，很多本职工作都不能很好地完成，于是对他的过往经历产生怀疑。随后酒店对周某做了背景调查，经调查发现周某所自述的在多家企业担任过销售主管的经历严重与事实情况不符。为避免周某继续工作影响正常的生产秩序，酒店当即以周某简历欺诈为由，作出双方劳动合同无效的决定，并以正式解聘通知书的形式告知周某。周某对该决定不认可，认为自己是经过考核录用，能力也不能在短时间内体现，与过往经历无关，因此申请仲裁。

最高人民法院《关于贯彻执行〈中华人民共和国民法通则〉若干问题的意见》（试行）第六十八条规定："一方当事人故意告知对方虚假情况，或者故意隐瞒真实情况，诱使对方当事人做出错误意思表示的，可以认定为欺诈行为。"在本案中，周某虚构过往经历，以获取与公司签订劳动合同的机会为目的，酒店是基于其提供的过往履历表才与其签订的劳动合同，周某的做法显然属于欺诈行为。仲裁认定周某与酒店签订的劳动合同因周某的欺诈行为而无效。无效的劳动合同，从订立的时候起，就没有法律约束力。

三、劳动合同订立的程序

劳动合同订立的程序一般是指订立劳动合同，建立劳动关系的过程。对于求职季的毕业生来讲，签订劳动合同是求职的最后一个环节。对于毕业生来讲，进入市场到最终签订相关就业协议要经历很多环节。

1. 用人单位发布用人简章

用人单位通过公共就业服务机构、校园招聘会、网络媒体、传统纸媒等方式发布用工需求。发布信息包括单位基本情况、招工需要、工作内容、招录条件、劳动报酬、福利待遇、社会保险等。用人单位发布信息不得弄虚作假、不得扣押录用人的证件等。

2. 毕业生自我定位

毕业生在求职，准备进入市场前要对个人进行自我判断和自我定位，清楚自己有什么能力，能胜任哪种类型岗位，了解市场所需的人才。只有真正做到知己知彼，才能在求职过程中有备无患。

3. 毕业生报名，提交证明材料

毕业生根据自己的实际情况和用人单位的用工简介进行匹配，自愿提交报名信息。根据公司的需求，提供自己的学历证明、知识技能、工作经历等证明材料。

4. 全面考核，择优录用

用人单位招用职工时，对应招人员进行全面考核，考核内容和方式会根据不同岗位有所侧重。用人单位在招录时，要如实告知劳动者劳动内容、工作条件、职业危害、报酬、保险等劳动者需要了解的情况。

5. 双方协商一致，签订劳动合同

用人单位与劳动者就劳动合同条款进行协商，取得一致，达成协议，并经双方签字盖章，合同生效。

【案例 8 - 4】

企业可否收取劳动抵押金[①]

1994 年 7 月，冯某大学毕业，被正式分配到某旅行社工作。报到时，该旅行社的原法定代表人、总经理王某告知冯某，到社里工作必须先缴纳 4000 元作为风险抵押金，否则不予落实工作关系。为了尽快落实工作关系，冯某只好同意。1994 年 8 月 7 日，旅行社（甲方）与冯某（乙方）签订了一份劳动合同。合同规定：（1）甲方同意乙方调入旅行社工作；（2）乙方自愿将档案及工资关系调入甲方单位；（3）甲方对乙方的工作实行 1 个月试用期，试用期不发工资，（4）乙方到甲方单位工作之日起一周内交纳风险抵押金 4000 元；（5）乙方调离甲方或甲方辞退乙方之日起一年以后，甲方将抵押金返还乙方（无利息）；（6）乙方在甲方工作期内，如违反纪律和给甲方带来名誉影响及经济损失（未完成承包指标），甲方有权扣除风险抵押金；（7）乙方交纳风险金后，甲方负责乙方的劳动保险、医疗补助费及有关规定费用（但必须在完成规定效益的前提下）。合同签订后，冯某于 8 月 9 日交齐了抵押金 4000 元，旅行社出具收款收据两张。之后，冯某即到该旅行社工作。1995 年 10 月，冯某因故落聘，双方合同解除。冯某即向该社新任法定代表人姜某要求退还该风险抵押金。姜某以自己刚接管工作，不熟悉情况及现在无钱为由，拒绝返还此款。冯某无奈，于 1996 年 3 月向法院提起诉讼。冯某诉称：双方已解除劳动合同，被告应返还风险抵押金 4000 元，并赔偿利息损失。

旅行社辩称：承认收取抵押金之事，但现在无钱，以后什么时间有钱，什么时候还。不同意赔偿利息损失，因双方合同规定不付利息。法院审理认为：旅行社与冯某签订的劳动合同，其中规定的关于人事录用关系调转的部分合法有效。但合同中关于向原告收

---

① 苏浩朋. 劳动合同法案例评析 [M]. 北京：对外经济贸易大学出版社，2008：62 - 63.

取风险抵押金的规定，违反国家有关劳动法规规定，应属无效。被告应返还所收款项，并应适当赔偿原告损失。法院判决如下：被告旅行社返还原告冯某人民币 4000 元，于判决生效后 3 日内付清；被告旅行社给付原告冯某利息损失 800 元，于判决生效后 3 日内付清。

第3节 劳动合同的履行与终止

一、劳动合同的履行

劳动合同的履行是指用人单位和劳动者在劳动合同订立之后依据劳动合同条款所规定的义务，实现劳动过程的行为。劳动合同的履行是实现劳动合同目的和价值的存在，只有合同获得履行，双方当事人的期待和所蕴含的利益才能实现。《劳动合同法》规定，"用人单位与劳动者应当按照劳动合同的约定，全面履行各自的义务"。这里需要注意的是，用人单位名称、法定代表人变更，不影响劳动合同的履行。用人单位合并或分立，劳动合同由继承其权利义务的用人单位继续履行。

(一) 工资的保障

支付工资是雇主与劳动者劳动义务相对应的一项重要义务。法律要求用人单位按照劳动合同约定的支付标准、支付时间、支付方式按时足额支付劳动者工资。我国工资的具体形式有：计时工资、计件工资、奖金、津贴和补贴、延长工作时间的工资报酬、特殊情况下支付的工资。奖金是奖励劳动者超额绩效而支付的劳动报酬，津贴一般是补偿劳动者在特殊条件下劳动，如高温津贴等。

工资的支付应按照协商同意、依法支付、平等付酬的原则，用人单位没有正当理由不得克扣或者拖欠劳动者工资，克扣或拖欠劳动者工资属于侵权行为。这里要说明的一点是，若扣除后的剩余工资部分低于当地月最低工资标准的，按照月最低工资标准支付（最低工资是指劳动者在法定工作时间或依照劳动合同约定的工作时间内提供了正常劳动的前提下，用人单位依法应支付的最低劳动报酬。最低工资的具体标准由省、自治区、直辖市人民政府规定，报国务院备案）。劳动者依法享有年休假、探亲假、婚假、丧假工资，用人单位不得以劳动者休假没来上班就扣发其工资。对于病假或非因公负伤的，应按照不低于最低工资标准的 80% 支付工资。在事假期间，用人单位可以不支付劳动者工资。

（二）工作时间和休息休假

工作时间是依据国家法律规定，劳动者在工作场所为履行劳动义务而消耗的时间。一般来讲，有标准工作日、不定时工作日、弹性工作时间等区别。对于延长劳动时间的行为称为加班加点，加班即是在法定节假日从事劳动，加点是在标准工作日以外继续从事劳动活动。对于加班加点的工资，应该按照国家有关规定向劳动者支付加班费用。用人单位应严格执行劳动定额标准，不得强迫或者变相强迫劳动者加班。

休息休假是国家规定在法定工作时间以外自行支配的时间。一般包括公休假日、法定休假日（春节、国庆节、中秋节等）、年休假、探亲假、婚丧假等。对于年休假，一般连续工作满 12 个月以上的，享受带薪休假。对于不同的工作年限，休假的天数做不同规定。

（三）劳动保护与劳动条件

为保障劳动者在劳动过程中的安全和健康，用人单位应根据国家有关法律法规，制定相应的劳动保护管理制度。《劳动法》规定，用人单位必须建立、健全劳动安全卫生制度，严格执行国家劳动安全卫生规程和标准，对劳动者进行劳动安全卫生教育，防止劳动过程中的事故，减少职业危害。对于劳动者的工作条件，用人单位需要依据国家规定和实际工作场所提供相应的劳动条件和劳动保护。

【案例 8 – 5】

就业协议是否等同于劳动合同？

2018 年 5 月，即将大学毕业的小桃与学校及用人单位签订一份《毕业生就业协议书》，协议约定：小桃毕业后必须在该公司服务 5 年，否则要赔偿公司 1 万元。同年 7 月，小桃到该公司工作并签订为期 3 年的劳动合同，约定试用期 6 个月，在试用期内可以提前通知该公司解除本合同并在工作交接完毕后离开公司。3 个月后，小桃认为自己不适合这份工作，按照劳动合同要求向公司提出书面辞职申请。而该公司以小桃未支付违约金为由不予办理解除劳动合同的有关手续。

小桃向法院提起诉讼，法院审理认为，劳动合同中已对试用期内双方的权利和义务做出了明确的约定，该试用期条款合法有效。公司应为小桃解除劳动关系，办理离职手续。

本案中，用人单位和小桃签订的就业协议，不是证明劳动关系的凭证，不能代替劳动合同。就业协议一般是由教育部门或各省、市、自治区就业主管部门统一制定，明确大学毕业生、用人单位和学校在毕业生就业过程中权利和义务的书面协议，它的作用在于作为毕业生将来与单位签订劳动合同的依据。若毕业生在去用人单位报到时，用人单位未根据就业协议与毕业生签订劳动合同，则应视为对预约的违反，必须承担预约合同的违约责任。对于已经签订就业协议的毕业生，在其正式进入单位报到时，双方应按照有关法律规定及就业协议约定条款，及时订立劳动合同并办理有关录用手续。一旦劳动合同签订并生效，就业协议也就相应终止。订立劳动合同即意味着劳动关系的确立，若就业协议条款没有得到劳动合同的确认，与劳动合同冲突时，应以劳动合同为准。

二、劳动合同的解除和终止

劳动合同的结束分为解除和终止两种情形。劳动合同的解除是指原定劳动合同尚未完全履行，由于一方或双方提前解除劳动关系的行为。劳动合同的终止是指合同期满或主体依法消灭时，劳动合同依法终结。

（一）劳动合同的解除

解除劳动合同有下列几种情形。

1. 双方协商一致解除合同

用人单位和劳动者双方在平等自愿、互相协商一致的情况下，提前终止劳动合同效力。但是应当注意的是由哪一方首先提出的解除劳动合同的动议，其承担的法律后果是不一样的。如劳动者先提出解除劳动合同，法律没有规定用人单位有支付经济补偿的义务；反之，用人单位则要承担。这是一种比较和谐、平稳、双向协商的方式，劳动者应该注意收集相关证据，采用合理的有效面谈的方式进行，并且掌握同用人单位解除合同的技巧，以事实为基础，严格遵循程序，适当讲求技巧。

2. 劳动者单方面解除劳动合同

依据《劳动合同法》，劳动者可以提前30天向用人单位提交书面形式的辞职文件，解除劳动合同。这一规定赋予员工辞职权，劳动者不需要提供任何理由，同样用人单位也不会承担支付劳动者经济补偿的义务。如果用人单位存在违法行为，如未按照劳动合同提供劳动保护和劳动条件的，未及时足额支付劳动报酬的，未依法为劳动者缴纳社会保险费等，劳动者只需要通知到用人单位，无须征得用人单位同意，而且用人单位还需要依法向劳动者支付相应的经济补偿。

3. 用人单位单方面解除劳动合同

若劳动者在劳动过程中存在重大过失，如试用期就被证明不符合录用条件、劳动者严重违纪、劳动者严重失职等，劳动者没有过失，但因为患病或非因工负伤医疗期满不能工作，或者劳动者不能胜任工作等情况下，用人单位可以解除劳动合同。

解除劳动合同需要当事人依法办理相应手续。用人单位与劳动者解除合同，需要提前 30 天以书面形式告知对方。我国劳动法律规定，用人单位单方面解除劳动合同，应当事先将理由通知工会，工会对此有知情权。若用人单位有违法或违反合同行为，工会有权要求用人单位予以纠正。用人单位根据相应条件给予劳动者一次性经济补偿金。同时依法为劳动者办理档案等转移手续。

(二) 劳动合同的终止

劳动合同的终止一般是指劳动合同期满或者劳动合同双方主体人主体资格消失，合同规定的权利和义务随即消灭的制度。一般有 7 种情形：（1）劳动合同期满；（2）劳动者开始依法享受基本养老保险待遇；（3）劳动者死亡，或者被人民法院宣告死亡或宣告失踪；（4）用人单位被依法宣告破产；（5）用人单位被吊销营业执照、责令关闭、撤销或者用人单位决定提前解散；（6）劳动者达到法定退休年龄；（7）法律、行政法规规定的其他情形。

劳动期满后，双方可以经协商一致，续订劳动合同。

【案例 8 - 6】

离职引起的档案转移纠纷①

小李硕士研究生毕业后进入一家咨询公司，该公司在小李入职时为其办理了进京落户手续，并约定了三年的服务期及相应的违约金。入职第二年，小李提出辞职，双方解除了劳动关系，但公司未为小李办理档案转移手续。小李诉至法院要求公司立即办理档案转移手续，公司则要求小李支付违反服务期约定的违约金。

案件审理中，公司提供了小李入职时签订的《承诺书》，其中约定了公司为小李办理进京落户各项手续，小李与公司签订三年期劳动合同。如果没有履行合同期限，小李要承担支付公司办理户口等经济损失和违约金。

法院审理，就档案转移问题，小李与公司对双方劳动关系已经解除的事实均无异议，故法院对此事实予以确认。依据《劳动合同法》，用人单位应在解除劳动关系或者终止劳动合同后 15 日内为劳动者办理档案和社会保险关系转移手续。因此公司应为小李办理档案转移手续。就违约金问题，我国现行相关法律已明确规定，除违反因培训约定服务期及违反竞业禁止义务的情形外，用人单位不得与劳动者约定由劳动者承担违约金。因此，

---

① 陈温静，陈书海. 劳动合同纠纷处理图解锦囊 [M]. 北京：法律出版社，2017：311 -313.

法院对该咨询公司要求支付违约金的请求不予支持。

本案中，用人单位为劳动者办理户口约定违约金，劳动者辞职引发劳动争议。办理户口并非咨询公司的权限，劳动者能否落户是由相关法律、法规、政策决定的，不属于用人单位和劳动者可以约定的事项。但是尽管用人单位和劳动者约定办理户口的合同无效，但是由于我国像北京、上海这样的大城市户口属于稀缺资源，用人单位为劳动者办理落户需要大量的人力、物力，也有名额的限制，可能会影响用人单位招收其他员工。因此，如果劳动者在办理完户口后恶意离职给公司造成损失的，也可能需要根据公平原则承担一定的赔偿责任。

第 4 节　劳务派遣和非全日制用工

一、劳务派遣

劳务派遣作为一种非典型的用工形式，适应了用工单位和劳动者的灵活就业需要，但是也给劳动者权益保护带来了巨大的挑战。劳务派遣是指劳动者由专门设立的、以盈利为目的的单位招聘，该单位以雇主的名义向劳动者支付工资、缴纳社会保险费，将劳动者分派到第三人处，由该第三人负责劳动者的工作安排和监督劳动者劳动的就业关系。这里，专门委派劳动者的主体称为"派遣单位"，负责安排并监督劳动者劳动的主体称为"用工单位"，被专门机构委派的劳动者称为"被派遣劳动者"。

在这种模式下，对被派遣劳动者行使劳动控制权的主体有派遣单位、用工单位，决定被派遣劳动者社会地位及人格发展的主体与行使劳动控制权的主体不完全一致，劳动控制权与劳动风险发生分离。从控制权来讲，派遣单位和用工单位共同行使对派遣劳动者的控制权。派遣单位一般行使有关被派遣劳动者的考核、招聘权，根据派遣工作状态支付工资和依法支付社会保险费，决定合同期限和雇佣问题。用工单位安排被派遣劳动者的工作任务，指使其劳动。

被派遣劳动者具有我国《劳动法》上"劳动者"的身份，由于劳动者与用工单位处于一种临时状态，我国法律规定，派遣单位作为劳动者法律上的雇主，承担法定的劳动保护义务和责任，包括劳动合同的订立、工资支付、社会保险费的缴纳等 [1]。派遣单位与用工单位之间是有偿使用关系。

【案例 8 – 7】

劳务派遣中的停职争议①

2016 年 5 月，小何被某劳务派遣公司聘用，双方签订 1 期劳动合同。随后，她被派

---

① 陈温静，陈书海. 劳动合同纠纷处理图解锦囊 [M]. 北京：法律出版社，2017：309 – 310.

遣到某化妆品公司做产品促销员，工作地点在当地一家大型超市。

上班两个月，小何与超市服务部主任发生争吵。原来，超市规定货柜里不能存放私人物品，小何看其他促销员照放不误，她也这般做法。不料被服务部主任检查时发现，让她交100元罚款。小何不服，拒交罚款，于是超市将她退回化妆品公司。化妆品公司了解情况后，表示暂时无法安排工作，又将她退回给劳务派遣公司。派遣公司表示没有空岗，让她回家等通知。一个月后，劳务派遣公司称仍没有合适的工作，让她到公司办理了离职手续。小何不服，表示这一个月待岗没有工资，公司对于劳动合同的解除也没有支付任何形式的经济补偿或赔偿。小何遂向劳动争议仲裁委申请仲裁，请求劳务派遣公司支付拖欠的报酬以及经济补偿金。最终，仲裁委支持了小何的请求。

本案涉及被派遣的劳动者在被用工单位退回后，派遣公司能否将其解雇的问题。劳务派遣公司虽然是一种特殊的用人单位，但是与其他用人单位一样，在享有解除权的同时，也须向派遣工支付相应的经济补偿。通常情况下，劳务派遣工在符合约定条件下被退回时，用工单位不需要支付赔偿金。不符合退回条件的，派遣工有权恢复用工关系。此外，无论派遣工是哪种情况被退回，都不等于派遣公司有权将其辞退，他们必须在符合法定解除条件时才能实施解除。派遣公司符合可以解除劳动合同法定情形的，或者与劳动者协商一致解除的，应当提前30日以书面形式通知劳动者本人。而且，劳动者被退回的，派遣公司应该重新安排工作。在本案中，小何虽然有过错，但是在待岗期间也应该获得报酬，一般是当地政府规定的最低工资标准按月支付。

二、非全日制用工

非全日制用工和全日制用工相对应，是灵活就业中的一种主要形态。与全日制用工相比，非全日制用工具有以下区别：

全日制劳动一般只能与一个用人单位建立劳动关系，而非全日制劳动者可以与一个或多个用人单位建立劳动关系，前提是后订立的劳动合同不能影响先订立的劳动合同的履行。

全日制劳动者与用人单位初次订立劳动合同时，可以根据合同期限的长短约定不同的试用期，但是非全日制用工的劳动者在与用人单位订立劳动合同时不得约定试用期。

全日制劳动者工作时间一般是每日不超过8小时，每周不超过44小时；对于非全日制劳动者，可以采取各种不同形式从事非全日制工作，但是其工作时数均低于标准工作时数。非全日制用工的工资可以按小时、日、周为结算单位，但报酬结算支付周期最长不超过15日。用人单位支付非全日制用工劳动者的小时工资不得低于当地政府颁布的小时最低工资标准。

非全日制用工具有用工灵活、广泛、就业不稳定、收入不稳定的特点。用工灵活，意味着随时招聘，随时解聘，可以订立书面劳动合同，也可以订立口头劳动合同。

【互动交流】

    1. 签订劳动合同时有哪些注意事项？

    2. 劳动合同要包括哪几部分内容？

    3. 如何解除劳动合同？

    4. 小王应聘到某旅行社从事导游工作，该旅行社规模不大，只有十几个人，但是取得了营业执照。试用期过了一个月后，旅行社仍旧没有提出要签订劳动合同。旅行社只支付基本工资，没有为其缴纳社会保险费。请问：旅行社是否具备签订劳动合同的资格？法律依据是什么？小王该如何维权？

【案例任务】

工资变动引发劳动仲裁

    小李在一家酒店工作，并与酒店签订劳动合同。合同中约定：正式聘用小李为酒店的销售总监，合同期5年。合同约定，小李税前工资12000元。前两个月小李如数拿到合同工资，但是到了第3个月，因小李业绩变差，酒店依据劳动合同中的约定，把小李的工资降为税前8000元。又过了2个月，公司又以小李未能完成正常的义务为由，决定按待岗处理，工资为5000元。为此事，小李多次找公司要求补发工资，但公司不同意补发小李工资。双方之间发生争议，小李向劳动争议仲裁委员会申请仲裁。

    请分析：

    仲裁委员会将如何处理此案？

【参考文献】

1. 张华贵. 中国劳动法［M］. 第2版. 北京：北京交通大学出版社，2015.

2. 喻术红，张荣芳等. 劳动合同法学［M］. 第2版. 武汉：武汉大学出版社，2015.

3. 王全兴，黄昆. 中国劳动法［M］. 第3版. 北京：中国政法大学出版社，2008.

4. 齐艳华. 劳动合同法导引与案例［M］. 北京：经济科学出版社，2017.

5. 法律出版社法规中心. 劳动合同法律纠纷处理依据与解读［M］. 北京：法律出版社，2016.

6. 七五普法图书中心. 劳动合同法学习读本［M］. 北京：中国法制出版社，2016.

7. 张荣芳. 劳动力派遣中的雇主责任承担比较［M］. 台北：台湾元照出版社，2006.

8. 黄越钦. 劳动法新论［M］. 北京：中国政法大学出版社，2003.

9. 马勇. 完美的劳动合同：设计好核心条款，让你的用工零风险［M］. 深圳：海天出版社，2020.

10. 胡彩霞. 劳动法精要［M］. 北京：中国政法大学出版社，2007.

实用劳动技能

第9章

旅游酒店业通用职业技能

【本章简介】

正确的服务意识、良好的服务心态、有效的服务程序、专业的服务方法，是良好的企业形象与发展的重要标志。本章从旅游酒店业的通用技能认识劳动，讲述本行业从业者的职业素质礼仪、沟通技巧、团队合作和公共关系等问题，助力旅游酒店业劳动者掌握通用职业技能。

【学习目标】

1. 列举职业素质礼仪的构成要素。
2. 总结旅游酒店服务人员常用的沟通技巧。
3. 归纳旅游酒店团队合作的构成因素。
4. 分析公共关系的重要性以及应对办法。

【导入案例】

永远微笑服务①

在酒店业的发展史上，希尔顿酒店集团不仅首先提出微笑服务，而且在实践中也坚持得很好。希尔顿酒店集团的创始人康拉德·希尔顿提出微笑服务，源于他母亲的启发。事件经过大概是这样：

有一天，当康拉德·希尔顿把自己几千美元的资产增值到几千万美元这个消息欣喜而自豪地告诉母亲时，他母亲却淡淡地说："依我看，你跟从前没什么两样……你必须把握更重要的东西，就是除了对顾客诚实，还要想办法使来希尔顿旅馆住过的人还想再来住，你要想出一种简单、容易、不花本钱而行之久远的办法去吸引顾客，这样你的旅馆才有前途。"

为了找到一种具备母亲所说的"简单、容易、不花本钱、行之久远"的四大条件的办法，康拉德·希尔顿经常有意地逛商店、串旅店，以自己作为一个顾客的亲身感受，终于得到了答案——微笑服务。只有它才实实在在地同时具备母亲所提出的四大条件。同时，他一贯坚持的用人之道和经营风格，足以保证员工的笑容是真实的、发自内心的。希尔顿要求每个员工不论如何辛苦，都要对顾客投以微笑，即使在酒店业务遭遇经济萧条时，他也经常提醒员工："万万不要把我们心里的愁云摆在脸上，无论酒店本身遭受的

---

① 酒店人，微笑服务的重要性［EB/OL］．（2019－04－03）［2023－04－03］．https：//www.sohu.com/a/305692192_260483．

困难如何，希尔顿酒店服务员脸上的微笑永远是属于旅客的阳光。"因此，在 20 世纪初美国经济危机中纷纷倒闭后幸存的 20% 的旅馆中，只有希尔顿旅馆服务员的脸上带着微笑。结果，经济萧条刚过，希尔顿旅馆就率先进入新的繁荣时期，跨入了黄金时代。

请思考：

您认为微笑服务的意义是什么？微笑服务对于酒店的发展有何作用？

第1节　职业礼仪

一、培养职业礼仪

职业礼仪的培养应该内外兼修。古语说得好：腹有诗书气自华。内在修养的提炼是提高职业礼仪的最根本的源泉。无论是刚刚参加工作的员工、第一次踏入社会的实习生，还是一个拥有多年行业经验的专家，在工作场所向他人展示自己的专业能力，树立良好的形象对于建立新的关系，并确保在工作中获得积极评价和最终走向成功来说，都是至关重要的能力。职场礼仪的培养应该是内外兼修的。工作时注意自己的仪态，不仅是尊重他人的表现，同时还能反映出职员的工作态度和精神面貌。

职业礼仪是在人际交往中，以一定的、约定俗成的程序、方式来表现的律己、敬人的过程，涉及穿着、交往、沟通、情商等内容。从个人修养的角度来看，礼仪可以说是一个人内在修养和素质的外在表现；从交际的角度来看，礼仪可以说是人际交往中适用的一种艺术，一种交际方式或交际方法；是人际交往中约定俗成的示人以尊重、友好的习惯做法；从传播的角度来看，礼仪可以说是在人际交往中进行相互沟通的技巧。从劳动教育的角度来看，礼仪又是从言谈举止中展示出来的个人形象和内在修养。礼仪的一个重要特点就是礼仪的对象化。也就是说，在不同的场合、不同的对象中，对礼仪都有不同的要求，但大都有一个共同的规律。酒店业的礼仪不等同于其他行业的礼仪要求，因为每个饭店所宣扬的企业文化和理念可能不一样，因此在职业形象等礼仪上会略有区别。

二、职业形象礼仪

古人云：仪表者，外观也。礼者，修辞令，齐颜色，正服饰。穿着打扮，是个人修养的标志；仪容仪表，是企业形象的标志。打造良好的第一印象非常重要，而通常人们对他人的第一印象都是从外表、着装上所产生的，所以必须注重着装礼仪，规范自己的着装，在他人面前留下一个更加美好、更加专业的"第一现象"。保持良好的仪表，可以使一天的心情轻松、愉快，也可使人对自己充满信心。除此之外，在职场上，还需要确保了解所在工作场所的着装要求和政策，职场仪表要求如下：

头发整洁、无头屑，发型端庄，避免发型奇特；眼睛清洁、无分泌物，尽量避免眼睛布满血丝；保持鼻子干净，定期清理鼻毛；嘴巴、牙齿清洁、无食品残留物；定期修剪指甲；男士定期修理胡子；精神饱满，面带微笑。

男士出席场合着西装要遵循三色原则，即衬衣、领带、腰带、鞋袜，一般应不超过三种颜色。男士应着深色、单色皮鞋，袜子也应为深色，且为长袜，避免露出皮肤。

女士着裙装不能太短，膝盖以上5厘米为宜。女士鞋子要与套裙的颜色一致，袜子选用单色，肉色、黑色等，不能破损，不能露出袜口。饰物全身不超过三件，并且饰品最好为同质同色。

三、职业行为礼仪

肢体语言作为职业礼仪非常重要的环节，也是职场从业者需要具备的，比如微笑礼仪、站姿礼仪、坐姿礼仪和介绍礼仪等。

微笑礼仪：人与人相识，微笑是表情中最能赋予人好感，增加友善和沟通，愉悦心情的表现方式，也是人与人之间最好的一种沟通方式。一个对你微笑的人，必能体现出他的热情、修养和魅力，从而得到人的信任和尊重。

站姿礼仪：正确的站姿是抬头、目视前方、挺胸直腰、肩平、双臂自然下垂、收腹、双腿并拢直立、脚尖分开并呈V字形，身体重心放到两脚中间；也可两脚分开，比肩略窄，双手交叉，放在体前或体后。

坐姿礼仪：入座时要轻，至少要坐满椅子的2/3，后背轻靠椅背，双膝自然并拢（男士可略分开）。身体可稍向前倾，表示尊重和谦虚。

介绍礼仪：在较为正式、庄重的场合，有两条通行的介绍规则——其一是把年轻的人介绍给年长的人；其二是把男性介绍给女性。在介绍过程中，先提某人的名字是对此人的一种敬意。介绍时，最好是姓名并提，还可附加简短的说明，比如职称、职务、学位、爱好和特长，等等，这种介绍方式等于给双方提示了开始交谈的话题。

四、职业服务礼仪

对客服务中，从业者在礼遇规格和礼宾顺序方面应遵循相应的服务礼仪和规范。在客房和餐厅的服务工作中，应严格遵照规格和礼宾顺序，做到先客人、后主人；先女宾、后男宾；先主要宾客、后其他宾客。不要随意打听宾客的年龄、职务、家属、小孩、工资收入等其他隐私，特别是不要随意询问女宾客的情况，也不要轻易向宾客了解随身的服装、金银首饰及贵重日用品的价格、产地，对宾客的物品不要表露喜爱或羡慕，以免产生误会。不轻易接受宾客赠送的礼品，如出现不收可能失礼时，应表示深切谢意，礼品收下后及时交领导处理。在服务外宾时，要根据外宾的国籍或所属地区的原则，尤其是涉外礼仪的忌讳，比如数字忌讳、食品忌讳、颜色忌讳、花卉忌讳、肢体忌讳、行为忌讳以及赠与忌讳等。宾客从服务员身边经过时，一定要点头示意，宾客离开酒店时，应主动欢送，并说："再见，欢迎您再来。"楼层服务生应主动为客人按电梯开关，与客人道别。

【案例 9 - 1】

景泰蓝食筷①

在某一家涉外宾馆的中餐厅，午餐时，用餐的客人很多，服务小姐忙碌地在餐台间穿梭着。有一桌是外宾客人，其中一位外宾在用完餐后，顺手将自己用过的一双精美的景泰蓝食筷放入了随身带的皮包里。服务小姐在一旁将此景看在眼里，不动声色地转入后堂，不一会儿，捧着一只绣有精致花案的绸面小匣，走到这位外宾身边说："先生，您好，我们发现你在用餐时，对我国传统的工艺品——景泰蓝食筷表现出极大的兴趣，简直爱不释手。为了表达我们对您如此欣赏中国工艺品的感谢，餐厅经理决定将您用过的这双景泰蓝食筷赠送给您，这是与之配套的锦盒，请笑纳。"

这位外宾见此状，听此言，自然明白自己刚才的举动已被服务小姐尽收眼底，颇为惭愧。只好解释说，自己多喝了一点，无意间误将食筷放入了包中，感激之余，更执意表示希望能出钱购下这双景泰蓝食筷，作为此行的纪念。餐厅经理亦顺水推舟，按最优惠的价格，记入了主人的账上。聪明的服务小姐既没有让餐厅受损失，也没有令客人难堪，圆满地解决了事情，并收到了良好的交际效果。

---

① 文明小故事［EB/OL］．（2014 - 06 - 08）［2024 - 01 - 18］. https：//xzxx. szftedu. cn/dyzc_7443/sxdgz_7446/wmlyjy/wmxgs/201711/t20171121_92516. html.

第 2 节　沟通技巧

一、沟通的定义及作用

沟通指可理解的信息或思想在两人之间或两人以上的群体中进行传递和交换的过程，以达到共同的理解，获得必要的反应和反馈。值得注意的是，在信息传递过程中会出现一些干扰和影响因素，这是引起沟通失效的一个重要原因，此外，接收者对于信息的理解程度、双方采用的沟通风格和方法的适合度、沟通双方之间可能存在的障碍以及沟通形式的适合度等也是沟通失效的影响原因。

沟通技巧是从业者对周围情况的观察力，以及能够说出最恰到好处的话。如想达到良好的沟通效果，就必须对周围的人和事十分敏感，并掌握说话的技巧，随时都能果断地陈述自己的意见。因此，语言作为人类最有效最直接的沟通方式，有着至关重要的作用。高效地使用语言进行服务沟通，能够提高酒店的服务质量，建立良好的客户关系，随之也会直接关系到客户对酒店的满意度。优质的服务同时是由酒店先进的设备设施及服务人员的无形服务构成，有效的沟通技巧可以更好地提高员工的无形服务质量。

许多酒店甚至高星级酒店的员工在进行对客服务的过程中，员工提供的服务是按照酒店服务准则进行的，与客人的交流使用的是套话，没有新意，例如：您好、欢迎光临等。这种在哪儿都可以的服务对话使客人感到厌烦，并不会让他们有宾至如归的感觉。如果客房服务人员更改了单词，查找并确认客人信息，准确地参考客人的姓氏，并在服务完成后添加一个句子，然后再为每个房间服务。比如换种沟通方式，"我们很乐意为您服务。您能帮助我们吗？"由此，服务的价值将不可避免地增加，酒店因其优质的服务可以具有一定的行业优势，吸引更多的客源。当顾客在酒店中获得了在其他酒店得不到的满足感时，会首先考虑下次的消费场所，酒店的营业额会相应地增加，品牌知名度也会提高。

当客人因某种原因抱怨酒店时，合理使用良好的语言艺术可以有效化解顾客与酒店之间的矛盾。例如，酒店客房里的客人因为他坐在大理石花架上被一个花盆刮伤，便投诉酒店的设施质量太差。收到投诉后，客房部经理赶到房间，检查了受损的事故现场，并未发现存在安全隐患。但是仍然在耐心听取了顾客的抱怨及投诉后，对顾客进行道歉，随后安排了包扎。在顾客情绪得到有效安抚后，客房经理解释道，台面的大理石是从法国进口，花架用于摆放花盆，如果台面因自身重量损坏花盆角落，责任自然是在酒店，如果客人受伤，那么酒店应该负责。然而，这次事故是由于重物压迫造成的。因此责任并不在酒店。大堂经理在这里避免使用"肥胖"这个词，用"重物"代替它并不会损害顾客的自尊心，客人听了以上话语，心情自然会有所改观。

二、酒店常用的沟通技巧

酒店工作要与客人面对面打交道，与他们说适当的话是成功与否的决定性因素。提升说话技巧，讨好重要客户、规避麻烦事变成尴尬、掌控棘手事情的手段，等等，都是创造性工作的结果。沟通是酒店对客服务最重要的一课，从业者须掌握服务中的沟通技巧法则。

如果需要向客人通报坏消息，就算你再如何花言巧语，也只会让客人怀疑你酒店的素质或危机处理能力，可能会是一场一触即发的愤怒场面，甚至把气出在你头上。此时，工作人员应该以不带情绪起伏的声调，从容不迫地说，千万别慌慌张张，切忌说"问题"或"麻烦"等字眼。必须使得客人觉得事情并非无法解决，以"我们""咱们"的语气会拉近和客人的心理距离，信任感就油然而生了。

（一）掌握客人询问回答技巧

冷静、迅速地做出回答，会令客人感觉到服务人员的高效以及愿意为他服务的态度；如果只是说"请稍等"，貌似会给人一种犹豫不决的态度，可能会使客人不太高兴。因此，应使用"好的，马上就办"来取代"请稍等"的表达方式。

（二）学会赞美客人

有一条赞赏客人的绝妙方法，可供选择使用。如与客人聊天并在他心情不错之时，脱口而出"您的主意真不错"。服务人员在工作场景中所展现出来的亲和力、善良品质、富有团队精神等特点，会让客人刮目相看。

（三）说服客人同意技巧

如果遇到棘手的事情，服务人员无法独力完成，且必须得到眼前这位客人的谅解或迁就方可过关。此时需请求客人，并能做到使客人心甘情愿。这时候需要给客人"送高帽，并表示深深的感激之情等"，但是要注意技巧，要看话如何说更到位，比如"这事没有您的支持不行"等。

(四)"不知道"的沟通技巧

当客人问了某个与业务有关的问题，而服务人员不知该如何回答，千万不可以说"不知道"，酒店服务中的一句"我立刻为您询问我的同事/让我再认真地想一想，很快我会给您答复，好吗"，此法不仅暂时为服务人员解危，也让客人认为服务人员在这件事情上很用心。

(五)重视客人需求技巧

强调服务人员明白这件事对客人的重要性，然后询问客人意见并请求指示，把原有工作排出优先顺序，不着痕迹地让客人知道自己的工作量其实很重，如果客人不同意，有些事可能无法处理圆满。比如"我了解这件事很重要，请等我们先查一查手头上的工作，把您的事情按最重要顺序优先排列"如此说，客人当然欢喜不已。

(六)恰如其分地讨好客人技巧

许多时候，服务人员与客人共处一室，而不得不说点话以避免冷清尴尬的局面。不过，这也是一个能够赢得客人好印象的绝佳时机。但如何沟通呢？此时，最恰当的莫过于一个跟酒店有关，与客人贴近的而又发人深省的话题。"我很想知道您对我们服务的看法……"问一个客人都关心又熟知的问题，当他滔滔不绝地诉说心得的时候，服务人员不仅收获了客人的想法，更重要的是取得了客人的信任。

(七)承认疏失但不引起客人不满技巧

犯错在所难免，但是服务人员陈述过失的方式，却能影响客人心目中的看法。勇于承认自己的过失非常重要，但要用合适的方式来进行，诀窍在于别让所有的矛头都指到自己身上，坦承却淡化自己的过失，转移众人的焦点。这句话应该是不错的："是我一时失察，不过幸好……"

(八)面对批评要表现冷静技巧

自己苦心的成果却遭人修正或批评，的确是一件令人苦恼的事。不需要将不满的情绪写在脸上，但是应该让批评自己工作成果的客人知道，你已接收到他传递的信息。不卑不亢的表现令人看起来更有自信、更值得人敬重，让人知道你并非一个刚愎自用、或是经不起挫折的人。记住这句："谢谢你告诉我，我会认真考虑你的建议。"

【案例 9 – 2】

沟通不恰所引起的投诉①

2022 年 7 月 19 日下午，付款人李先生找到前台要求在 20 日预订 2 间标准套房和 1 间豪华单间，21 日再新增 6 个豪华单间，预计全部在 22 日退房，当时接待的前台考虑客人房间消费较多，已达到可办理会员卡的要求，于是建议客人充值 15000 元办理了银卡，同时告知石先生预订的房间如需要续住提前 1～2 天告知前台就可以了，后客人离店。20 日，石先生抵达前台新增三个房间且要求所有房间均续住至 23 日退房，合计 9 个房间。此时，酒店房间因 22 日晚的第十次重症医学会议已被定完且欠主办方 15 个房间，无法满足石先生的续住需求。因此，石先生非常生气，认为酒店方欺骗其办理会员卡却无法享受 VIP 的待遇，且前台未能及时告知石先生房间状态，导致提前三天办理续住仍无法满足，故石先生严重投诉至酒店高层。

以上情况不论是低星级还是高星级酒店都时有发生，不难发现事件中都是因为酒店的服务人员缺乏有效沟通意识，一方面信息表达不完整，甚至未说明；另一方面未仔细核实再次与客确认信息致使不必要投诉。那酒店的服务人员怎么避免在重复的服务工作中因为疏忽或者忙碌致使服务不完整、不规范引起客人误解，甚至投诉呢？

在服务过程中，态度决定一切，酒店员工的服务态度必须端正。服务无小事，首先须把每一个客人当作第一次选择服务的客人，认真全面地介绍服务，让客人明白理解后，需耐心地再次确认服务信息，而电话沟通中确认信息尤为重要。其次是酒店员工平时应加强培训，让服务人员拥有专业的服务技能和知识，在面对客人提出的疑问或者发现客人的疑问的时候主动加以专业的说明，避免客人误解。最后学习掌握运用沟通技巧，通过简练的语言、合适的语调、肢体动作、书面确认进行有效沟通。以高效沟通"三原则"为基础，合理运用高效沟通 7C 法则，最终提高酒店员工的沟通能力和技巧，避免一些不必要的投诉。

---

① 酒店员工如何进行有效沟通［EB/OL］.（2016 – 08 – 09）［2023 – 10 – 03］. https：//www. sohu. com/a/109778372_395910.

第3节 团队合作

一、团队合作的要义

团队合作的核心要义是需要有团队精神，也就是说，在一个组织里，每个人都要有大局意识、协作精神和服务精神。团队精神的基础是尊重个人的兴趣和成就。核心是协同合作，最高境界是全体成员的向心力、凝聚力，反映的是个体利益和整体利益的统一，并进而保证组织的高效率运转，因此明确的协作意愿和协作方式则产生了真正的内在动力。同时，团队精神也是现代组织文化的重要部分，古人云："人心齐，泰山移。"团队合作就是共同奉献。这种共同奉献需要有一个让所有队员能够为之信服的目标。良好的管理可以通过合适的组织形态将每个人安排至合适的岗位，充分发挥集体的潜能。如果没有正确的管理文化，没有良好的从业心态和奉献精神，就不会有团队精神。

团队的精髓是共同承诺。共同承诺就是共同承担团队的责任。没有这一承诺，团队如同一盘散沙。做出这一承诺，团队就会齐心协力，成为一个强有力的集体。团队精神的培养，使店内员工齐心协力，拧成一股绳，朝着一个目标努力，对单个成员来说，团队要达到的目标是自己所努力的方向，团队整体的目标顺势分解成各个小目标，在每个员工身上得到落实。任何组织群体都需要一种凝聚力，传统的管理方法是通过组织系统自上而下的行政指令，淡化个人感情和社会心理等方面的需求，而团队精神则通过对群体意识的培养，通过员工在长期的实践中形成的习惯、信仰、动机、兴趣等文化心理，来沟通人们的思想，引导人们产生共同的使命感、归属感和认同感，反过来逐渐强化团队精神，产生一种强大的凝聚力。团队精神要靠员工自觉地要求进步，力争向团队中最优秀的员工看齐。通过员工之间正常的竞争可以实现激励功能，而且这种激励不是单纯停留在物质的基础上，还要得到团队的认可，获得团队中其他员工的尊敬。员工的个体行为需要控制，群体行为也需要协调。团队精神所产生的控制功能，是通过团队内部所形成的一种观念的力量、氛围的影响，去约束规范，控制职工的个体行为。这种控制不是自上而下的硬性强制力量，而是由硬性控制向软性内化控制；由控制职工行为，转向控制职工的意识；由控制职工的短期行为，转向对其价值观和长期目标的控制。因此，这种控制更为持久、有意义，而且容易深入人心。

二、内部团队合作

旅游酒店业部门间、员工间以及部门的员工间的合作对于整个酒店建立良好的整体服务意识至关重要。首先，要提高企业高层的合作服务意识，作为整个企业的决策者和领头羊，整体服务意识要从高层做起，高层要关注内部合作服务的重要性，当出现服务漏洞时，要及时组织各个部门"查漏补缺"，并且要求各个部门之间就为顾客服务的理念达成一致。其次，要提高部门经理的内部合作意识，遇到问题部门间不要相互推卸责任，从经理层面做好部门间的有效沟通，达到内部形成一股绳的风气，比如客服部和餐饮部，服务行动上要统一，当顾客有需要时，当以顾客需求为主，部门合作切实为顾客需求而服务。最后，部门间职责划分清晰，提高一线服务人员的内部合作服务意识，遇到顾客投诉问题，要细分到部门或者个人，因为对于顾客来讲，一线服务人员是直接接触的服务者，当需要服务需求时会首先联系到一线服务人员，因此要加强一线服务人员专业素质培训，提高一线员工的整体服务意识，用完善的责任制度来加强内部合作服务，从服务根源入手，切实解决顾客需求问题，提高顾客满意度，达到从根本上解决内部合作服务意识薄弱的问题。①

酒店的部门主要由财务部、市场营销部、人力资源部、餐饮部、房务部、工程部、保安部七大部门构成。酒店行业本身服务性强，各部门间分工不同，应用整体服务意识也存在差异。首先，人力资源部与财务部，为酒店上至高层下至普通员工服务。人力资源部在应聘、招聘和培训专业人才方面不仅本部要通力合作，一般情况下还需聘请人员所在部门的领导进行二次筛选或培训，这时就需要两部门之间有着相类似的服务意识才可以选出双方都满意的员工。财务部在发放薪酬、会计核算等服务项目中需要与各部门负责考勤的同事交接，需要整体服务意识。其次，房务部与餐饮部是对外窗口，直接为顾客提供服务，对酒店信誉、顾客满意度与忠诚度提升造成直接影响，需要整体服务意识辅助部门合作。最后，保安部与工程部是保障服务，主要涉及维护秩序、维修与保养设施设备等，为顾客间接提供服务，在部门合作中也需要较强的整体服务意识。

三、对客服务团队合作

酒店管理的核心是服务。服务业不同于其他制造业，制造业的产品是有形的，看得见摸得到。服务业产品的核心是服务，服务是无形的，是一种体验。对服务业而言，细致入微的服务是制胜的法宝。酒店的设施设备再好，没有好的服务，酒店也不会成功，

---

① 于雪鑫，张帆. 整体服务意识在酒店各部门中的合作的探讨 [J]. 经贸实践，2018 (5)：26 - 27.

因为现在的客人更加注重体验，好的服务加上好的设施设备才能创造美好的入住体验。一个微笑、一个眼神的交流都会打动客人，令客人感到温暖。如果可以令每一位客人都感受到备受关注与重视，超越客人的期望，那么就是好的服务，这个酒店就会成功。

团队合作是酒店运作的关键。每件事情都是相关联的，每一位客人的完美入住体验都是各个部门通力合作的结果。从酒店的服务就可以看出培训做得如何，一个好的酒店是可以提供给员工满足个人发展的培训计划的，那么这位员工就可以在该酒店内不断成长，不断进步。这是一个良性循环，酒店也为自己培养了专业的人才。比如酒店承办上百人的大型会议或活动时，就需要各部门多岗位员工合作完成，甚至所有部门总监及经理都到现场帮忙协调安排，为了让客人很快找到所属位子就座，酒店甚至要做提前的彩排，这样大批客人到来的时候，员工就可以迅速地引领客人就座，以防混乱，从路引到服务酒水一切才能安排得井井有条。这就是团队合作，每一件事情都是紧密衔接的，有一个环节做不好都会出问题。

【案例 9 - 3】

部门合作共赢之团队用房与特殊房间布置①

酒店销售部在接到团队预订后都会给相关部门传送《任务通知单》，前厅和客房部作为主要的接待部门都会立刻收到。但是，如果团队临时发生变化，比如说用房数量增加或减少，房间类型的转换和加床，以及水吧是保留还是撤离等，就需要总台在第一时间将客人的需求及时通知客房，以便客房能够安排足够的人手，有足够的时间应付团队的接待。

在这个过程当中，前厅作为关键的信息传输端，要注意保证客人信息的准确性和有效性，要有专人负责及时传递信息，这样可以避免误导客房反复的"瞎忙和"，做无用功。一些特殊的房间，如 VIP 房、长包房或者婚房等，客人一般会要求将房间里的设施进行重新布置，或者增加一些摆设和物品等。

从酒店的长远利益出发，总台记录清楚之后要协调好相关部门尽量满足客人的需求。比如说长包房很可能要加床或者小冰柜，婚房需要换上客人自己喜欢的床单或被套等，这些都要和客房提前沟通，以免客人上门之后引起不满。

【互动交流】

1. 得体的职业素质礼仪该如何表现？
2. 阐述旅游酒店业中的沟通技巧的重要性。

---

① 六大指南，让前厅部与客房部合作共赢 [EB/OL]. (2020 - 05 - 21) [2023 - 10 - 03]. https://www.sohu.com/a/396636644_787103.

3. 从业者该怎样提高团队合作效果？

4. 危机公关的处理对旅游酒店业的发展有哪些作用？

【案例任务】

人性服务，让顾客为你宣传①

国内某一知名餐饮品牌细致入微的服务可以让顾客感动，真正感到的不是"宾至如归"，而是"宾至胜归"。由于生意太好，顾客经常需要等座，酒店专门在入口处开辟一候餐处，并有服务员热情接待。顾客坐下后立即递上热腾腾的豆浆，顾客快喝完时及时给添上。等有空位时，根据顾客的候餐牌号码的先后顺序，及时引导就座，男服务员表演式地给顾客擦干净桌子，并摆好餐具，一切动作优美标准。每个服务员都笑容满面，快乐不已，充满激情。点菜时，服务员不像一些酒店想办法鼓动顾客多点菜，而是亲切地说："不要点多，够吃就行，不要浪费，如果不够也可以再点，如果点得多吃不完，只要没有动筷子还可以退。"让顾客真正感到酒店始终站在消费者的立场。顾客消费过程中服务员不时地添上免费的热豆浆。整个消费过程十分温馨、愉快。酒店要重视服务的人性化，充满对顾客的关怀。顾客在接受服务的同时，也希望感受到他被人接受并被尊重。所以服务并不能为服务而服务，而要一切为满足和超越顾客期望，使顾客的精神回报最大化。

新加坡某酒店推进"超级服务计划"。有一次，他们遇到这样一件事：一位咖啡厅服务员看见一桌拿着文件的四位消费者在大厅商谈，为了让他们免受大厅内人声嘈杂的影响，主动询问客房部有无空房，来供四位消费者临时一用，客房部马上提供了。当这四位顾客明白这些后，他们感到难以置信。事后他们在感谢信中说道："我们除了永远成为您的忠实消费者之外，我们所属的公司以及海外的来宾，将永远为您广为宣传。"

请分析：

贴心的极致服务如何表现？优质服务对于酒店有哪些影响和意义？

【参考文献】

1. 罗旭华. 酒店职业素质与礼仪［M］. 北京：经济科学出版社，2013.

2. 王建华. 沟通技巧［M］. 北京：电子工业出版社，2017.

3. 胡赛阳. 团队合作与个人管理［M］. 广州：广东高等教育出版社，2016.

4. 吕莉. 酒店公共关系实务［M］. 北京：经济科学出版社，2014.

---

① 提升餐厅服务质量五个经典案例［EB/OL］.（2017 – 06 – 08）［2023 – 10 – 03］. https：//www.sohu.com/a/
147050528_715887.

第 10 章

导游的劳动技能

【本章简介】

　　本章从劳动技能的角度认识导游，主要讲述导游带团技能、语言技能和应变技能。目的是培养学生具备从事导游职业的基本素养和基本技能，提升学生对导游语言技能、带团技能和应变技能的了解、熟悉和掌握程度。了解导游带团的特点和原则；熟悉导游口头语言的表达技巧和态势语言的运用技巧；掌握常用的导游提供心理服务、活跃团队气氛、引导游客审美、组织协调旅游活动、接待不同类型游客的方法和技巧。

【学习目标】

　　1. 熟悉导游带团技能原则和特点。
　　2. 掌握导游带团的各类技能。
　　3. 知悉导游语言技能的基本要求。
　　4. 熟悉导游讲解语言、交际语言和态势语言。
　　5. 描述导游应变技能的内涵。
　　6. 理解培养应变技能的必要性。
　　7. 描述应变技能的主要内容。

【导入案例】

导游讲解时长①

　　8 月份正是夏季最炎热的时候，小王带领一个中老年的旅游团参观游览古寺。开始小王还在滔滔不绝地讲解，游客们听得津津有味，15 分钟后，游客走掉了三分之一，半小时之后，整个团队就剩下不到 10 个人，此时，一位游客大喊道："导游，差不多行了，天太热了，再走下去我们都中暑了。"

　　请思考：
　　面对这种情况，导游小王应该怎么处理？为防止这种事情发生，在带团前和带团过程中导游应该怎么做？

---

　　① 李盼. 导游业务［M］. 成都：西南交通大学出版社，2018：228.

第1节 导游的带团技能

一、导游带团的特点、原则和模式

(一) 导游带团的特点

1. 环境的流动性

导游的工作环境并非单一，而是随着工作的不同需要不断改变工作地点，可以说，世界各地的酒店旅馆、名胜古迹、机场码头、文娱场所等都是导游工作的地方。

2. 接触的短暂性

导游与游客基本都是第一次见面，彼此并不了解，短短几天的游览，他们之间最多是一种泛泛之交。

3. 服务的主动性

导游具备组织管理、沟通交流、协调关系、文化传播的职能，导游的职责决定了导游即团队的核心。因此，无论哪个服务环节，导游都要恪尽职守，端正态度，积极主动为旅客解决问题，提供满分服务。

(二) 导游带团的原则

1. 游客至上原则

导游在带团过程中，要时刻铭记自己肩上担当的责任与使命，做到事事明辨是非，严格恪守职业道德，遇到任何事情都要站在旅客角度考虑，时刻谨记维护游客的合法利益才是重中之重。

2. 履行合同原则

导游带团要以是否严格履行旅游合同的内容为根本出发点，这是检测导游是否尽职尽责的基本标准，同时也有利于游客在合同约定的范围内获得最优质的服务，有助于旅行社获取应得的利益。

3. 公平对待原则

尊重他人是人际交往中的基本准则。导游不得因游客国籍、语言、肤色、信仰等的不同而产生歧视，导游应公平公正对待每一位游客，特别是不应对部分游客"特殊照顾"，从而造成旅游团队内部矛盾，影响整个旅行团的进程。

(三) 导游带团的模式

导游带团模式是指导游带领游客开展活动过程中的一种行为特征。主要影响因素包括游客需求和游览计划。导游带团的模式可分为两种：自我中心型和游客中心型。

1. 自我中心型

在这种带团模式下，导游的主要目标是按规定完成旅游计划。例如，某游客想品尝一下当地其他的美食，而导游以各种理由拒绝游客请求，严格按照活动计划安排。

2. 游客中心型

在这种带团模式下，导游的主要目标是尽量满足游客的需要。

自我中心型模式和游客中心型模式是相辅相成的，是一种相互融合的关系。导游选择自我中心型的带团模式并非意味着完全漠视对游客的关怀；同样地，选用游客中心型带团模式的导游也要遵守一定的准则。导游可考虑自身不同情况，巧妙融合两种带团模式，灵活运用到实际操作当中，面对不同特点的团队选择不同的带团服务模式。

二、导游的自我管理技能

(一) 确立在旅游团的地位

旅游团队是一个由来自世界各地的游客组成的临时性团队，且具有松散性的特点。因此，导游能否在团队中尽快确立主导地位至关重要，确立了自身的主导地位便能迅速取得游客信任，进而将一个松散的团体凝聚成一个集体，导游也自然对该团具有一定的影响力和控制力，从而真正带好旅游团。

1. 以诚待人，热情服务

导游与游客仅是为期几天的短暂接触，其导游服务呈现出周期性短的特点。因此，导游要做到第一时间与游客建立良好关系，便于后续工作的开展。真诚对待是建立良好人际关系的基础。导游的真诚与热情与游客的好感与信赖息息相关，这种认真积极的态度还可以弥补工作中的小错误或不足，当导游完全取得游客信赖时，即使遇到麻烦也会积极配合导游工作。譬如，某旅行团因某种原因提前结束此地的游览，因提前结束行程游客们心中很不快，此时，天空开始下雨，所有游客都没有带伞，这时全陪迅速回到大巴车里给游客们拿雨具。游客们被全陪的行为所感动，提前结束行程的不快也消除了。

2. 换位思考，宽以待客

遇到任何问题，导游都要站在游客的角度，理解游客的所想、所愿、所求和所为，从而做到"宽以待客"，尽己所能满足游客的需求，理解他们的"过错"或苛刻。换位思考可以帮助导游更加妥善处理问题。

3. 树立威信，善于"驾驭"

导游服务的性质是一种需要引导游客开展旅游活动的积极行为，因此导游必须具有"驾驭"旅行团的能力。确立旅行团中的权威地位，主导游客的情绪和动向，使游客的行为趋于一致，将临时组建的、松散的团体打造成井然有序的旅行团。

（二）树立良好的导游形象

这里所说的良好形象并非字面上的良好的外貌形象，而是游客心目中对导游的充分信任，认为他们可以帮助自己安全、顺利地在目的地进行旅游活动的形象。导游需要从心理和行动两个层面来树立在游客心目中的良好形象，主观意识上保持乐观正确的态度，并从实际行动上认真落实践行。

1. 重视"第一印象"

人际交往过程中，第一印象往往决定了后续关系的发展。第一印象就像一张名片，这张名片的好坏，都在未来的相处过程中影响着人们对其行为的评判。因此导游接团时所留下的第一印象往往会左右游客在以后的旅游活动中的认识和判断。譬如，初到异地，游客往往会感觉孤独和迷茫，若导游提前做好功课，接团前就将游客基本信息牢记于心，迎客时准确地叫出游客名字，便会让他们感到亲切与信任。导游在致欢迎辞的时候，游客的关注点都聚焦于导游身上，他们会观察导游的外在形象，言谈举止，对待游客和事情的态度，初步判断导游是否值得信任。譬如，游客会根据导游的穿衣打扮产生不同的态度和看法，如果导游打扮过于精致华丽，游客可能会想："光顾修饰自己的人怎么会想着别人、照顾别人？"但是，如果导游衣冠不整，游客又会想："连自己都照料不好的人又怎能照顾好客人？"因此，在前期准备过程中，导游要着重在致欢迎词这一环节下功夫，多加练习，力求为游客递出一张"好名片"。

2. 维护良好的形象

留下良好的第一印象还不够，导游在整个带团过程中要尽力维护这一形象，可以说，维护形象比树立形象更需要导游下功夫。有些导游只注意接团时的形象，在服务过程中面对大大小小的琐事便失去耐心，变得懈怠，以一种消极的态度带团，未能做到保持和维护良好形象，譬如不拘小节，言辞不得体、经常迟到早退等。对于良好形象，导游要从全面、综合的角度看待，将其视为一个长期、动态的过程，并将这一理念贯穿于整个导游过程中。

3. 留下美好的最终印象

在人际交往中，最后给人留下的印象对人有强烈的影响，在心理学上将这种效应称为"近因效应"。美国一些旅游专家有这样的共识：旅游业最关心的是其最终的产品——旅游者的美好回忆。留下良好的第一印象后，维护形象固然重要，但导游也不能忘记留下一个好的最终印象，如果一场旅行结束之际是不愉快的，导游给游客留下的最终印象是不好的，那么前期做的一切工作都可能前功尽弃。因此导游应该全程为游客提供服务，包括一些小细节，如：挑选商品，打包行李等；致欢送辞时，要对服务中的不遂人愿的地方诚恳道歉，以诚相待是博取游客好感的最佳策略。

三、导游的心理服务技能

心理服务也称情绪化服务，是导游为调节游客在旅游过程中的心理状态所提供的服务。导游需要将一切精力放在游客身上，一场成功的带团关键在于游客的满意度，若要取得游客的身心双重满意，还要注重心理服务，真正使他们高兴而来，满意而归。此外，在游览过程中，会遇到一些问题，这些问题可能来自服务的某个环节，可能来自与旅游团中一些游客的关系，但碍于团体关系不便表示出来，从而形成心理障碍。这些情况就要求导游除了提供旅游合同中规定的服务之外，还要向游客提供心理服务。

（一）把握心理服务要领

1. 尊重游客

尊重是人际关系中的一项基本准则。导游不应因游客的国籍、语言、宗教信仰不同而区别对待，应做到尊重每一位游客。导游必须明白的是，只有游客感到自己得到了足够的尊重时，为他们提供的各种服务才能充分发挥作用。

2. 微笑服务

微笑代表着一个人的自信，象征着友好与和睦，在旅游过程中，微笑是至关重要的，导游要学会提供微笑服务。

3. 与游客建立"伙伴关系"

在旅游活动中，游客与导游的关系不仅是服务人员和服务对象的关系，还是相互合作、相互促进的伙伴关系。导游要与游客建立"伙伴关系"。一方面，导游可通过诚恳的态度、热情周到的服务、谦虚谨慎的作风、让游客获得自我成就感等方式与游客建立合乎道德的、理性的情感关系；另一方面，导游与游客交往的过程中把握正确的心态，尊重游客，与游客保持平行性交往，力戒交锋性交往。

4. 提供个性化服务

个性化服务，顾名思义，就是一系列有特色的服务，导游在做好普通工作的同时，还要针对不同游客的不同需求提供个性化服务，满足游客的特殊要求，真正做到让游客满意。这样做的目的是让游客产生归属感与亲切感，促进与导游之间的感情，因而产生满足感。个性化服务关键在于导游要将游客"放在心上"，眼里"有活儿"，把握时机主动服务。

（二）了解游客的心理

1. 从国籍、性别、年龄和不同阶层等方面了解游客

鉴于游客来自不同国家、不同民族，有着各种各样的风俗习惯，即使是来自同一国家的游客也都性格迥异，同时，不同的社会阶层、年龄等因素也影响着他们的思维方式与心理特征，所以，导游要做到有针对性地提供服务，让每一位游客都感到满意。

2. 从游客的出游动机了解游客

人们旅游行为的形成有其客观条件和主观条件。客观条件主要是人们有足够的可自由支配收入和闲暇时间；主观条件是指人们必须具备旅游的动机。从旅游的角度看，游客的旅游动机一般包括：①观赏风景名胜、探求文化差异、寻求文化交融的文化动机；②考察国情民风、体验异域生活、探亲访友寻根的社会动机；③考察投资环境、进行商务洽谈、购买旅游商品的经济动机；④休闲度假、康体健身、消遣娱乐的身心动机。导游了解和把握了游客的旅游动机，就能更恰当地安排旅游活动和提供导游

服务。

3. 从游客不同的性格特征了解游客

（1）活泼型游客：善于交际，乐于沟通交流，热情洋溢，思维活跃。对这类游客，导游与他们交朋友的时候要适度，避免过多交往，以免让其他游客感到冷落与歧视，产生不快。

（2）急躁型游客：脾气性子比较急，易冲动，处理事情不冷静，喜欢单独行动。对这类游客，导游要避其锋芒，不与他们争论，不激怒他们；对他们多微笑，提供周到服务，多关心他们，确保他们的安全。

（3）稳重型游客：踏实稳重，不轻易发表意见。但导游不应因为这一点而完全忽略他们的感受与意见；要积极主动询问他们的意见建议，尽量满足他们的需求，认真不怠慢。

（三）对游客情绪的判断和调整

游客会根据自己的需求能否得到满足而产生不同的情绪和体验感受。导游要善于从游客的言行举止（面部表情、声调、体态等）中去了解他们的情绪，面对出现消极情绪的游客，应及时找出原因并采取相应措施来消除或调整。

1. 补偿法

补偿法是指导游从物质和精神层面对游客的不满情绪进行补偿。

2. 分析法

分析法是导游向游客讲清楚消极情绪的原委，并一分为二地分析事物的两面性及其与游客的得失关系的一种方法。

3. 转移注意力法

当导游发现游客有消极情绪时，要及时利用现有资源转移他们的注意力，调动他们愉快、积极的情绪。

【案例 10 - 1】

火车改乘轮船①

黄金周期间，某旅游团因为订不到火车卧铺票而改乘轮船，旅游者十分不满，立即

————————

① 陈树. 导游业务 [M]. 重庆：重庆大学出版社，2015：88 - 89.

与导游形成了一种对立情绪。这时，导游耐心地向旅游者说明在旅游旺季期间交通工具紧张的情况，然后分析说乘坐轮船虽然速度慢一些，但提前一天上船，并不影响整个旅程，并能在船上欣赏两岸风光，既是"旅"又是"游"，大家在这次旅游中乘了飞机，也乘了火车，如果再乘一次轮船，将是一次完整的水、陆、空立体式旅游。导游诚恳冷静而又风趣的言辞，很快使旅游者消除了不良的对立情绪。

四、导游的协作技能

导游是各项服务之间的桥梁和纽带。导游带团时既与各部门人员相互协作，又帮助相关部门完成工作。因此导游要具备一定的协作技能。

(一) 导游与领队的协作

受海外旅行社委派，每个旅行团队都配备有领队，他们负责全权代表该旅行社带领旅游团从事旅游活动。是团队中的桥梁与纽带。导游与领队的完美配合能使一场成功的旅行事半功倍，因此，导游要充分协调好与领队之间的关系，相互合作，为创造一场成功的旅行共同努力。

1. 尊重领队，遇事与领队多沟通

领队大多是专业人士，具备多年的带队经验，对国内旅游情况了如指掌。在遇到问题时，全陪、地陪要与领队沟通，争取领队的理解和支持。

2. 关心领队，支持领队的工作

生活上关心领队、工作上支持领队。当领队工作上遇到困难时，导游应积极帮助领队解围，需要特别注意的是，导游的一切言行都要把握好度，避免取代领队的地位，时刻明确自己的职责，工作中把握好分寸，以免使游客产生误会。

3. 争取游客支持，避免与领队正面冲突

初次合作，导游难免会在某些问题上和领队意见不一致，在这种情况下，导游要及时与领队沟通，化解难题，达成共识，避免误会扩大，同时要尽量避免与领队发生正面冲突。

(二) 导游与司机的协作

旅游车司机在旅游过程中除了运送乘客外，还起着决定旅行能否顺利进行的重要作用，司机们一般都很熟悉路线状况，导游要和他们多加沟通，共同促进旅行的开展。

一是要提前告知司机行程的变动。二是要协助司机做好安全行车工作，如帮助司机更换轮胎，安装或卸下防滑链；保持旅游车挡风玻璃、后视镜和车窗的清洁。三是要听取司机的意见建议，共同研究日程安排。四是要尊重司机，与司机同甘共苦。

（三）导游与全陪或地陪的协作

导游与全陪和地陪有共同的目标和努力的方向，都本着旅行顺利进行的原则开展各自的工作，因此，导游要和他们建立良好的人际关系，善于向他们学习，遇事尊重意见，共同协商。

（四）导游与旅游接待单位的协作

俗话说："巧妇难为无米之炊"，旅游产品是一种组合性的整体产品，不仅包括沿线的旅游景点，还包括沿线提供的交通、食宿、购物、娱乐等各种旅游设施和服务。作为旅行社的代表，导游应搞好与旅游接待单位的协作。

1. 及时协调，衔接好各环节的工作

旅行过程中，经过的每一个地点，景点、酒店或小商店等，导游都要与它们的负责人及时协调沟通，确保各环节工作的有序开展。

2. 主动配合，争取协作单位的帮助

面对意外事件和紧急情况，导游只身一人往往很难独自处理，这时就需要主动向协作单位寻求帮助，一起合作，及时妥善处理问题。

五、特殊游客的接待技能

游客来自不同的国家和地区，他们在年龄、职业、宗教信仰、社会地位等方面存在较大的差异，有些游客特点尤为突出，导游必须特别关照。这类游客被称为特殊游客或重点游客。虽然他们都是以普通游客的身份而来，但接待方法有别于一般的游客。

（一）对少年儿童的接待

出于增长见识、健身益智的目的，越来越多的游客喜欢带孩子一同出行，其中包括少年儿童。导游应在做好旅游团中成年游客旅游工作的同时，根据儿童的心理和生理特

点，做好接待工作。

1. 注意儿童的安全

儿童游客尤其是 2~6 岁的儿童正处于活泼好动的时期，地陪要有一定的知识储备，适当给他们讲小故事，稳定他们的情绪，保证安全。

2. 掌握"四不宜"原则

一是不宜私自给儿童买食物、玩具等。二是不宜过度关照儿童，忽视其他游客。三是不宜私自带儿童活动。四是不宜擅自处理儿童突发疾病，立即通知家长并就医，不宜私自提供药物。

（二）对高龄游客的接待

在我国入境旅游和国内旅游市场，老年游客均占有较大的比例。因此，导游应通过谦恭尊敬的态度、体贴入微的关怀以及不辞辛苦的服务做好高龄游客的接待工作。

1. 精心编排日程

（1）日程安排本着宽松、轻松的原则，避免过大的活动量。
（2）在保证项目数量的前提下，着重参观有代表性的景点，选择通畅、便于行走的路线，并适当增加休息时间。

2. 做好生活服务和提醒工作

（1）高龄游客由于年龄大，记忆力减退，有时会记不清注意事项，导游应做到耐心对待，重复讲解。
（2）每日预报天气，提醒游客带好防晒衣、雨具、登山鞋、旅游鞋等。
（3）面对高龄游客特殊的饮食习惯和生理情况，要适当增加上厕所的次数。

3. 注意放慢速度

高龄游客大多行动不便，地陪在带团游览时，要适当放慢观赏速度，照顾走得慢或落在后面的高龄游客，在向高龄游客讲解时也应适当放慢速度、加大音量，吐字要清楚，必要时还要多重复。

4. 预防游客走失

（1）反复告诉游客乘车地点。
（2）提前嘱咐，和团队走失时，不要着急，原地等待。

（三）对残疾游客的接待

在旅游团队中，面对残疾游客，在任何时候、任何场合都不应讥笑和歧视他们，而应表示尊重和友好。在接待残疾游客时，导游要特别注意自己的言谈举止，为他们提供体贴周到服务的同时，要注意保护他们的隐私和自尊。

（四）对宗教界人士的接待

来中国旅游的外国游客中，常常会有一些宗教界人士，他们以游客的身份来华旅游，同时进行宗教交流活动，导游要尊重他们的需求，提供力所能及的帮助，做好接待。

1. 注意掌握宗教政策

导游要加强对我国宗教政策、宗教知识的学习，避免在接待游客的过程中犯错误。

2. 尊重游客信仰习惯

面对游客不同的宗教信仰与习惯，导游要做到尊重，用正确的态度对待。譬如，由天主教人士组成的旅游团，每天早晨开车前，他们会在车上讲经、做祈祷。这时，导游和司机应主动下车，等他们祈祷完毕后再上车。

（五）对有特殊身份和地位游客的接待

特殊身份和地位的游客主要包括：
（1）对华友好的官员或民间组织团体的负责人。
（2）社会名流或在国际国内有一定影响的各界知名人士。
（3）国际或某国家著名的政治家、社会活动家、大企业家。
做好他们的工作意义重大，所以在接待过程中应做到：首先，导游要有自信心，切忌因他们的身份地位而产生畏惧心理，不敢近距离接触；其次，由于这些游客文化素质高、知识渊博，导游要提前做好相关的知识准备，以便能选择交流的话题，并能流利地回答他们提出的问题；最后，由于这类游客工作性质特殊，他们的计划往往会突然发生变动，导游要随机应变，灵活掌握，随时向上级请示，保证他们的行程和相关活动的顺利进行。

【专栏10-1】

导游如何正确处理各类顾客的投诉①

在具体处理游客的投诉时，导游应按以下步骤进行：

（1）同失望的游客进行接触。在这里，导游采取积极的态度，采用恰当的方法是十分重要的。如果条件允许，应尽可能在一间安静的关起门来的客房里进行个别接触。

（2）聆听和理解。不满意的游客进行的陈述可能是侮辱性的，可能是不客观的，也可能不那么具体和不好理解，但也可能是具体的、客观的。导游应倾听游客的陈述并正确理解游客讲的话，而且要想办法使游客申诉得具体些。如果由于游客激动等原因而不可能进行谈话，那么导游应体谅游客，并建议其另外找人找时间再谈，使谈话气氛缓和些。

（3）抓住申诉的核心内容。导游应努力使游客申诉得客观、具体，导游要抓住游客申诉的核心，并可用提出一些问题的方法来澄清事实。此外导游应把游客的申诉内容提纲挈领地总结和重复一下，看看自己的理解和游客的申诉是否一致，分析和评价游客的申诉。导游对游客的申诉进行思考和分析，判断游客所申诉的服务缺陷是否存在。如果存在，导游应采取积极态度，答应游客以最快的速度解决，比较各种解决办法。进行比较和判断，确定最佳方案。如果还需考虑，应该把为什么还不能作出最终决定的理由告诉游客。

（4）向游客通知决定。导游要考虑最好用什么方式、方法把决定通知给游客。正确的方式方法能使游客确信导游作出的决定是一个正确的决定。

（5）事后检查。如果导游成功解决问题之后再对曾经失望的游客给予适当的注意，将会很有益处。这样做，导游不用花钱，只要花点时间就可以从中了解到自己行动所起的效果。

（6）日记录总结。把情况和解决办法记录在笔记本上，对于积累经验、改进工作来说是很有好处的。

---

① 陈树. 导游业务［M］. 重庆：重庆大学出版社，2015：81-82.

第 2 节　导游的语言技能

俗话说："风景美不美，全靠导游一张嘴。"这说明，游客从导游的语言中不仅能增长知识，开阔眼界，还能陶冶情操，获得美的享受。出色的导游语言往往使游客兴致盎然，而捉襟见肘的导游语言常常令旅途索然无味。

实践证明，语言能力是一切服务的基础。任何一位优秀的旅游从业者，不仅要能够听懂领会客人的基本要求，正确地解答客人的问题，还要能熟练地使用客人可以理解的语言与客人沟通。导游的语言技能直接影响着导游服务的质量和效果。

一、导游语言的基本要求

导游语言是指导游对旅游者进行导游讲解、传播文化，与旅游者交流思想、实现沟通的一种富有表达能力的生动形象的口头语言、体态语言和书面语言等信息符号，是一种应用性非常突出的专业语言。[①] 精心设计的导游语言有助于潜移默化中陶冶游客性情，给人带来美的享受，培养其热爱祖国、热爱自然、热爱生活的健康情操。导游在与旅游者的人际交往中，不仅需要用有声语言进行景观讲解和人际沟通，同时还伴随着体态语言的运用，以达到良好的沟通效果。导游语言分为讲解语言、交际语言、态势语言、副语言和方位语言等。导游语言的基本要求有：

1. 规范性

导游的讲解应做到规范化、准确性，要求运用普通话进行讲解，同时确保语音语法正确、使用规范化的语言、讲解观点和内容正确等。

2. 逻辑性

导游语言的逻辑性是指导游的语言要符合思维的规律性。导游要思路清晰、重点突出，通过凝练的、中心思想明确的、具有连贯性的导游词，让游客有所收获。切忌思路混乱，逻辑不清，不知所云。

---

① 钱惠梅. 浅谈导游语言技能训练［J］. 科技信息，2012（19）：325.

3. 生动性

生动形象、幽默有趣的语言有助于活跃气氛，营造欢乐轻松的带团氛围，与游客建立和谐良好的关系，提升游客对讲解内容的兴趣和认知，提高讲解质量。

4. 灵活性

导游在讲解和与游客相处的过程中，要因人、因时、因地而异。语言运用、接待方式、服务形式、讲解内容、讲解方法和技巧等方面应视具体情况而定。

5. 创造性

导游语言内容丰富、时空跨度大、场景多变、对象复杂，在如此多变的语言环境里，导游只有不断地进行创造，才能使语言成为旅游者美的享受，为讲解内容注入灵魂。

二、导游讲解语言的运用

（一）概述讲解法

概述讲解法一般是在景区的导游图（或游览图）前进行，即用直截了当的语言，简明扼要地介绍参观游览项目，明确景区年代及规模、布局特点、主要景物名称、游览路线、游览时间、注意事项等。它的特点是言简意赅、重点突出，给旅游者以深刻印象。在运用概述讲解法时，不要单调乏味地叙述，还要辅以适当的语音语调和面部表情，才能提高旅游者的兴趣。

（二）分段讲解法

分段讲解法指导游把要讲解的内容分成若干个段落，按照游览顺序进行前后互相衔接的分段式介绍的方法。这种方法适合于较大的游览项目。如在游览故宫时，导游按照游览路线，根据沿途经过的顺序分别介绍前朝、后廷、东西六宫概况及其包括的主要景观等。运用分段讲解法时，要注意按照参观的路线、每个景点之间的有机衔接，讲解内容一环扣一环，由此及彼，有序推进，逐渐达到高潮。通过导游有声有色、层次分明、环环相扣的讲解，给旅游者产生身临其境的感觉，并留下难忘的印象。游览故宫、颐和园、清东陵、九寨沟等都可采用此方法。

（三）突出重点法

突出重点法就是在导游讲解时要突出某个方面的重点，避免面面俱到的讲解方法。运用这种方法时，要注意做到以下四个方面的突出：

1. 突出具有代表性的景观

游览规模大的景点，导游必须做好周密的计划，有的放矢地做好轻重搭配，明确好重点景观。现场游览时，导游主要讲解这些具有代表性的重点景观。这些景观既要有自己的特征，又能概括全貌。如游览北京颐和园、承德避暑山庄等景点时，就可只讲最具代表性的建筑。

2. 突出景点的独特之处

游览过程中，总要参观一些类似的景点，比如北京的皇家园林如颐和园、圆明园、北海公园等都各具特色，导游在讲解时必须讲清其历史、规模、布局，尤其是其艺术特征和与众不同之处，特别在同一地区或同一次旅游活动中参观多处类似景观时，更要突出介绍其独特之处，以激发游客的游览兴趣，避免产生雷同的感觉。

3. 突出游客感兴趣的内容

导游讲解要注意投其所好，结合游客的职业、兴趣、爱好、文化层次等进行针对性地重点讲解，从而产生良好的导游效果。

4. 突出"之最"

导游可根据实际情况，善于用"最"来突出景物特点，比如世界之最、地区之最、城市之最等，加深游客印象。如果没有"之最"，第二、第三也是值得一提的，比如长江是世界第三大河，德天瀑布是亚洲第一、世界第四大跨国瀑布等。善于用"最"，不仅能突出景点的价值，而且会激发游客的游兴，给他们留下深刻的印象。当然，在使用"之最"的导游讲解时，必须实事求是，必须以客观事实为依据，绝不能杜撰，也不要张冠李戴。

（四）问答讲解法

问答讲解法指在导游讲解时，导游使用提问式或启发式的讲解方法。使用问答讲解法可以避免导游全程灌输式讲解，从而引起游客的疲惫感和注意力不集中的情况发生。使用问答讲解法可以活跃游览气氛，变"说教"讲解为"互动"讲解，激发旅游者的想象思维，促进旅游者、导游之间的互动和思想交流，从而大大增强游客的参与感和自我成就感，加深旅游者对所游览景点的印象。问答讲解法的形式可以是自问自答、我问客答、客问我答和客问客答。

（五）制造悬念法

导游在讲解过程中，针对游客感兴趣的话题，往往需要巧设悬念，故意引而不发，使游客注意力集中，激起旅游者急于知道答案的欲望，使其产生悬念的方法即为制造悬念法，俗称"吊胃口""卖关子"。制造悬念法，使游客能从被动地听讲解变为主动探寻，激起了游客一探究竟的好奇心和求知欲，也有助于活跃气氛，增强导游讲解效果，而且能够使导游始终处于游客注意的中心，在导游活动中把握主动权。

（六）触景生情法

触景生情法是在游览过程中，利用所见景物制造意境，借景生情、情景结合的方法。导游讲解的内容与所见景物和谐统一，情景交融，可以使游客感觉到景中有情，情中有景，以增加导游讲解的生动性和形象性，有利于活跃气氛。触景生情法贵在发挥，讲解内容要自然、正确、切题，与实际景物相融合。如在游览故宫时，在太和殿前，导游可着力介绍皇帝登基时的壮观场面：金銮殿香烟缭绕，广场上鼓乐喧天；皇帝升殿时，大臣们三跪九叩高呼万岁万万岁等。旅游者们望着太和殿，听着有趣的讲解，仿佛身临其境，感受到封建时期皇帝的威仪。

除以上方法之外，导游还可以运用类比法、虚实结合法、妙用数字法、画龙点睛法等多种方法。在具体工作中，各种讲解方法不是孤立的，而是相互渗透、相互依存、互相联系的。导游在学习众家之长的同时，必须结合自己的特点融会贯通，在实践中形成自己的导游风格和导游方法，并视具体的时空条件和对象，灵活、熟练地运用，这样才能获得良好的导游效果。

三、导游交际语言的运用

交际是人与人之间的往来接触。在接触过程中，交际语言是最基本、最重要的工具，语言表达方式、方法和技巧对接触效果都会产生影响。导游交际语言包含的内容很多，如与游客的交谈语言，应答语言，对游客进行劝阻、提醒、拒绝、道歉的语言等。

（一）交谈的语言

聊天是与游客交谈的主要形式，是与游客人际交往中最基本、最常见的现象。导游在与游客交谈中，可以加强相互之间的情感交流，了解游客愿望，掌握团内信息，为做好导游服务工作打下基础。

导游同游客的交谈，往往借助"聊天"这种话题随意、气氛轻松的语言交流方式，完成旅游活动中某项目的性、功能性强的服务工作。在与游客交谈的过程中，要注意场合和对象，多倾听游客的谈论，发挥游客的主观能动性，注意谈话对象的心理反应，合理把握谈话过程。要积极引导健康向上的话题，不谈论他人隐私、不贬损他人、不激化矛盾、不主动谈论政治、宗教、民族等敏感话题等。交谈的话题可以围绕当地气候、旅游中的见闻、新闻热点问题、保健养生、工作生活感受等方面展开。另外，交谈也要注意时间和地点，不要影响正常旅游活动的开展，不能影响旅游计划的按时完成，交谈的地点要保证安全，不能在道路上占道聚谈，影响其他游客通行。

（二）应答的语言

在导游工作中，旅游者经常会向导游提出各种意见、建议和要求，导游必须做出应答。应答包括回答问题、道歉和拒绝等。

1. 回答

正常情况下，对于游客的提问，导游要实事求是地及时给予回答。例如针对旅游景点、文物古迹、历史文化、行程安排等，导游要清楚明确、实事求是地进行回答。如果遇到一些有一定难度、自己不了解的专业问题，导游暂时无法回答的，可以暂缓回答。通过查阅资料、请教专家等方式，事后给予游客满意的回答。回答应对应该态度真诚，认真倾听游客问题，耐心解释，不主观臆测妄加评论。

2. 道歉

旅游活动中由于各种主客观方面的原因，难免会出现矛盾和不愉快的事情。按照职业道德的要求，凡是碰到这种情况，无论原因如何，导游首先都要无条件地向客人道歉。导游道歉的主要目的是化解矛盾，安抚游客，避免后续不愉快事情的发生。针对导游的责任、旅行社的责任、接待单位方面的责任以及不可抗力等方面的原因造成的游客不满，导游应该真诚地向游客道歉，并采取相应的措施解决问题，必要时可采取补偿措施。

3. 拒绝

在导游工作中，针对游客提出的不合理或不可行的意见、建议和要求，导游要予以拒绝，但是拒绝时切忌激怒客人，要注意方式方法。

（三）劝服的语言

在导游过程中，导游常常需要就某件事情某种行为对旅游者进行劝说。有效的劝说，能排除对方的顾虑和担忧，减轻对方的烦恼和不快，开解对方的不良情绪，纠正对方不正确的旅游行为。导游劝说时要设身处地替游客着想，坚持以理服人、以情感人。同时还要有灵活的劝服策略，有时直截了当，有时含蓄委婉等，可采用的劝服方式有：诱导式劝服、迂回式劝服、暗示式劝服等。

四、导游态势语言的运用

态势语言是以人的动作、表情、服务等来传递信息的一种无声伴随语言。态势语言也称体态语言、人体语言、动作语言等。态势语言能强化有声语言的表达效果，甚至有时还能起到口头语言不能起到的作用。态势语言按其定义可分为三种类型：表情语、手势语和姿态语。

（一）表情语

表情语是通过眉、眼、鼻、口以及面部肌肉运动所表达的情感。导游的面部表情要给游客一种平和、自然的感觉，让游客感到可以接近。

1. 微笑语

微笑是世界的通用语。导游时刻保持微笑服务，有助于让游客感受到亲切、友善的感觉，消除陌生感，拉近彼此之间的距离，以便于更好更快地开展服务工作。发自内心的微笑是导游美好心灵的外在表现，是给游客留下美好印象的重要基础。

2. 目光语

导游要学会运用眼睛说话。在与游客交谈或服务的过程中，导游的目光一般情况下应该是正视，即视线平行接触游客，并给游客认真、自信、真诚、平和的感觉，注意连续注视导游对象的时间不宜过长，以免引起客人的反感或误解。在导游讲解中，导游要用正视与环视相结合的方式，以观察游客的动向和反应，避免目光长时间停留在个别人或少数人身上，或长时间不看客人等失礼行为。

（二）手势语

导游讲解时的手势，是富有表现力的一种"体态语言"。得体适度的手势，不仅能强调或解释讲解的内容，生动地表达讲解语言所无法表达的内容，使讲解更生动形象，而且能增强感情的表达，起到锦上添花的作用。运用手势语时应注意手势语言使用的正确性。不同的文化传统和生活习俗下，同样的手势可能表示不同的或者相反的语义。因此，导游在接待不同的国家和地区游客的时候，应该提前了解所在国或民族的手势语，以免发生误会和冲突。另外使用手势时还应该做到自然大方、规范适度、恰如其分。

（三）姿态语

姿态语是以身体姿势来反映人们的心理状态和传递信息的。不同的姿态传递不同的信息，导游的姿态语主要包括坐姿语、站姿语和走姿语。

1. 坐姿语

导游的坐姿要给游客一种文雅、稳重、大方的感觉，以示对游客的尊重。坐时上身保持端正，腰部自然挺直，肩平头正、目光平和，男性可微微分开双腿，以显示其豁达、稳重；女性一般双膝并拢，以显示其庄重、矜持。歪七扭八、抖动双腿或跷二郎腿是坐姿的大忌，因其传递的是粗俗无礼的信息。

2. 站姿语

导游的站姿应给游客一种谦恭有礼的感觉。要做到站姿良好，应做到头正、肩平、胸挺、背直、平稳，这样才能显示导游的健康和精神，才能加强语言的力量。应避免身体歪斜、弯腰驼背、双腿大叉、双手叉于腰间或双臂抱于胸前的站姿，这些站姿不仅缺乏美感，而且传递出傲慢无礼、漫不经心或倦怠的信息，从而影响导游的语言说服力和影响力。

3. 走姿语

导游的走姿要自信、大方、轻巧、稳重，走路时保持上身的自然挺拔，肩平不摇，立腰收腹，身体的重心随着步伐前移，脚步要从容轻快、干净利落，目光要平稳，用眼睛的余光（必要时可转身扭头）观察游客是否跟上。行走时，不要把手插在裤袋里。

优秀的导游要充分运用好态势语言，努力使自己的每一个动作，如每一个表情、目光、手势和姿态等，与专业的口头语言和谐地融为一体，做到准确适度、整体协调、简明自然，从而提高导游语言的张力和带团质量，获得游客的好评。

第3节 导游的应变技能

一、应变技能的主要内涵

在旅游实践中，导游必须保证带团活动的顺利进行，因此导游必须具备一定的活动筹划能力以及解决突发事件的能力，这种能力就是导游的服务技能。导游服务技能的内涵是指导游凭借着多次跟团讲解的丰富知识和经验，给游客服务的一些方式和能力，也就是导游运用灵活有效的方式、方法以及自身积累的一些经验，带好旅游团，并且要用正确多变的方法和技巧、生动形象的语言，将丰富的知识和自然景观美、人文景观美介绍给游客，从而满足他们求知、求乐、求美、求享受的需求。导游服务的范围很广，要求导游必须是多面手，服务技能多种多样、千变万化，凡是在导游过程中能够为顾客提供满意的服务，使旅游活动顺利、愉快、安全进行的技能导游都应掌握和学习，并不断地实践总结。

所谓导游应变技能，主要是指在团队旅游中，针对旅游者可能提出的特殊要求及旅游过程中可能出现的突发事故，坚持一定的原则，采取科学合理的方法方式进行有效的预防和合理解决，以求达到圆满结果所具有的能力。[①] 在学术上说，应变技能是一种科学、系统的方法、方式。从实际生活来讲，应变技能是一种使事态得到最好控制的技能，最终实现事件结果的最优化。

二、培养应变技能的必要性

(一) 行业发展的需要

根据文化和旅游部官网发布的数据来看，全国年旅游人数和旅行社数量呈现持续增

---

① 杨培玉. 导游专业学生导游应变技能培养的必要性及其方法 [J]. 北京城市学院学报，2008 (15)：57–63.

长的趋势。在全国旅游业发展快速增长的趋势下，旅游业以及与旅游业相关的餐饮、住宿也呈现持续增长的趋势，相比其他行业，旅游行业有其特殊性，这不仅表现在旅游业非常强的行业带动性、对人民经济水平的提高、建设绿水青山以及减少城乡差距的效果上，还表现在其影响的结果会反过来促进它的发展。比如，独特的乡村风光可以吸引很多城市居民，这促进了当地餐饮和住宿的发展，反过来，当地形成独特的餐饮风味或者独特的住宿体验又可以带动更多的人到此旅游。由于当地旅游业的发展使当地居民的经济收入提高了，居民有了更多娱乐的需求，这一需求一部分会体现在旅游消费的增多，这也是旅游业快速发展的原因。行业在量变发展的同时也要求质变的存在，这是事物发展的必要过程。

（二）市场变化的需要

"十四五"旅游业发展规划明确指出，以理念创新构建旅游发展新模式。我国旅游产业当前和今后的关键是要实现旅游产业转型升级，相关产业之间需融合发展，开创旅游新业态。产业融合是优化旅游产业，促进旅游产业创新的重要方式。同时，旅游产业要创新发展，离不开高素质的旅游产业人才队伍。人才人力资本作为辅助要素，对促进旅游产业结构升级，刺激旅游需求增长，优化旅游发展环境，具有十分重要的作用。在产业融合的视角下，旅游产业与文化、体育等产业有更强的关联性和密切的现实需求，使文化、体育等产业不再局限于传统的形式。信息化时代为旅游产业融合提供了前所未有的机遇。在"互联网＋"时代，传统旅游产业无法满足游客多元化的需求，以旅游产业创新促进结构升级是重要创新点。应加大培养高层次复合型人才，满足旅游产业创新发展的需求。

（三）提升就业竞争力的需要

根据文化和旅游部公布的数据，旅游业从业者的学历从高中、专科到专科以上，对从业者的学历要求在不断提高，这归因于我国经济的快速发展、教育政策的改革和不断优化，以及个人对学历的重视和全社会学历的普遍提高。从官方公布的数据可以看到能够签订劳动合同成为正式工的人数占比在近几年一直不是很高，在50%以下，一方面由于旅游业不够稳定，另一方面由于导游的刚需不大。这一定程度降低了导游职业入门门槛，增加了行业的竞争，学历对导游职业的影响也会体现到个人能力上，这也是对比其他行业本科以上甚至研究生以上的学历要求，旅游行业仍放宽至大专的原因。当社会资源无法满足所有人的需求时，人们通过竞争来获取更多资源。同行间竞相付出更多努力以争夺有限资源，从而导致个体"收益努力比"下降的现象，可以看作努力的"通货膨胀"。例如，看电影（有限资源）时，当第二排的人由于前排遮挡而坐直时，后排的人（同行）也会纷纷坐得更高（竞相付出努力）。本来坐着可以享受的电影，最终站着才能勉强看到（个体收益努力比下降）。21世纪各行各业的竞争激烈程度加剧，并且随着物质生活的提高，高学历、高能力的导游会更受欢迎，甚至会吸引游客慕名报团，增加公司的收入。导游竞争越来越激烈，要求导游掌握更多的技巧，否则将面临失业的风险。

【案例 10 - 2】

危难时刻的营救

2017年8月8日21时19分，九寨沟发生7.0级地震。一场大规模的救人行动立即开始，在灯火通明的市旅游局办公室里，紧急呼救声打破了夜晚的宁静。"我是四川航空旅行社导游刘凤琼。我们的游客急需救援。"电话那头，刘凤琼和公交车司机一边疏散游客，一边通过不稳定的通信信号互相沟通求援。当地震发生时，汽车被一块坠落的巨石击中，巨石的高度比车身高，车身同一侧的玻璃都碎了，车内一片混乱。刘凤琼和司机引导游客取下车窗旁的应急锤，打碎所有车窗并跳下车，同时将伤残游客逐一扶至安全区。在当地抗震救灾队伍的帮助下，包括刘凤琼和她的游客在内的6万多人不到24小时内成功获救并安全转移。

此时，另一端，于文超带领的队伍正在演艺中心看《九寨永远的爱》，地震发生时游客纷纷逃离，场面十分混乱。站在门口的乐山乐水旅行社导游于文超却一动不动。他挥舞着手中的导游旗大声引导游客有序撤离，不要慌张，现场游客情绪逐渐稳定，疏散工作有序进行。在大约20分钟内，他成功地将队伍的所有游客救出，并将他们带到开阔地避难。

三、应变技能的主要内容

应急技能的训练不仅需要掌握一定的应急原则，还需要学习一些应对特殊情况的技巧和方法。在这里涉及的应急原则主要是游客个性化需求的处理原则，包括尊重法律的原则、等距服务原则、超常服务原则、合理可行的原则、礼让原则、维护尊严的原则。游客个性化需求的处理方式主要涉及以下七点：①游客餐饮个性化需求的处理，包括饮食禁忌、回返餐请求、分餐请求或送餐服务，以及其他饮食要求；②处理游客娱乐的个性化需求，包括计划安排的变化，游客在导游的帮助下提出了自己的安排；③处理游客购物的个性化需求，包括游客不参与计划购物，游客需单独购物，委托导游购买其他东西；④游客要求免费活动；⑤来访者探亲访友或陪伴亲友的请求；⑥访客寻求帮助处理交付的物品；⑦游客要求退出或延长游览时间。

（一）团队运营中常见问题

①错接、空接事故，旅行团要求更改行程；②游客随机行李丢失或损坏；③误机（车、船）事故；④游客丢失证件和物品；⑤游客丢失；⑥生病或受伤的游客；⑦旅游交通事故、火灾事故和公共安全事故。这一部分涉及内容多，情况比较复杂，较难处理。其中旅游事故的处理更是要求导游必须掌握，及时应对。为了更好处理这个问题，有必要了解旅游事故的类型。

（二）旅游事故的类型

1. 根据事故的性质可分为技术事故和安全事故

技术事故是指因旅游接待部门运行机制失灵，影响旅游活动安排或旅游行程安排的事故，如漏接、错接、旅游日常变化等；安全事故是指关系游客人身安全和财产安全的事故。

2. 根据事故责任可分为责任事故和非责任事故

责任事故是指接待方造成的事故，包括导游的直接责任和接待方其他环节的事故。例如，由于接待方的疏忽、规划不当等原因，误接、误机事故，以及导游照顾不善，使游客流失等。非责任事故是指非接待部门或游客自身造成的事故，如飞机因天气原因未能起飞、游客因意外造成的伤亡、游客因不服从指挥造成的损失等。

3. 根据事故的严重程度可分为严重事故和一般事故

严重事故是指给旅游者或旅游接待方带来巨大经济损失，给旅游者带来重大身心伤害，对社会造成不良影响，旅游者反应强烈，甚至提出终止旅游合同投诉和处理的事故。一般事故是指经常发生并且可以及时补救的事故，如旅游者证件、物品丢失等。

4. 根据事故的实际情况可分为拟造成事故和已完成事故

拟造成事故是指可能带来事故的情况，事故没有发生，但很有可能发生；已完成事故是指已经成为事实的事故，导游只能按照相关规定事后处理。

（三）团队运营及旅游事故的应变处理

1. 漏接的处理

一是实事求是地向游客说明情况，诚恳地赔礼道歉，求得游客谅解；二要尽量采取弥补措施，使游客的损失降到最低限度；三要提供更加热情周到的服务，高质量地完成计划内的全部活动内容，必要时请接待团领导出面赔礼道歉，或酌情给游客一定的物质补偿。

2. 空接的处理

一是导游应立即与本社有关部门联系，查明原因；二是如推迟时间不长，可留在接站地点，继续等候迎接旅游团的到来，同时要通知各接待单位处理相关事宜；三是如推迟时间过长，导游需按本社有关部门的安排，重新落实接团事宜。

3. 错接的处理

一是必须报告领导；二是要将错就错；三是必须交换；四是地陪要实事求是地向游客说明情况，并诚恳地道歉，以求得游客的谅解；五是如果其他人员或非法导游将游客带走，须马上与饭店联系，看游客是否已入住下榻的饭店。

4. 旅游团要求变更计划日程的技能

在旅游过程中，由于种种原因，游客向导游提出变更旅游线路或旅游日程时，原则上应按旅游合同执行，如有较特殊的情况，需由领队提出，导游无权擅自做主，需要上报组团社或接待社有关人员，经有关部门同意，并按照其指示和具体要求做好变更工作。当因为旅行社的原因需要调整计划日程时，在旅游计划安排过程中可能出现因旅行社工作疏忽，如景区当天不开放，游客预订节目没安排，造成旅游活动安排不周，需要临时进行调整。出现这种情况时，应首先对计划进行合理安排，尽量不影响日程，然后将安排后的计划与领队及游客沟通，获得他们的谅解，再按照新的计划安排游览。

5. 误机（车、船）事故的处理

一旦发生误机（车、船）事故，导游按照下列步骤进行处理，首先导游应立即向旅行社领导及有关部门报告并请求协助；其次地陪和旅行社尽快与机场（车站、码头）联系，争取让游客乘最近班次的交通工具离开本站或采取包机（车厢、船）或改乘其他交通工具前往下一站；再次是稳定旅游团（者）的情绪，安排好在当地滞留期间的食宿、游览等事宜，及时通知下一站，对日程做相应的调整；最后旅游团赔礼道歉，写出事故报告，清查事故的原因和责任，责任者应承担经济损失并受政纪处分。

6. 丢失外国护照和签证的处理

一是由旅行社出具证明，二是请失主准备照片，三是失主本人持证明去当地公安局（外国人出入境管理处）报失，由公安局出具证明，四是持公安局的证明去所在国驻华使领馆申请补办新护照。丢失团体签证的处理，一是由接待社开具遗失公函，二是准备团体签证复印件副本，三是重新打印团体签证格式内容相同的该团人员名单、该团全体游客的护照，四是持以上证明材料到公安局出入境管理处报失，并填写有关申请表。

7. 游客走失的处理

一要做好提醒工作；二要做好各项活动的安排和预报；三要时刻和游客在一起，经常清点人数，地陪全陪和领队密切配合；四是导游要以高超幽默的语言吸引游客。造成游客走失的原因有三种：一是导游没有向游客讲清车号、停车位置或景点的游览线路；二是游客对某种现象和事物产生兴趣，或在某处摄影滞留时间较长，而脱离团队，自己走失；三是在自由活动外出购物时，游客没有记清饭店地址和线路而走失。

8. 游客食物中毒或食物过敏的处理

导游应设法催吐，让食物中毒者多喝水，以加速排泄，缓解毒性，立即将患者送医院抢救，请医生开具诊断证明，迅速报告旅行社，并追究供餐单位的责任。游客患一般疾病的处理，一是劝其及时就医，注意休息，不要强行游览；二是要关心患病的游客；三是需要时导游可陪同患者前往医院就医；四是严禁导游擅自给患者用药。

9. 旅游安全事故的处理

旅游安全事故分为以下四种：轻微事故，游客轻伤或经济损失在1万元以下；一般事故，游客轻伤或经济损失在1万（含1万）至10万元；重大事故，游客死亡或重伤致残或经济损失在10万（含10万）至100万元；特大事故，多名游客死亡或经济损失在100万元以上，性质特别严重，产生重大影响者。

交通事故在旅游活动中时有发生，所以交通事故的处理技巧是导游需要掌握的一个重要技巧。当交通事故发生时，导游应该做到以下五点：一是要立即组织抢救，如不能就地抢救，应立即将伤员送往距出事地点最近的医院抢救；二是要保护现场，立即报案；三是要迅速向旅行社汇报；四是要做好全团旅游者的安抚工作；五是要写出书面报告。

在旅游过程中遇到治安事故，如遇到行凶诈骗、偷窃抢劫导致游客身心及财物受到不同程度的损害，导游应该挺身而出，保护旅游者。此时导游应做好以下工作，一要保护旅游者的人身财产安全；二要立即报警；三要及时向领导报告；四要安定旅游者的情绪；五要写出书面报告；六要协助领导做好善后工作。

当在旅游过程中出现火灾事故时，为了保证旅游者在火灾时能够尽快疏离，首先，导游要做到熟悉饭店楼层的太平门、安全出口、安全楼梯的位置及安全转移的路线，并向旅游者提前介绍；其次，导游应牢记火警电话（119）并知道所有游客所住房间的号码。当发生火灾时，导游应立即报警，迅速通知领队及全团旅游者，配合工作人员，听从统一指挥，迅速通过安全出口疏散旅游者。导游要引导大家自救，千万不要盲目引导乘客搭乘电梯或随意跳楼，导游要审慎地判断火情，从而引导大家镇定自救。

(四) 游客个别要求的应变处理

处理游客的个人要求有一定规则，主要涉及以下两点：一是代客送物的处理技巧，二是游客要求退团或延长游览时间的处理。

1. 代客送物的处理技巧

一是要问清楚对象是什么；二是一定要请游客写委托书；三是将物件或信件交给收件人后，收件人应写回执并签字；四是将委托书、收据交旅行社保管备查；五是寄往外国驻华使领馆及其人员的物品、信函原则上不予受理。

2. 游客要求退团或延长游览时间的处理技巧

分为客观原因和无客观原因。游客因特殊原因提前离开旅游团，如旅游者生病、家里发生意外、工作急需或其他特殊原因需要提前离开旅游团的，旅游活动将被终止，由旅行社和团体组织机构负责解决接收方的，未享受的综合服务费，按旅游协议规定退还或部分退还。无特殊原因提前离团的，应做到一是配合领队劝导；二是接待方有责任，应尽量弥补；三是游客提出无理要求，耐心解释；四是劝说无效满足其部分要求；五是涉及的服务费不予退还。要注意无论外国游客因何种原因要求提前离境，导游均应在领队的指导下协助游客重新订机票、办理签证等出境手续，费用由游客自行承担。

【互动交流】

1. 如何认识导游带团的特点？
2. 导游怎样与领队合作共事？
3. 怎样做好儿童和高龄游客接待工作？
4. 常用的导游讲解方法有哪些？
5. 导游如何有效运用态势语提高导游服务质量？
6. 导游应该如何提高自身的导游交际语言的运用？

【案例任务】

尽量满足顾客的合理需求

某年"十一"黄金周期间，上海市各大饭店客房数量紧张，小赵所带的旅行团费尽周折，终于安顿了下来，将游客安排在了离市区较远的一个酒店，虽然之前全陪和地陪向游客说明了情况，但游客们还是不满意当晚的住所，无论导游怎样弥补游客都拒绝入住。此时，司机师傅主动向导游建议，晚饭后他可以免费开车带大家去市区转一转，欣赏下魔都的夜景，游客们这次同意入住。第二天，小赵带领旅行团游览参观景点，游览过程中一位中年男士突然身体不适，小赵立刻拨打了120，并上前查看这位先生的情况，15分钟后救护人员到达，小赵让全陪跟医护人员一起将患者送到了医院，自己继续带团完成当天的游览。最终这位游客也及时得到了救治，小赵也完美地完成了此次的带团任务，临走时游客们夸奖了小赵的景点讲解生动形象，有趣、不枯燥无味。

请分析：

小赵是如何处理突发事件的？他的处理方法是否正确？这个案例对你有什么启示？

【参考文献】

1. 鲍文君. 导游原理与实务 [M]. 北京：电子工业出版社，2009.

2. 周柳. 导游实务与技巧 [M]. 北京：机械工业出版社，2011.

3. 钱惠梅. 浅谈导游语言技能训练 [J]. 科技信息，2012 (19)：325 - 326.

第 11 章

酒店房务劳动技能

【本章简介】

酒店的房务部门在酒店的运营中拥有非常重要的地位。在酒店房务部门的服务及劳动过程中需要专业的技能。本章从前厅部和客房部两个部门的劳动技能展开，重点介绍了客房预订、前台入住、礼宾服务以及客房卫生服务、客房常规对客服务的标准程序，同时结合了一些实操练习来进行劳动项目的实践。

【学习目标】

1. 列举酒店房务的主要劳动技能。
2. 掌握主要的房务劳动技能基础知识。
3. 完成劳动项目的实操练习并达到合格。

【导入案例】

酒店客房服务员每天坚守岗位①

她不是一名医护工作者，也不是一名国家公职人员，她是一位酒店客房服务员，但她选择在抗疫战场上坚守阵地，她的名字叫符海燕。

为了防控新冠疫情，从 2020 年 1 月 26 日起，位于海口市博雅路上的一家酒店被征用为留观点，对和确诊患者有过密切接触的人进行集中观察。听到此事后，在很多服务员告假在家一时无法返岗的情况下，符海燕主动站了出来，一个人承担起了留观点这段时间的客房清洗等工作。

"在这种环境下工作，家人很担心我的安全。"符海燕说，既然选择了服务行业，就要在国家需要的时候站出来，为大家做力所能及的事情。

2 月 18 日上午 9 时，记者探访该留观点时，符海燕正在留观点一楼的大堂忙碌，穿好防护服，戴上口罩、护目镜，"全副武装"后，她推着工作车开始工作。这已经是符海燕坚守在这里的第 24 天，每天早上 9 点进入留观点，她下午 5 点才能出来。在这期间，符海燕不但要对客房进行吸尘、铺床、擦洗、更换洗漱用具，有时还要承担起送餐任务。在防护用品不足的情况下，符海燕为了减少防护服的使用数量，每天都等到下午 5 点左右才吃"午餐"。"如果按时吃午饭就要更换一套防护服，太浪费了，还是省下来给医护人员用吧。"符海燕说。

热心细致的服务，得到了留观人员的称赞。"只要打一声招呼，她立马就到，我们在

---

① 王天宇. 少换防护服怕浪费 每天下午 5 点吃午餐［N］. 南国都市报，2020 - 02 - 18（7）.

这里感受到了家的温暖。"留观人员张女士说。

每天 8 小时坚守在留观点，虽然很辛苦，但符海燕并不觉得累。"这是一次难忘的经历，在这场没有硝烟的战争中，我所做的这些很平凡，比起那些奋战在艰苦一线的医护人员更算不上什么。能让每个人住得安心，我也很开心。"符海燕说。

请思考：
酒店服务人员在新冠疫情期间需要学习哪些新的技能？

房务部管辖着酒店客房销售与服务的很多部门。在组织结构构成中，大部分酒店的房务部下属两大分部门：前厅部及客房部。这些部门又分别有预订、接待、问讯、礼宾、总机、商务中心、收银、大堂副理、管家部、洗衣房、布草房和花店等十几个部门。每个部门的工作特点各不相同，因此酒店把前厅客房部扩延为一个更广泛的概念。酒店房务劳动技能非常丰富，需要专业学习。本章仅针对几项较为重要的技能进行重点介绍。

第1节 前厅部劳动技能

一、客房预订技能及劳动实践

客房预订是指酒店与宾客之间达成的一种预期出租或使用客房的协议，是客人预先要求酒店为其在将来某一段指定时间内保留客房所履行的手续，也叫订房。

对客人而言，客房预订为其提供住宿保障；对酒店来讲，开展预订工作，有利于酒店做好准备工作，可以使酒店对客服务上掌握主动权，增加客人的满意度，同时也可以开拓市场，稳定客源，提高客房出租率。酒店还可以通过预订来掌握客源动态，预测酒店未来业务，为酒店做好总体工作安排提供依据，有利于酒店协调各部门业务，提高工作效率和服务质量，提高管理成效。最后，开展预订工作是酒店进行推销的一个重要手段。

（一）客房预订的标准程序

客房预订是一项专业技术性较强的工作，为了确保客房预订工作高效、有序地进行，必须建立完整而详细的工作程序，如图 11 - 1 所示。

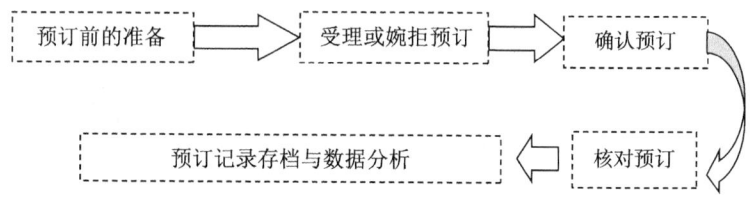

图 11 - 1　酒店客房预订程序

1. 预订前的准备

预订员在上班时，首先应该有一个良好的精神面貌，按照酒店要求规范上岗，做好交接班。接班时，查看上一班预订资料，问清情况，掌握需要处理的预订名单及其他事宜。检查计算机等设备是否处于完好状态，准备好预订单、预订表格等各种资料和用品，摆放整齐规范，避免客人订房时临时现查、现找等现象发生。

预订员上班后，必须迅速准确地掌握当日及未来一段时间内可预订的客房数量、等级、类型、位置、价格标准等情况，对可预订的各类客房心中有数，保证向客人介绍可订房间的准确性。

2. 受理预订

客人一般可采用电话、传真、互联网等预订方式与酒店联系订房事宜。预订员首先要准确掌握本酒店客房产品的特点、价格及当前预订状况和相关促销政策，在接到客人的订房申请后，要明确客源类型，听取客人预订要求后，迅速查看有无符合客人要求的房间，从而决定是否能接受客人的申请。

如果能够接受客人的订房，预订员要将宾客的订房要求填写入统一规格的预订单，以明确酒店在处理预订中所需的各种信息，它是订房工作的第一手资料。订房单的填写要求字迹清楚、内容完整、有凭有据，以便日后检查。

如果酒店无法接受客人的预订，应对预订加以婉拒。婉拒预订即婉言拒绝客人的订房要求，主动提出一系列可供客人选择的建议。如果仍然不能达成订房协议，还可以征得客人同意，将客人的姓名、电话号码等登记在"等候名单"上，一旦有了客房，立即通知客人。用建议代替简单的拒绝十分重要，它不仅可促进酒店客房的销售，而且有助于树立酒店的良好形象。

3. 确认预订

确认了宾客的订房要求后，如果时间允许的话，酒店应及时发出预订确认书（见表11-1）。确认书应复述客人的订房要求、房价及付款方式，申明酒店对宾客订房变更、取消预订的规定。对确认类预订的客人要申明抵店时限，对保证类预订的客人要申明酒店收取预订金。最后，还应向客人选择本酒店表示谢意。

4. 核对预订

有些客人提前很长时间就预订了客房，在入住之前的这段时间内，可能会因种种原因而取消预订或更改预订。为了提高预订的准确性和酒店的预订率，并做好接待准备工作，在客人到店前预订员要通过书信或电话等方式与客人进行多次核对，问清客人能否如期抵店？住宿人数、时间和要求等是否变化？

在客人抵店前一天的核对尤为重要。核对的主要内容是更改预订的情况、客人的特殊要求、VIP的详细资料。在核对预订时，如果发现客人取消或更改订房，则要及时修改预订记录，并迅速做好取消或更改预订后闲置客房的补充预订。

表 11 - 1　酒店订房确认书（RESERVATION CONFIRMATION）

收件人 Attn		电话 Tel	
日期 Date		传真 Fax	
地址 Add		页数 Pages	

我们非常高兴地确认您如下预订内容：

We are pleased to confirm your reservation as follows：

客人姓名

Name Of Person（s）

人数

Number Of Person（s）

到达日期　　　　　　　　　　　　航班号

Arrival Date　　　　　　　　　　　Flight No.

离店日期　　　　　　　　　　　　航班号

Departure Date　　　　　　　　　　Flight No.

房号及房数

Accommodations

客房价格　　　　　　　　　　　　服务费

Rate　　　　　　　　　　　　　　Service Charge

备注：预订客房将保留至下午六时，迟于下午六时到达的宾客，请预先告知。若有任何变动，请直接与酒店联络。

Else：Your room will be held until 6：00 P. M. unless later arrival time is specified. Should there be any changes，please contact the hotel directly for adjustment.

确认者　　　　　　　　　　　　　部门

Confirmed By　　　　　　　　　　Department

5. 预订记录存档

按照时间顺序和字母顺序，预订员将原始订单的内容输入计算机，以便预订处管理人员对预订情况进行统计、存档和制表。预订处的档案工作非常重要，它包括预订资料档案和客史档案资料卡。预订资料档案是各种预订记录存储的基础，包括客人预订的各种原始资料，如传真、信函等。这些原始资料和预订单须放置在一起保存，以方便日后检查及分析。客史档案资料卡上按照英文姓氏字母顺序排列的，它记录客人的身份、护照情况、入店和在店停留时间以及信用情况等，前台可以根据该资料追踪，向客人寄送邮件，与客人保持联系，邀请客人再度光临。

（二）客房预订劳动项目实操练习

学生分组进行（每组 2 人），交换预订员与宾客的角色，根据情景模拟场景分别进行。扮演宾客一方的学生应尽量提出更多的问题和要求，以观察和训练扮演预订员学生处理问题的能力（见表 11 –2）。

请根据下列情景设计对话，分别扮演预订员和客人模拟散客电话预订情景。

★国贸大酒店预订部。

★停留时间：11 月 3 日，住两晚。

★可推荐房型：豪华套房，每晚 980 元；普通套房，每晚 680 元；标准间，每晚 480 元。

★客人姓名：张军。

★支付方式：现金。

★抵达时间：下午五点。

★航班号：上海过来。航班×××。

★联系方式：电话×××。

表 11 –2　酒店电话预订服务标准

操作步骤	服务标准与要求	满分	得分
1. 接听电话，问候客人	★铃响三声之内接听，不能让客人久等。 ★热情礼貌，个人仪表规范，使用适当的问候语，并报出岗位。	15	
2. 聆听客人订房要求	★询问客人抵达日期、预住天数、房间类型、房间数量、客人姓名等订房信息。 （如能做到询问细节，主动介绍房间类型及设施。）	30	
3. 明确能否接受预订	★查看房态盘，确认可否预订。	10	
4. 确认预订	★询问客人姓名及联系方式。 ★询问客人是否要进行担保，如客人担保，确认客人的保证方式（现金或信用卡），在预订单上注明；如客人不担保，需问清客人抵店时间，或者向客人说明客房保留时间。 ★询问客人有无接机、客房布置等特殊要求，做好详细记录。	20	
5. 复述订房内容	★复述抵离店时间、房间类型、数量、特殊要求等。	15	
6. 完成预订	★向客人致谢，记录存档。 ★填写预订清楚准确。	10	
总计		100	
说明	总分 100 分，90 分以上为优秀；80 ~ 89 分为良；70 ~ 79 分为中；60 ~ 69 分为合格；60 分以下为不合格。		

二、前台接待技能及劳动实践

前台作为酒店的门面，是与客人最直接接触、也是最先对客人影响并做出服务的部门，是迎送客人的最佳地点。一家酒店的服务质量、工作效率的体现基本都是从这里开始的。宾客抵达后，他就通过前厅部与酒店建立了商业和法律上的关系。这时候前台的员工责任就是通过验证这种双方关系来监管相互间的财务交易。

前台是前厅部的业务中心，按照客人抵离酒店的顺序，前台接待业务的主要工作内容包含：客人抵店前的预抵客人管理、办理登记入住及销售客房、协调对客服务、收银、退房及客史档案管理等。其中，入住登记是前台为客人办理的最为重要的一项工作，也是前台必须掌握的首要劳动技能。

（一）客房入住登记的标准程序

入住登记是对客人服务全过程中的关键环节，其工作效果将直接影响到前台的客房销售、提供信息、协调对客服务、建立客账与客户档案等各项职能的发挥。尽管入住登记会占用客人很多宝贵的时间常常引起客人的投诉和不满，同时还会增加前台员工的工作量，但实际上，国内外几乎所有酒店都要求客人履行入住登记手续。

由于国家及公众安全的需要，各国警方及公共安全部门都要求酒店及客人在住宿时履行入住登记手续。这不仅可以有效地保障酒店的利益，防止客人逃账，也可以保障酒店及客人生命、财产的安全。通过住宿登记、查验客人有关身份证件，可以有效地防止或减少酒店安全事故的发生。

本节整理概述了入住登记流程的七个步骤，如图 11 - 2 所示。

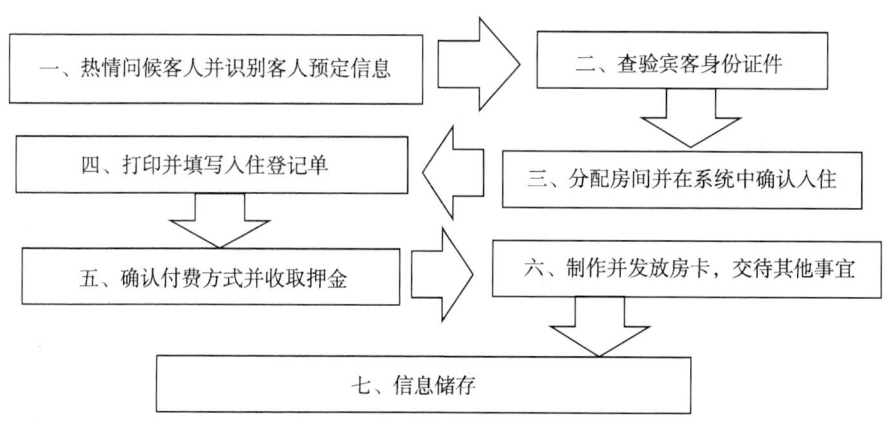

图 11 - 2　酒店入住登记程序七步法

1. 热情问候客人并识别客人预订信息

笑脸相迎，向客人问好。这是向客人提供礼貌服务的第一步，表示对客人入住酒店的欢迎，也是对前台接待人员最基本的要求。有一些酒店还设有宾客关系主任一职，专门在大堂迎接客人的到来，引领客人办理入住。宾客关系主任还会为客人奉上欢迎饮料或者茶，甚至有一些酒店还会有富有地方特色的欢迎仪式。比如在西藏的一些酒店，宾客关系主任会为每位客人献上哈达表达对远方客人的欢迎，让客人在办理入住以前就感受到酒店的殷勤好客。当然这也可以缓解客人在排队办理入住期间的焦虑心情。

客人如果已经提前预订好客房，接待员需在电脑上迅速找出客人的订房资料，确认客人的订房内容，查看有无客人的邮件、留言等。客人如果未经预订而抵店（Walk-in），在有空房的情况下，应尽量满足客人的住宿要求，价格则需要按照酒店当天的门市价格进行预订，适当地进行增值销售。如果没有空房，可以拒绝其留宿。不过最好帮客人在同等级的其他酒店联系客房，展示酒店的专业和服务。

2. 查验宾客身份证件

查验身份证件能够确保预订信息和实际入住人的信息匹配，以免发生登记失误。另外，酒店需要把客人证件信息和住店信息传输到旅馆业治安管理信息系统中，以备公安查询。有了客人的身份信息，能为客人提供个性化的服务。

前台服务人员必须严格落实"四实"登记制度（实名、实数、实时、实情），并按要求登记住宿人员信息。"三问"：请出示本人有效身份证件；是否本人入住；有否其他一同入住人员；"三核"：核对身份证件头像、性别、年龄是否与旅客一致；核对旅馆业治安管理信息系统登记的内容与证件信息准确无误；核对旅客同时入住人员是否已逐一如实登记；"四严禁"：严禁无登记有效证件入住；严禁持他人身份证件登记入住；严禁本人登记后由他人入住；严禁一人登记后多人入住。

3. 分配房间并在系统中确认入住

排房是指向宾客确认并为他安排一种特定类型的可出租房并分配固定房号。在给客人办理入住登记手续或分配客房前，接待员必须掌握接待工作所需的信息、房态和可供出租客房情况等。通过这些准备工作，接待部工作人员可以提高工作效率。客人入住的前一晚很多酒店已经开始了预排房工作。排房工作经过入住登记过程验证才算最终完成。

仅靠客房类型来满足宾客的需求是远远不够的。酒店同类型的客房因位置、景色、内装潢的不同，仍存在差异，故在排房时应核实客人住宿要求，并了解客人对客房的具体要求，如相邻房、外景房、内景房、连通房，以及房号数字的偏爱等。前台接待员必须熟悉客房类型间的差别，包括家具设施、客房位置以及客用品种类等，以求最大限度地满足宾客的要求。排房最关键的是要了解客人的需求并尽量满足其需求，方便客人为第一要务。同时尊重客人的生活习惯、文化、宗教以及民俗。如西方客人忌讳"13"，中国客人忌讳"4"（同"死"）字的楼层或房号。

4. 填写入住登记单

在办理客人入住登记过程中，填写登记表是花费客人时间最多的一个环节，前台应在保证登记质量的前提下，尽量减少办理入住登记手续的时间。

对于预订过的散客或者常客、贵宾等，因酒店在其订房时就已掌握了部分或者较多资料，客人在抵店前的准备工作会更充分、更仔细，可以预先打印入住登记单并将其按客人姓名字母顺序排列在专用的箱内，如表11-3所示。客人抵店时，即可根据姓名查找出该客人的预先登记表，请其填完其他有关内容并签名，经核对证件后，入住接待的记录就完成了。

表 11-3　入住登记表

姓　名 Name in full	中　文 Chinese			性　别 Sex	
	英　文 English	姓 Surname		出生日期 Date of birth	
		名 Given name			
国　籍 Nationality		证件名称 Certificate name		号码 Number	
签证种类 Type of visa		签证或居留许可有效期 Validity term of visa or residence permit		签证或居留许可号码 Number of visa or residence permit	
入境日期 Entry date		入境口岸 Entry port		入住时间 Date of arrival	
签发机关 Issuing authority				接待单位及接待人 Host and host organization	
从何处来 From where				到何处去 To where	
楼、房号或留宿人住址 Building and room numbers or the householder's address					

5. 确认付费方式并收取押金

为确保酒店利益不受损害，建立酒店和客人之间的信用关系是非常必要的。这里讲的信用关系就是指客人决定付款的方法。目前，酒店可以接受的付款方法主要有现金支付、信用卡、旅行支票、转账、挂账等。为了防止不良客人的逃账行为或者损坏酒店的设施设备，同时也为了方便客人在酒店内的各个营业场所进行消费，收取押金后，前台需要妥善保管所有押金，并向客人提供相应的付款凭证，以方便客人退换押金。

6. 制作并发放房卡，交代其他事宜

房卡是为住店客人提供的一张住店身份证明卡，因此，也称酒店护照。有效期自客人入店至客人结账离店日为止。根据酒店实际情况为宾客提供早餐券、饮料券、各种促销宣传品等。告知客人房费内是否含早餐，早餐的时间地点，告诉客人客房所在楼层及房号，指示电梯位置，问客人是否需要行李服务。然后，安排行李员搬运客人行李。主动与客人道别或者将客人送至电梯处，祝客人住宿愉快。

7. 信息储存

告别客人以后，前台将客人具体信息录入电脑 PMS 系统，建立完整的客史档案。同时建立该客人的有关资料并输入电脑，作为今后对客人服务的依据。再次确认房态是已入住状态，可售房状况改为已入住状况。

将与结账有关的信息输入计算机客账单内，将客人支付押金的账单连同入住登记表和客人的信用卡签购单一起保存。每个客人在前台都会有一个专门的信息储存夹，用于储存入住登记单和相应的账单。同时将宾客入住信息传递给相关部门，如客房部、总机等。

（二）前台入住劳动项目实操练习

学生分组进行（每组 2 人），交换前台接待员与宾客的角色根据情景模拟场景分别进行。扮演宾客一方的学生应尽量提出更多的问题和要求，以观察和训练扮演接待员学生处理问题的能力（见表 11 - 4）。

请根据下列情景设计对话，分别扮演前台接待员和客人模拟散客电话预订情景。

★中国大酒店前台。

★客人姓名：张军，已经提前预订。

★停留时间：11 月 3 日，大床房，房费 688 元每晚，含早餐，住两晚。

★付费方式：信用卡。

★入住时间：下午 6 点。

★其他：客人行李较多。

表 11 - 4　酒店入住登记服务标准

操作步骤	服务标准与要求	满分	得分
1. 问候并识别客人有无预订	★主动问候，确认客人是否需要办理入住手续。 ★询问客人有无预订。	10	
2. 询问客人预订信息，查看房态盘，确认能否接待客人	★确认客人的预订信息，包括住店客人姓名、预订的房间类型和房间数量、离店日期等。 ★查看房态盘，确认客人预订要求是否可以得到满足。	5	
3. 请客人出示并核对有效证件，填写入住登记表	★请客人出示有效证件。 ★指导客人或帮助客人填写（国内或境外）入住登记表，请客人签字确认。 ★复印客人有效证件。 ★认真核对证件和入住登记表。	20	
4. 排房	★根据客人实际情况，为客人选定房号。	20	
5. 确认付费方式并收预付款	★询问客人是否需要在店内消费，并根据情况适当收取押金或刷预授权。 ★（1）若客人以现金结账：按规定预先收取客人的押金，并准确填写押金收据。 （2）若客人以信用卡结账时，接待员首先核验客人所持信用卡是否属于中国银行规定的可以在我国境内使用的信用卡，有无残缺、破损及有效期限，然后用 POS 机刷预授权，请客人签字，将信用卡退还客人，将签购单和账单一并保管好。	15	
6. 制作房卡并发放房卡	★根据客人要求分配好房间并将房号并输入，使客人信息处于住店状态，制作房卡。 ★根据酒店实际情况及宾客的人数和房间数为宾客提供早餐券、免费饮料券等。 ★将客人证件、房卡、钥匙、早餐券或者其他优惠促销券交给客人。	15	
7. 向客人说明解释相关事宜，安排客人入住	★根据情况向客人介绍早餐用餐地点或者酒店的大致设施布局。 ★告诉客人客房所在楼层及房号，指示电梯位置，安排行李员引领客人进房。 ★主动与客人道别，祝客人住宿愉快。	10	
8. 信息储存，建立客史档案	★根据登记资料将客人具体信息录入电脑，建立客户档案。 ★将与结账有关信息输入计算机客账单内。 ★将登记表复制后放入账袋，以便查询，原件留存。	5	
总计		100	
说明	总分 100 分，90 分以上为优秀；80～89 分为良；70～79 分为中；60～69 分为合格；60 分以下为不合格。		

三、礼宾服务技能及劳动实践

礼宾服务（Concierge）是现代酒店对客服务中的一种新概念。它把迎送客人服务和为进出客人提供行李服务合为一体，并作出具体分工。按照服务程序标准化的要求对上述两项服务进行合理分工，突出客人应享受的礼宾待遇。它较之过去传统的行李服务的概念更能体现酒店与客人之间的关系，拓宽了对客服务的内容。

在大中型酒店中，礼宾处一般设迎宾员/门童、行李员、派送员、机场代表等几个岗位，包括为客人提供机场、车站、港口的迎接、寄存、保管行李，递送邮件等项服务。礼宾部工作的好坏，对客人第一印象的形成起着重要的作用，其工作人员在客人心目中常被视为"酒店代表"，其服务态度、工作效率和质量如何，都会给酒店的经济效益带来直接的影响。

(一) 门童店内迎送服务标准流程

店内迎送宾客服务主要由门童负责。门童是代表酒店在大门口迎送客人的专门人员，是酒店的"门面"，也是酒店的形象的具体体现。门童是代表酒店向所有进出酒店大门的客人致意并提供迎送服务的服务人员。门童与酒店的建筑、门面一样，门童的形象往往代表了整个酒店的形象。门童值班时，通常身着镶有醒目标志的特订制服，显得精神抖擞，同时，还能创造出一种热烈欢迎客人的气氛，满足客人受尊重的心理需求。

1. 迎宾服务

首先，客人抵达时，向客人点头致意，表示欢迎，并道声"欢迎光临"。

其次，门童要协助行李员卸下行李，查看车内有无遗留物品，然后关门，退后一步，示意司机发车，并向司机道谢。

在替客人开门时，门童应用一手打开大门，微鞠躬，然后向客人微笑致意，道欢迎词，同时用另一只手示意客人进入大厅，若使用自动门、旋转门则可不必开门。对于重要客人及常客的迎送工作，门童要根据通知，做好充分准备，向客人致意时，能礼貌、正确地称呼客人的姓名。

2. 指挥门前交通

门童要掌握酒店门前交通、车辆出入以及停车场的情况，准确迅速地指示车辆停靠地点。大型车辆会阻挡门口，故应让其停在稍离酒店正门口的位置。

3. 做好门前保安工作

门童应利用特殊的工作岗位，做好酒店门前的安全保卫工作。注意门前来往行人、可疑分子，照看好客人的行李物品，确保酒店的安全。

另外，对于衣冠不整，有损酒店形象的人或物，门童可拒绝其入内。

4. 回答客人问讯

因其工作岗位的特殊位置，经常会遇到客人有关店内、外情况的问讯，如酒店内有关设施和服务项目、有关会议、宴会、展览会及文艺活动举办的地点和时间等，以及市区的交通、游览点和主要商业区情况，对此，门童均应以热情的态度，给予客人以正确、肯定的答复。

5. 送行服务

客人离店时，首先协助行李员装好行李，并请客人清点过目，当客人上车时，预祝客人旅途愉快，并感谢客人的光临。最后，轻轻关上车门，面带笑容，后退一步，向客人挥手致意，目送客人的车离去。

(二) 行李员服务标准流程

酒店的行李服务是由前厅部的行李员提供的。行李员的工作岗位是位于酒店大堂一侧的礼宾部（行李服务处）。礼宾部主管（或"金钥匙"）在此指挥、调度行李服务及其他大厅服务。每天早上一上班，礼宾部主管就要认真阅读、分析由预订处和接待处送来的预计"当日抵达客人名单"和"当日离店客人名单"，以便掌握当日客人的进出店情况，做好工作安排。以上两份名单中，尤其要注意"VIP"和团体客人的抵离店情况，以便做好充分准备，防止出现差错。在此基础上，做出当日的工作安排计划，并召集全体行李员布置。

【案例 11-1】

十九大代表张丹凤——匠心服务让客人享受回家的感觉①

在白天鹅宾馆工作了 14 年，张丹凤从当年礼宾岗上的小姑娘，成为雷厉风行的高级宾客关系部经理，也成为从白天鹅宾馆走出的第一位党的全国代表大会代表。

张丹凤趴在桌上仔细观察桌上摆放的点心——"天鹅酥"，发现哪里不对劲，随后拍

---

① 十九大代表张丹凤：匠心服务让客人享受回家的感觉 [EB/OL]. (2017-10-09) [2024-2-29]. https：//culture. southcn. com/node_42c29b4693/0d9a22e453. shtml.

下照片微信发给备餐的工作人员。白天鹅宾馆的客人还有两小时抵达，身为宾客关系部经理，张丹凤循例在宾客入住前进行第二次客房检查。在查看各项设施的细节后，张丹凤发现为客人准备的特色点心造型不规整，并且只准备了一副餐具，于是通知工作人员进行调整。对于细节的注重甚至有点吹毛求疵，但在张丹凤看来这是服务业需要的工匠精神，认识到小事的本质，将工作做好。

其实张丹凤和酒店工作的第一次亲密接触，就是在白天鹅宾馆风味餐厅的备餐间洗茶壶、倒潲水桶。但在做这些看似枯燥的工作时，张丹凤在想茶壶怎么洗得更快又不会被打碎，倒潲水如何找到更好的路径、怎样和别人沟通寻求帮助。坚持做好每一件小事，也让张丹凤在工作上得到了认可。入职白天鹅宾馆的第一年，她就获得白天鹅宾馆前台部技能大赛亚军，此后还获得过广东省行业"窗口之星"等荣誉称号。

身为共产党员的张丹凤在工作中一直以更加严格的标准要求自己。她希望，客人来白天鹅宾馆不仅只是来住一间房，更希望他们能够领悟到这座城市的岭南特色文化。酒店在不少人眼中本是人来人往的歇脚处，张丹凤却用热爱和真心把过客变成了归人。

案例分析：
（1）张丹凤从门童开始干起，门童主要的劳动技能有哪些？
（2）本案例中对在房务部工作需要具备的劳动技能有何启发？

（三）行李员劳动项目实操练习

学生分组进行（每组2人），交换行李员与宾客的角色根据情景模拟场景分别进行。扮演宾客一方的学生应尽量提出更多的问题和要求，以观察和训练扮演行李员学生处理问题的能力。

请根据下列情景设计对话，分别扮演前台接待员和客人模拟散客电话预订情景，散客抵店的行李服务程序与标准如表11-5所示。

> ★北京饭店礼宾台。
> ★客人姓名：张军先生。
> ★抵店方式：出租车。
> ★行李：2个大行李箱，2件熨烫过的西服，1个电脑包。
> ★入住时间：下午6点。

表11-5 散客抵店的行李服务程序与标准

操作步骤	服务标准与要求	满分	得分
1. 欢迎客人	★行李员主动向客人表示欢迎。注意使用礼貌用语和仪表仪态。	10	
2. 清点行李	★请客人一起清点行李件数并检查行李有无破损。	10	

操作步骤	服务标准与要求	满分	得分
3. 引领客人至前台	★清点并检查完客人的行李以后，要视行李的多少，决定用手提或使用行李推车。搬运行李时，客人的贵重物品及易碎品，如相机、手提公文包、贵重小件易碎物品等要注意让客人自己拿；装行李车时，要注意将大件、重件、硬件放在下面，小件、软件、轻件装在上面。另外，搬运行李时必须小心，不可用力过大，更不许用脚踢客人的行李。引领客人时，要走在客人的左前方，距离两、三步，和着客人的脚步走，拐弯处或人多时，要回头招呼客人。	15	
4. 等候客人	★客人办理住宿登记手续时，行李员背后站在总台一侧（离总台约四米以外的地方）等候客人，眼睛注视总台接待员。	5	
5. 领取客房钥匙，并引领客人至客房	★待客人办妥手续后，主动上前从接待员手中领取房间钥匙，帮客拎行李，并引领客人到房间。途中，要热情主动地问候客人，向客人介绍酒店服务项目和设施，推荐酒店的商品。（如行李太大、太重，需要使用行李车运送行李，不应拿钥匙，而应告诉客人请他先上去客房，自己随后就到。	15	
6. 乘电梯	★乘电梯时，要先请客人进出电梯，以便按楼层键。	5	
7. 敲门	★进入房间时，要先按门铃，停三秒，介绍自己的身份，再敲门，再停三秒，若房内无反应，再用钥匙开门。	10	
8. 进房	★开门后，先开总开关，然后请客人进入。将行李放在行李架上或按客人吩咐放好，如在白天，要为客人打开窗帘。将钥匙交还给客人。若开门后发现房间未整理或客人对房间不满意，则要立即向客人致歉，并与前厅联系，为客人换房。	10	
9. 介绍房内设施及使用方法	★在介绍房内设施时，要注意该介绍的要介绍（比如：房内空调开关及棉被的位置；冰箱的位置及小酒吧的使用方法；电视机的开关位置及留言灯、请勿打扰灯等床头控制开关的使用方法；卫生间冷热水开关及热水供应时间等），不该介绍的则不要介绍，避免说："这是电视""这是卫生间"之类的废话。因为客人经过长途旅行和长时间的车船劳顿之苦，此时最需要的是尽早休息，而不是听服务员没完没了地介绍。	10	
10. 离房	★离开前要问客人是否还有吩咐，如客人无其他要求，即道别，祝客人愉快，然后迅速离开，将房门轻轻拉上。	5	
11. 填写散客入住行李搬运记录	★填写时注意字迹清楚，填写规范，内容详细。	5	
总计		100	
说明	总分100分，90分以上为优秀；80~89分为良；70~79分为中；60~69分为合格；60分以下为不合格。		

第 2 节　客房部劳动技能

一、客房卫生清洁技能及劳动实践

客房卫生质量是宾客入住酒店最关注的问题之一，干净、舒适、安全的客房是客人对酒店的最基本要求，卫生质量的高低也直接影响酒店的整体品质，客房是客人在酒店停留时间占据最长的地方，客人在这里休息、会客、工作、入眠，那么客房内清洁卫生是否到位就直接影响到客人的入住体验，各种酒店卫生乱象事件曝光以及新冠疫情的影响，使得客人对客房卫生的要求标准更加严格，并且随着新媒体大众化的发展，使得民间监督能力愈加强大，因此客房卫生能否达标直接影响到酒店的品牌效应，因此作为客房服务员一定要掌握客房常规清洁流程、清洁内容和操作规范等相关技能。

（一）客房清扫标准程序

客房清扫的一般原则是从上至下，从里到外，先铺后抹，干湿分开，环形路线。客房服务员需要做到不在客房内吸烟、吃东西、看报纸杂志（特别是客人的书刊），不得使用客房内设施，包括客房内厕所。不得接听客人电话，也不得使用客房内电话与外界通话。除维修、检查外，不得收听、收看客房内录音机和电视机，也不许躺或坐在床上休息。

具体清扫操作程序如下：

1. 准备工作

为保证客房常规卫生清洁的质量，提高工作效率，客房服务员应认真做好客房清洁整理前的准备工作。具体包括以下七个主要步骤，如图 11 - 3 所示。

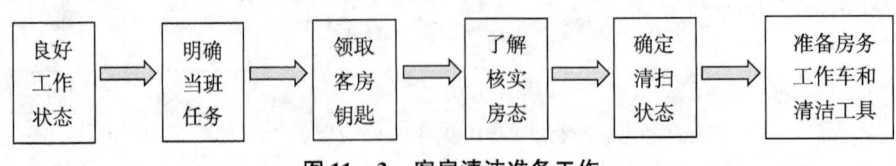

图 11 - 3　客房清洁准备工作

2. 进房

首先检查一下房门是否挂着"请勿打扰"牌或上"双锁"。按照"三敲三报"原则轻敲门，同时报明身份（"服务员"或"housekeeping"），等待房内反应。注意声音以客人能够听清为宜，不得耳贴房门或眼睛从门缝向内看，呈窥视状。然后确认房内无人后，使用钥匙将门轻轻打开45度角再次报明身份。如果客人在房内，要经客人同意后方可进入，并询问客人"您需要打扫房间吗"，若客人在房内休息或者洗澡，应立即道歉退出房间。

3. 停放房务工作车

挡住门口1/3处，靠墙停放，便于在房内打扫时观察工作车，防止物品丢失，也利于顾及楼层安全，也不会导致客人回来时因发现服务员在自己的房间而感到吃惊或发生误会。

4. 开窗户

将"正在清洁中"的标志牌挂在门锁上，拉开窗帘，打开窗户或空调为房间通风换气。

5. 巡视检查

关闭照明灯具及空调并检查是否运作正常。巡视门、窗及各种家具是否完好，如有损坏，及时报告领班报修，检查是否有客人遗留物品，若有发现，应立即上报并做好记录。

6. 检查小酒吧

发现消费的酒水，填写酒水单放在房间，等客人签字后及时补齐，将冰箱清洁干净。

7. 清洁垃圾

撤走房内餐车、餐具、用过的茶杯、烟缸，将房内的垃圾桶及烟缸内的垃圾拿出倒掉前，应检查一下垃圾桶内是否有文件或有价值的物品，烟缸内是否有未熄灭的烟头。清洁垃圾桶和烟缸，确保垃圾桶及烟缸干净无污迹。

8. 撤布草

整理客人衣服，挂入衣橱。将床靠垫、撤下床单、被单、枕套，连同卫生间内需要更换的四套巾（浴巾、面巾、方巾和地巾）一起，分类放入房务工作车的布草袋内，如有破损的布草，应单独存放。对于长住客人若放置了环保卡，则床上用品不必更换。查看洗衣袋，确认客人有无洗衣要求，最后从房务工作车中将干净布草拿出。

9. 做床

中式做床程序与标准，如表 11 - 6 所示。

表 11 - 6　中式做床程序与标准

操作步骤	服务标准与要求
1. 拉床	用力拉床，将床尾连同床垫拉离床头板 50 厘米。对正床垫。
2. 清理床垫	清理床面，整理床垫、褥垫，按期翻转床垫。
3. 铺床单	站在床头，一手抓住床单尾，另一手抓住床单头，用力抛向床尾甩单，一次到位。中线居中，正面向上。
4. 包边角	下垂床单四边掖进床垫下。床角处包紧呈 90 度，要求四角角度一致，床单整理无褶皱。
5. 套被罩	被套正面朝上展开，一次到位套入，四角饱满。
6. 大枕线	将被头反折 30 厘米（一个枕头宽度），要求平整无皱折。
7. 装枕芯	将枕套抖开平放在床上，将平整饱满的枕芯对折后，右手抓住枕芯的两边，左手将枕套口从中缝处提起，使开口分开，两手合力将枕芯装入枕套，将枕头放置床头正中间，开口反向于床头柜。
8. 复原床位	将床归为原位，再次查看床面，稍作调整。

10. 抹尘

注意抹布专布专用，分色管理，分开挂放以杜绝污染。抹尘过程注意检查客用品和设施设备情况。①顺时针或逆时针从高到低、从里往外的顺序。②使用消毒剂擦拭电话。③擦拭灯具时，检查灯泡瓦数是否符合标准、有无损坏，如有应立即报更换。④保证所有房内的家具、设备整洁，如有污迹或不光滑，要借助抛光剂、洗涤剂进行抛光和清理。

抹布分色专布专用

红色（房干布：电器等不能见水的用品）

绿色（房湿布：用于易落灰、污染的家具等）

棕色（卫浴布：浴室玻璃等）

黄色（卫干布：浴室镜等需要干擦等）

蓝色（卫地布：卫生间地面处理细节等）

紫色（恭桶布：马桶）

---

11. 补充房间用品

按照酒店规定的数量和摆放规格添补及摆放客用品，并注意商标面对客人。

12. 清洁卫生间

卫生间是酒店客人沐浴、梳洗化妆的场所，其中不少设备用品都要与客人的皮肤直接接触，卫生间是客人特别注意卫生的区域。以下将介绍卫生间清洁的作业程序，如表11-7所示。

表11-7　卫生间清洁的作业程序

操作步骤	服务标准与要求
1. 清洁前的准备	★打开换气扇。 ★准备操作工具，特别注意在卫生间门口垫一块小地毯，以免弄脏地毯。 ★刷浴缸、面盆、马桶的抹布应分开放置，防止交叉污染。 ★准备好清洁用的抹布及清洁药水，包括消毒水一瓶。 ★放水冲净坐厕，坐厕内喷清洁剂，注意不能将清洁剂直接倒在釉面上。 ★撤掉脏布巾，放入布件袋内。 ★将药用的湿抹布洗净拧干放在一边待用（三块湿抹布分开，一块擦脸盆，一块擦浴缸，一块擦坐厕、地面。
2. 清洁垃圾桶	★清理垃圾桶，将用过的牙具、肥皂收集在垃圾袋内。
3. 清洗杯子	★按操作规程清洗消毒杯子，更换潮湿、脏污的杯垫。
4. 清洗面盆和台面	★用百洁布蘸上清洁剂清洗台面、脸盆，清水刷净，擦干。 ★用海绵蘸少许中性清洁剂擦除不锈钢件的皂垢、水斑，擦干。 ★将毛巾架、浴巾架、托盘、吹风机、电话分机、卫生纸架等擦净，并检查是否有故障。 ★将面盆下两侧的布件篮和地秤清洁干净，确保无水迹、毛发。 ★擦干镜面，在镜面上喷少许玻璃清洁剂，干抹布擦亮。
5. 清洁浴缸	★使用多功能清洁剂清浴缸、皂缸、五金配件和大理石墙面。 ★擦洗浴帘，除去水渍、污渍，确保浴帘上无毛发、污渍。 ★冲洗后，关闭浴缸的塞子。 ★放少量热水和清洁剂，用百洁布从墙面到浴缸里外清刷。 ★开启浴缸活塞，让污水流走，留意浴缸缝隙的清洁，可用牙刷刷净。
6. 清洁马桶	★用马桶刷清洁马桶内部并用清水冲洗，清洗出入水口。 ★用中性清洁剂清洗马桶抽水箱、座沿盖子内外及外侧底座。 ★用干布擦净马桶。 ★对卫生间各个部位进行消毒。 ★补充卫生间用品，摆放好"四巾"和"六小件"。 ★把浴帘拉好，一般拉出1/3即可。
7. 清洁地面	★边后退边擦净地面，注意对地漏的清刷，擦干地面。
8. 吸尘	★用吸尘器对地面吸尘，保证卫生间不留线头、毛发和残渣。
9. 检查	★环视检查，带走所有清洁工具，卫生间门半掩，关上浴室灯。

13. 吸尘

按地毯表层的倾倒方向进行，由内向外，椅子、沙发下、窗帘后、门后等部位均要吸到。同时拉好纱帘，关好窗户，调整好家具的摆放位置。

14. 离开

离开客房前自我检查和回顾一遍，看是否有漏项：家具摆放是否正确，床是否美观，窗帘是否拉到位等。如发现有遗漏，及时补漏或纠正。关掉空调，拔卡断电，将房门锁好。填写日报表。每间客房清扫完毕后，要认真填写清扫的进出时间、布草的使用和补充情况。

【案例11-2】

酒店工作中的细微之处

陈燕是苏州中心大酒店质检培训主管、苏州市会议中心酒管公司第一党支部书记。从事酒店行业工作近20年，一直奋斗在基层服务一线，扎实业务能力让客人赞不绝口。

她坚持"四个一点"。刚参加工作时，她被安排在客房清扫和公共区域保洁岗位上。经常有人对她说："这两个是最没劲的活，天天和马桶打交道，既脏又累又琐碎，从上班忙到下班，吃力不讨好。"但她不这样想，无论什么岗位都是工作需要，没有好坏之分，只有分工不同。她为自己规定了"四个一点"，每天早到一点，晚走一点，少说一点，多做一点，努力做一个合格的酒店人。比如"客房中式铺床"，床单怎么铺、包角如何包、被芯怎么套，这套操作只有认真研究、不断练习，才能确保包角紧密垂直且平整、式样统一、四边披边紧密平整且无波纹。

她坚决全身心投入工作。客房部是最能锻炼人的地方，当你全身心地投入，把一件事做到极致就是成功。她是中专毕业，为了提升自己，先后考入苏州职业大学、苏州大学学习与酒店相关的文化课程。学习人力资源管理有助于管理团队，学习英语让她的接待服务能力更加全面。2015年她被集团聘为会议中心企业大学内部兼职讲师，第二年被苏州职业大学管理学院外聘兼职教师，不断地把工作经验传授给新一代的酒店人。

她坚信服务"标准+精准"。有一次她发现客人在枕头下放了一块叠好的大浴巾，猜想可能是客人觉得酒店的枕头太软，于是在房间放了一个比较硬的荞麦枕头，当晚客人就来电表示十分感动，说没想到她会如此细心；还有一次搀扶一位醉酒的女士进房时，客人不小心吐在了她的左臂上，她冲洗完袖管后又帮客人清理呕吐物，待客人睡下，在客人床头柜上放好杯子、矿泉水，床边地毯上铺好地巾，放好垃圾桶，客人感到十分难为情，连说不好意思。有一位来自美国的华侨叶之桦女士曾在表扬信里说："客房部陈燕女士的敬业、亲切的态度、体贴周到的服务、美丽的笑容、悦耳温和的声音使我对酒店产生了好感，对员工产生了感情。"

(二) 客房楼层服务员劳动项目实操练习

实操地点：酒店实训中心或客房实训室

房型：标准间

实操要求：

学生分组进行（每组 2 人），交换楼层服务员与楼层领班的角色根据情景模拟场景分别进行。扮演楼层领班一方的学生按照客房清扫要求仔细检查客房清扫情况，并指出问题所在，达到学生灵活掌握客房清扫技能的水准，并自检存在的不足，客房实操评分如表 11 - 8 所示。

表 11 - 8 客房实操评分表

客房服务环节	服务内容及程序	满分	得分
1. 仪容仪表	头发、面部、表情、形体、礼貌等	5 分	
2. 清洁房间	物品摆放、关窗、拉窗帘、关闭插板电源等	18 分	
3. 铺床	包角、套棉被、套枕头、推床、床面平整	30 分	
4. 房间抹尘	房间抹尘	12 分	
5. 清洁卫生间	洗杯，擦镜面、淋浴区，洗马桶，清理面盆及台面，擦卫生间的门、抹地面、纸篓，擦纸盒、毛巾架	24 分	
6. 擦地板	清洁地面	4 分	
7. 工具归位	清扫所在区域卫生	5 分	
8. 自检	自我检查、关灯	2 分	
总分		100 分	

二、客房常规对客服务技能及劳动实践

（一）VIP 宾客服务技能

身份地位较高，与酒店利益有密切联系的客人常常被称为贵宾，又称为 VIP 客人，一般包括：对酒店经营管理有极大帮助者、知名度很高的人士、有较高地位的人、其他国家来访领导人或重要来宾、酒店行业或旅游企事业高管、酒店的大客户以及自费办理 VIP 业务的人士等。对酒店的 VIP 宾客按照等级来进行接待，且不同酒店的等级划分均有区别。

VIP 宾客具体服务流程如下：

1. VIP 宾客抵达前的准备工作

（1）了解客情：客房服务员可根据"贵宾通知单"了解客人的姓名、国籍、喜好、习俗、宗教信仰和抵店时间等信息。

（2）布置客房：确保客房处于最佳清洁状态，按照接待规格和要求布置客房，协同有关部门放置欢迎礼品，如鲜花、水果和欢迎卡片等。

（3）检查房间

严格检查客房，需经领班、主管、前厅部经理、客房部经理层层检查，符合标准后，封闭客房，严禁无关人员出入。

2. VIP宾客抵达时的迎接

不同等级的贵宾，酒店通常会安排不同的接待规格，由不同级别的管理人员陪同进入楼层。当贵宾抵达时楼层服务员须在电梯口迎接，礼貌地问候客人，根据情况应主动热情引领客人进房，致欢迎茶，并视客人情况简要介绍客房设施设备及使用方法。

3. VIP宾客住店期间服务

（1）客房服务人员应能用姓或职务尊称客人，并主动问候。

（2）根据所了解的贵宾的情况以及服务中观察所得的客人的生活习惯、爱好与工作规律，把握时机，为客人提供各种有针对性的服务。在提供各项客房服务时应优先考虑贵宾房务必在客人最方便时进行服务，以不打扰客人的休息与正常生活起居为原则。

（3）在客人外出期间安排小整理服务。

（4）配合安全部门做好安全工作，如服务中注意为客人保密，不将房号告诉无关人员等，对特殊身份的访客更要谨慎以确保贵宾的安全。

（5）注意客人身体状况的变化，发现客人身体不适或生病，要立即报告上级并请医生探访，在生活上应给予特别关照。

（6）根据贵宾的要求提供24小时服务。

4. VIP宾客离店送行

前厅部在确认贵宾离店时间后至少应提前1小时通知楼层服务员，楼层服务员接到贵宾离店通知后应主动进房向客人表示问候，就是否需要帮助等事宜征询客人意见。通知行李员为客人提携行李，客人离开房间或楼层时应向客人道别，为客人按下电梯后，祝客人一路平安并欢迎再次光临。等电梯门关闭并运行到下一楼层后，方可离开。

5. 迅速检查客房

检查客房酒水使用情况及客房设施设备有无损坏，并使用房内电话报给总台收银处。检查有无客人遗留物品，如有应尽快归还客人，若有设备损坏应通知前厅或尽快找工程部给予处理。除非重大损失，一般不要求客人赔偿，以免给客人造成不良的住店体验。

（二）小酒吧服务技能

客房内小型酒吧提供各类软饮、酒水及佐酒小食品等供给客人享用，同时配备配套的酒杯、水杯、开瓶器、调酒棒、纸巾等物品，客人自行取用。为便于管理，会将账单放在吧台区域，账单列有所供应酒水饮料及食品的品种、数量、价格以及小酒吧的管理说明。酒店客房部设立房间小酒吧服务的设立既方便了住店客人的需求，同时也为增加酒店的经济收入提供了帮助。

小酒吧具体服务流程如下：

（1）清点：每日上午由客房服务员清点饮料食品的消耗量，与收费单核对，若客人未填写由服务员代填。

（2）补充：检查时核对数量和种类进行仔细核查，要特别留意瓶盖封口和罐装饮料的底部，防止客人任意更换，检查后，将客人的消耗量记在账单上，账单一式三联，第一、二联供前厅结账使用，第三联由客房部做申领物品依据。同时重新将饮品和食品补齐补足，用过的杯子用品等应及时撤换。

（3）撤掉：撤出过期变质饮料和食品。

（4）控制：客房服务员应注意把控小酒吧物品的损耗率，避免出现客人逃账事件。

（三）开夜床服务技能

在酒店服务业内，"夜床服务"，英文原名是 turn down service，意为帮你把"窗帘拉下"。它的核心就是给客人营造夜晚的感觉，帮客人做足一切入睡准备。夜床服务分两大块，一是二次整理房间以营造入睡氛围，二是赠送晚安礼物以加深入住体验感。夜床服务的步骤和流程可以归纳为"进房、拉窗帘、清理杂物、开夜床、整理浴室、检查、离房"七步。

开夜床具体服务流程如下：

（1）进房：敲门并报称"housekeeping"，如客人在房内，询问客人是否需要夜床服务，征得客人同意后方可进入，若房内无人则开启房门进入房间。进房时间视酒店客房数量而定，基本在傍晚5点半至晚上9点半，尽可能选择宾客出游以及晚餐时间，以求达到"隐形"服务之极。

（2）拉窗帘：打开所有房灯，拉上窗帘，将空调开到适宜温度。

（3）清理杂物：将客人衣物挂进衣柜，房间物品摆放整齐，清理烟缸、废纸杂物，倒掉垃圾，更换垃圾袋。

（4）开夜床：床尾巾取下，被子在枕头前反折一角，与床头成90度直角，床边放好浴袍，地上铺上地巾，放上拖鞋。将早餐卡、晚安礼物放置在床头。开夜床服务的原则为按照女性一般开靠卫生间一侧的床，男性一般开靠窗一侧的床，一室两床只有一个客人入住，则开靠近卫生间那张床，或按客人习惯开床。

（5）整理浴室：更换使用过的四巾，清洁浴室和马桶，补充一次性客用品。

（6）检查：检查及补充迷你酒吧，视察房间是否整洁。

（7）离房：关掉除床头灯、夜灯以外的房间照明，将床头灯光线调至"柔和"，关闭房门，然后离开，如客人在房内，离开时祝客人晚安。

(四) 洗衣服务技能

酒店内的洗衣服务按洗涤方式可分为水洗、干洗、熨烫。时间上分为正常洗和快洗两种，正常洗上午收衣，晚上送回，如下午收衣，次日送回，快洗不超过 4 小时便可送回，但收取 50% 加急费。洗衣服务要求洗衣单内容清晰明了，有明确的服务时间、价格、送回方式。

洗衣服务具体服务流程如下：

(1) 收衣：客人会将要洗的衣物挂在门把手或者床上，及时收集客人装在洗衣袋内的衣物，检查客人洗衣单是否填写，对于未填写或填写不完整的洗衣单需要和客人再次确定后方可收衣。并按照收衣时间告知客人具体送衣时间。

(2) 检查衣物：核对衣物名称、数量是否正确，注意检查口袋是否有遗留物品，确认客人的洗涤要求，检查衣物是否有破损、污点或脱扣问题，如有，跟客人沟通，询问是否需要继续清洗，避免不必要的纠纷和投诉。

(3) 送洗：将需要清洗衣物交由洗衣房。

(4) 送还衣物：依照挂牌，衣物应使用特制盛具交还，洗衣房服务员或楼层服务员将衣服送还至客人房间，并根据宾客要求将折叠的衣物连同盛具放在床上，悬挂的衣物挂到衣橱，做好签收手续。如遇到 DND 房，则将"为您服务"卡片悬挂在门把手上，等待客人通知再送衣。

(五) 对客服务劳动项目实操练习

学生分组进行（每组 2 人），交换楼层服务员与 VIP 宾客的角色根据情景模拟场景分别进行。扮演楼层服务员的学生为 VIP 宾客提供一次完整入住期间的对客服务，以训练学生对客服务及解决问题的能力。

请根据下列情景设计对话，分别扮演前台接待员和客人模拟散客电话预订情景，对客服务实操评分如表 11 - 9 所示。

★酒店实训中心或客房实训室。
★客人姓名：王女士（VIP 客人）。
★入住客房：大床房。

表 11 - 9 对客服务实操评分表

操作步骤	服务标准与要求	满分	得分
1. 礼貌迎接客人	按照 VIP 客人要求提前做好入住前客房准备工作，接待客人时要面带微笑，礼貌待客，仪态端庄。	10 分	

操作步骤	服务标准与要求	满分	得分
2. 认真听取客人要求	当客人提出客房服务时，认真听取客人要求时，需要记录复述一遍相关信息，包括客人房号、客人要求等。	10分	
3. 及时予以解答	对于客人提出的合理服务要求，要及时联络相关部门予以满足，对于收费项目要明确告知客人收费标准。对于酒店无须或者不得承担的服务项目，应合理拒绝。	10分	
4. 提供对客服务	(1) 小酒吧服务。 (2) 开夜床服务。 (3) 洗衣服务。	60分	
5. 贵宾离店送行	根据宾客离店时间安排离店事宜，并向宾客礼貌道别，迅速检查客房。	10分	
总分		100分	

【互动交流】

    1. 酒店前厅部客房预订需要哪些劳动技能？

    2. 酒店前厅部前台接待需要哪些劳动技能？

    3. 酒店前厅部礼宾服务中需要哪些劳动技能？

    4. 酒店客房部对客服务中需要哪些劳动技能？

【案例任务】

希尔顿定义酒店清洁新标准，让旅行更安心

    希尔顿酒店于 2020 年 4 月 28 日宣布，在全球希尔顿酒店推出 Hilton CleanStay "希尔顿清洁无忧住"，旨在推广行业领先的清洁和消毒标准。"希尔顿清洁无忧住"将依托现有的高标准卫生要求，让宾客在希尔顿 18 大卓越品牌，逾 6100 家酒店中的任何一家都能放心住、舒心住。该项目将重中之重放在"清洁卫生"上，客人在整个入住期间，都可以随时随地清晰地感受"清洁卫生"的印记：从客房、酒店餐厅、酒店健身房到其他酒店公共区域。希尔顿将与 RB（利洁时）集团（Lysol 来沙尔与滴露的制造商）和美国顶尖医疗系统 Mayo Clinic（梅奥诊所）合作，开发升级版酒店卫生消毒运营工作流程、开展团队成员培训，让希尔顿宾客从登记入住到退房离店，全程享有更洁净更安全的住宿体验。这一合作项目对酒店行业将产生深远影响。

    "希尔顿清洁无忧住"项目细节仍在研发阶段，将很快公之于众，将涉及的酒店操作标准包括：

    1. "希尔顿清洁无忧住"安心客房封鉴：增加额外安心措施，在门上贴置客房封条，

向宾客表明，客房在彻底保洁后，无人进入。

2. 十点深度清洁：酒店将加强在接触最频繁的客房区域——电灯开关、门把手、电视遥控器和恒温器等处的消毒措施。

3. 减少纸笔等客用品使用：移除笔、纸和服务目录；以数字化方式替代此类物品或按需求提供。

4. 聚焦健身中心：优化酒店健身中心消毒指南，或每天进行多次保洁，并限制同一时段健身中心内宾客人数。

5. 提高清洁频率：提高公共区域的保洁频率。

6. 设立消毒站：比如，在主入口和关键高客流区，设置消毒站，方便宾客在按电梯之前擦拭按钮等。

7. 创新的消毒技术：希尔顿酒店正在探索新技术的应用，比如使用静电喷雾机和紫外线灯对物体表面进行消毒。

在新的完整清洁流程中，希尔顿将向酒店团队成员提供个人防护装备并加强培训，旨在保护他们的身心健康。同时，希尔顿将始终如一提供无与伦比的希尔顿热情好客之道。

请分析：

"希尔顿清洁无忧住"项目应对了新冠疫情冲击下消费者的哪些期望和需求，这项新举措启示酒店客房服务员还需要完善哪些技能来提升高标准的清洁卫生？

【参考文献】

1. 陈景，徐晓婷. 酒店客房服务与管理［M］. 北京：高等教育出版社，2016.
2. 郑治伟. 酒店房务运营与管理实用教程［M］. 北京：经济科学出版社，2014.
3. 郑治伟，李晓铮. 酒店前厅与客房管理［M］. 北京：经济科学出版社，2020.
4. 杜建华. 酒店客房服务技能实训［M］. 北京：北京交通大学出版社，2012.
5. 刘伟. 酒店前厅与客房部运行与管理［M］. 北京：中国旅游出版社，2017.
6. 胡顺利. 酒店客房运营与管理［M］. 北京：化学工业出版社，2015.
7. 曹艳芬. 酒店客房实务［M］. 南京：南京师范大学出版社，2019.

第 12 章

酒店餐饮劳动技能

酒店餐饮劳动技能是从业者的餐饮知识、技术、职业能力的综合体现。本章对酒店中"餐"和"饮"的基本劳动技能进行了阐述：首先介绍了托盘、铺台布、餐巾折花和摆台等基本服务技能；其次是对客服务技能，包括中西餐的点菜、上菜、派菜、撤换餐用具，以及客房送餐服务等；最后是酒店中的酒水基本服务技能，以及葡萄酒、鸡尾酒、清酒、啤酒和黄酒等专业酒水服务技能。

【学习目标】

1. 列举并掌握餐饮服务基本技能和要求。
2. 列举并掌握餐饮对客服务技能和要求。
3. 列举并掌握酒水的制作和服务技能。

【导入案例】

兴趣、努力与梦想

João Pires 是葡萄牙的一位侍酒大师，现任新濠博亚娱乐旗下的澳门新濠锋、澳门天地以及新濠影汇店餐酒总监。在 1999 年，他只用了短短四年，就登上侍酒师行业的顶峰，成为侍酒师大师（Master Sommelier，MS）。同年，他被葡萄牙著名葡萄酒杂志 Revista de Vinhos 选为年度最佳侍酒师，2004 年再获葡萄牙美食学院年度最佳侍酒师……二十多年来，João 不仅屡获殊荣，而且为世界多国的著名酒店效力：在伦敦数间最享负盛名的餐厅先后担任餐酒总监兼葡萄酒买家以及首席侍酒师，包括米其林三星食府 Gordon Ramsay RHR，以及里斯本丽兹、四季酒店，他长年奔走于欧美各国，到 George V（巴黎乔治五世四季酒店）、La Tour d'Argent（巴黎银塔餐厅）等著名餐厅和酒店学习。为了方便进修、喝酒以及接触更多高级餐厅，他在 2005 年移居伦敦，每年品 15 000 款酒（相当于每天 41 款）。"成为顶级侍酒师没有什么秘诀。要保持热情、谦虚，最重要的是努力工作。"João 一直强调努力的重要性，数十年如一日。

对于如何才能成为一位成功的侍酒师甚至侍酒师大师？"首先要找到你的兴趣点，如果你真的想成为侍酒师或者侍酒师大师，那就不要只是关注头衔，不要自命不凡。做一个真诚的人。而且要清楚意识到，只有努力才能达到你梦想的水平。"João 的回答朴实且直接："艰苦的付出总会有回报的。这个世界上没有捷径可以走。目前我遇到的最强大的 MS 是那些经历了 3 次甚至更多的失败后获得成功的，他们变得更加坚强（当然，也有一些是例外）。唯一战胜它的办法就是不放弃。"

请思考：

如何找到自己的兴趣点，并使之与自己未来的职业发展方向相契合？在梦想和现实之间，应如何设计和实现自己的职业规划？

第1节 餐饮服务基本技能

一、托盘技能

餐厅中的例行服务工作都需要托盘来辅助完成，例如传送菜品、酒水、餐具、账单，以及摆台、撤盘、换盘等。托盘的操作程序如图 12－1 所示。

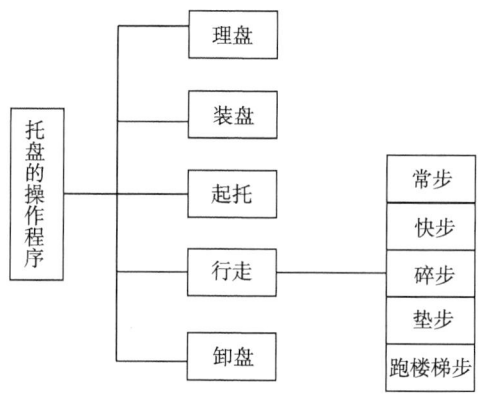

图 12－1 托盘的操作程序

（一）理盘

对托盘进行清洁，将没有防滑处理的托盘上铺垫合适的托盘纸或洁净餐巾，这一操作称为理盘。

（二）装盘

装盘就是根据物品的大小、重量、形状及取出的先后顺序，将物品安全合理地码放在托盘上。物品的重量应在托盘内均匀分布，以保证托盘的平稳安全。

（三）起托

起托就是将托盘平稳地从操作台上托起的过程，也称为托盘。起托操作时要做到站稳、端平和托举到位三点。有以下三种操作方式：

1. 胸前托起托

适用于中小型圆盘运送较轻的物品，通常不超过 5kg。因操作时用左手将托盘托于胸前而得名。如图 12 - 2 和图 12 - 3 所示。

胸前托起托时，服务人员距操作台约30厘米（根据身高调整距离），左脚向前一步，双腿屈膝，上身向前倾斜

用右手将托盘的1/3拉出桌面，伸出左手，置于托盘底部，掌心向上，五指分开，指实掌心虚，以指尖和掌根托住托盘，上臂与下臂呈90度角，发力托实后，左脚收回，放开右手，双腿发力，身体站直

将托盘置于身体左侧胸前，保持托盘重心平稳；右手可放于背后或自然下垂，如物品较重，可使用右手相扶托盘。

图 12 - 2　轻托法操作流程图

图 12 - 3　胸前托

2. 肩上托起托

适合于用大型圆盘或长方盘运送较重物品，通常不超过10kg。具体操作如图12-4所示。

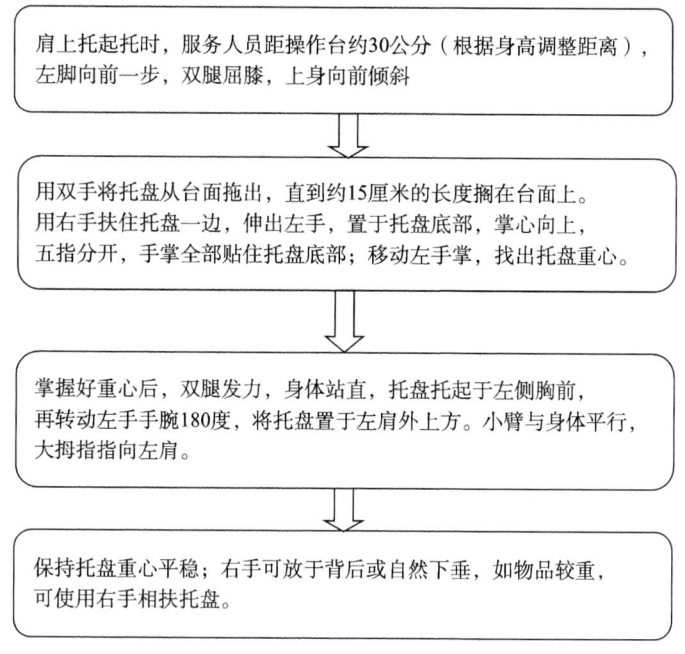

图 12-4 肩上托法操作流程图

3. 双手托起托

适用于长方形托盘来运送较重的物品。操作方法简便易行：双手托住托盘两端的中间部分，双臂微弯，双手上举，将托盘托于胸前，并保持托盘重心平稳。

（四）行走

端托行走时，应目视前方，身体略向前倾，步距匀称，步态稳健。做到"三平、两稳、一松"。三平，即托盘平稳、双肩平放、目光平视前方；两稳，即装盘合理稳妥、步伐轻盈稳健；一松，保持自然松弛的状态，这也是保证托盘安全的最重要因素。

（五）卸盘

将托盘及托盘内的物品卸下，称为卸盘。如果所托的物品较重，可以将托盘放在邻近的桌面或操作台上；如果所托物品较轻，则可以用右手直接将物品从托盘中取出来递给客人。

二、铺台布

台布的色调、工艺、形状和材质，要符合整体风格，以及餐桌的形状和大小。台布四周下垂长度均匀，刚好贴近餐椅的椅面。在拼接多块台布使用时，接口处要平整，压贴方式一致。

(一) 铺台的步骤

铺台的步骤，如图12-5所示，主要有以下4步：

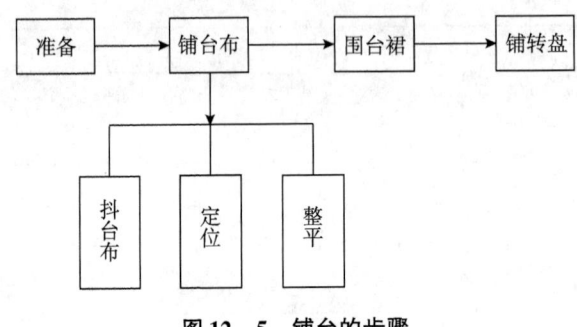

图12-5 铺台的步骤

1. 准备

（1）检查台布，避免使用有残破、油渍和皱褶的台布。
（2）检查餐桌的稳固性和安全性，并清洁桌面。
（3）将铺台布位置的餐椅拉离桌面30厘米。

2. 铺台布

（1）站在主人位或对面的副主人位。
（2）打开折叠好的台布，用双手撑开，台布中间线对齐餐桌中线。
（3）铺开台布。铺开台布的过程应动作熟练，一步到位，使台布覆盖整个台面。
（4）台布定位。台布的中间点应正好位于餐桌的中心处，中间凸线正对正、副主人位，台布四周下垂均匀。
（5）台布整平。整理好褶皱，使台布平整。
（6）椅子推回原位。

3. 围台裙

一些高档餐厅和宴会中，通常需要围台裙。一般是用尼龙搭扣或大头针，将台裙固定在桌边。在使用大头针固定时，应将针尖别在台裙内侧，以免扎伤客人。

4. 铺转盘

较大的餐桌还需要铺设转盘。转盘应放置在餐桌的中心位置，放好后应转动以检查转盘的灵活性和稳固性。

（二）铺台布的方法

双手将台布正面向上打开，放至餐台上，用大拇指和食指分别夹住台布的一边，其余三指抓住台布，将台布控制在手中，并根据不同的情况选择合适的铺开台布的方式：

抖铺式：利用双腕的力量，将台布向前一次性抖开，让台布平铺于桌面上。适用于零点餐厅中较小的桌形。

推拉式：将台布贴着桌面向前平行推出去，铺开台布，大拇指和食指夹住台布一边，再拉回来，定位好台布。多用于零点餐厅，或翻台时使用。如果是不光滑的桌面，在拉回的时候，需要配合抖铺的动作。

撒网式：将台布提拿到身体的左侧（右侧），上身向左（右）转体，呈右脚在前、左脚在后（左脚在前、右脚在后）的站立姿势，保持下肢不动，在将身体向正前方转回的同时，将台布斜向前撒出，铺开台布。大拇指和食指夹住台布一边，再拉回来，定位好台布。多用于宴会。

肩上式：将台布提拿至左肩（或右肩）上方，双脚一前一后站立，下肢不动，将身体向前发力，同时台布向前向下方撒到桌面上，上身回正，铺开台布。大拇指和十指夹住台布一边，再拉回来，定位好台布。多用于宴会的大桌。

三、餐巾折花

餐巾花有盘花和杯花两种。在设计及摆放餐巾花的时候，主人位要摆放有别于其他席位的更高、更美观的餐巾花。餐巾花的观赏面朝向客人；盘花要摆放于餐碟位置的中心线上；杯花放入杯内的深度要适中。

（一）常见盘花的折叠

1. 王宫冠冕

（1）餐巾反面向上，底边向上对折成长方形；
（2）将左上巾角斜向下拉，对准底边中点，将右下巾角斜向上拉，对准上边中点，将餐巾折成菱形；

（3）沿着折好的菱形的横向中线，将餐巾向后对折；

（4）将前面提到的两个巾角整理为向上方向；

（5）将左右两侧的巾角分别插入中间夹层；

（6）将底部展开为椭圆形，摆放于餐盘中。

2. 一帆风顺

（1）餐巾反面向上，底边向上对折成长方形；

（2）左右再对折，成四层的正方形；

（3）四层巾角再向上，对折成三角形；

（4）将三角形等腰的两边折向中线，下部多出底边的部分，翻转向后折；

（5）将折成的等腰的锐角三角形向后对折，再将中间的四个巾角拉出，形成四个向上的船帆；

（6）整理成帆船形状，摆放于餐盘内。

3. 清风扇面

（1）餐巾正面向上，底边向上对折成长方形，上层和下层部分分别向内外再对折成四层；

（2）从一侧向另一侧推 5 个褶；

（3）双层向上，用手捏住另一侧，并将双层中的内侧夹层全部向下折 45 度角；

（4）将折好的餐巾调整成扇形，摆放于餐盘内。

（二）常见杯花的折叠

1. 蝴蝶展翅

（1）餐巾正面向上，左右两边折向中线；

（2）底部两个巾角以两边中点为起始外翻；

（3）沿底边向上卷到中间位置（外翻巾角的起始点）；

（4）剩余部分推褶到顶部；

（5）左右向下（卷的部分）对折；

（6）整理成形，插放于水杯中。

2. 枫叶

（1）餐巾反面向上，底边斜向上折，巾角错开；

（2）左右再斜对折，四个巾角错开，呈锯齿状；

（3）沿着右左方向推 5 个褶；

（4）将餐巾底部向上翻两次，底边向后卷包住花型；

（5）整理成形，插放于水杯中。

3．水仙

（1）餐巾反面向上，底边向上对折成长方形；

（2）左右再对折，成四层的正方形；

（3）三层巾角向上，一层巾角向后，折成三角形；

（4）沿着三角形底边推 5 个褶；

（5）将一层巾角平与中间餐巾垂直，三层巾角一侧，按 30 度分别展开；

（6）整理成形，插放于水杯中。

四、摆台

在铺好台布的桌面上，按照餐厅的规格和标准预先摆放好就餐用具的过程称为摆台。摆台的基本要求是：摆放合理、方便客人、整齐一致。

摆台服务技能的基本原则为：

（1）先摆放用于定位的餐碟，再摆放其他物品；

（2）先放低矮的、扁平的餐具器具，再放较高的酒水器具；

（3）先摆客人自用餐具，再摆放公用餐具；

（4）距离适当且一致，餐具距离桌边通常为 1.5 厘米，餐具间隔通常为 0.5 厘米；

（5）摆台通常从主人位开始，顺时针绕台摆放各类用具。

为保持餐具卫生，持拿餐具、酒具时，要拿取底部或外部位置，不可触碰餐具内部、酒具的杯身、杯口等。可以佩戴手套，防止指纹留在餐具酒具上，尤其是金属餐具。

摆台时，采用胸前托法将装有餐具的托盘托起，从主人座位处开始按顺时针方向依次用右手摆放餐具。根据就餐形式的不同，摆台有中餐摆台、西餐摆台之分，及宴会摆台、零点摆台之分。

【案例 12-1】

新冠疫情带来的改变

新冠疫情促使旅游业、酒店业、餐饮业、会展活动业、娱乐业等很多行业发生巨大的改变。

餐桌之间的距离要适当加大，摆台的座位之间的间距也要相应地加大，疫情之前，

1.5米直径（5英尺）的圆桌通常要坐8～10人，但是，疫情期间可能只安排6人，适当的距离代表着卫生安全更有保障，人工智能的应用—机器人上菜—无接触式的服务，也起到同样的效果。

中国人传统的共餐制的饮食方式也因为新冠疫情在悄然发生改变，如何将更符合卫生安全要求的分餐制融入传统饮食方式中，很多餐厅都在思考。其中之一，就是对以往的传统中餐摆台进行调整，增加公筷、公勺的摆放，以及每个人餐位都摆放两套餐具，一套取用餐食，一套为客人自用，等等。

全球经济一体化，带动了不同餐饮文化的交融，对餐厅的服务标准提出了新的问题和要求，而突发公共卫生事件使这一情况变得更为复杂。

（一）中餐摆台

1. 中餐宴会摆台

在摆台前，根据宴会的规模、档次、桌数、参加人数等准备好餐具，如表12-1所示。

表12-1　中餐宴会摆台餐具

个人餐具	餐碟（又被称为土司盘或定盘）、筷子、筷套、筷架、调味碟、口汤碗及匙羹、茶杯及杯碟、小毛巾及毛巾托、餐巾、酒具（水杯、葡萄酒杯、白酒杯）等
公用餐具	公用筷、公用碟、公用勺、牙签盅、花瓶、台号等
服务用具	托盘、起盖扳手、菜单等

具体摆放顺序如下：

餐盘—筷子、汤勺和筷架、勺托—汤碗和汤匙—酒水具—杯花—公用餐具及牙签盅—菜单、花瓶和台号。

（1）摆餐碟定位。摆放于座位正中，从主人位起顺时针绕台一周，注意碟与碟之间距离相等。

（2）摆筷子、筷架和汤勺、勺托。筷架摆放于餐碟右上方，筷子置于筷架上，筷子与餐碟垂直线平行，注意图案造型正面朝上，汤勺和勺托置于筷子右侧。

（3）摆茶杯、杯碟。杯碟摆放于筷子右侧。将茶杯扣于杯碟上，杯耳朝右。

（4）摆汤碗和汤匙。将味料碟及汤碗摆放于餐碟左侧，汤匙放于汤碗内，匙把朝左。

（5）摆酒水具。中餐宴会的酒水用具通常为水杯、葡萄酒杯和白酒杯。摆放时，以葡萄酒杯的杯柄对准餐碟中心线。白酒杯摆在葡萄酒杯的右侧，水杯放于葡萄酒杯的左侧，横向呈一直线，或倾斜45度角呈一直线。

（6）摆餐巾花。中餐宴会多为杯花。

（7）摆公用餐具及牙签盅。在正副主人位的正前方摆放公用碟，公用勺和公用筷横放于公用碟上，公用筷在外（桌边一侧），手持端向右，公用勺在内，勺柄向左。牙签盅摆放于公用餐具的左侧。

（8）摆菜单、花瓶和台号。菜单可摆放于正副主人位个人餐具右侧，或斜靠在水杯旁。花瓶摆放于餐桌中心处，台号牌放于花瓶一侧，正面朝向宴会入口处。

（9）全面检查及整理摆台，调整座椅。

2. 中餐零点摆台

在工作台上整齐码放并准备好摆台需要使用的餐具。

按顺序摆放以下餐具：餐碟，筷子和筷架，茶杯和杯碟，味料碟及汤碗和汤匙，酒水具，盘花或杯花等，摆放要求与中餐宴会摆台一致。最后，从主人位，将花瓶放在桌子中间，调味盅和牙签盅置于花瓶右侧。

（二）西餐摆台

1. 西餐宴会摆台

在摆台前，根据宴会的规模、档次、桌数、参加人数等准备好餐具，如表 12 - 2 所示。西餐餐具多为金属制造，包括餐刀、餐叉和汤匙这三类。餐具的规格大小有一定差异，主餐刀叉最大，鱼刀和鱼叉次之，开胃品刀叉又次之，甜品刀叉匙、咖啡匙、黄油刀最小。摆台时需要根据菜式类型摆放相应的餐具。

表 12 - 2　各种西餐菜式与对应餐具

菜 品	对 应 餐 具
开胃品	餐盘一只，开胃品刀叉各一件
汤	汤盘一只，汤勺一把
鱼类	餐盘一只，鱼刀、鱼叉各一件
主菜	餐盘一只，主餐刀、主餐叉各一件
甜点及饮品	餐盘一只、甜点叉、甜点匙、咖啡杯（勺）
水果	水果盘一只，水果刀叉各一件
面包、黄油	面包盘、黄油刀、黄油盘各一件
酒水	各种酒杯各一只（水杯、红酒杯、白酒杯）
公用餐具：盐盅、胡椒盅、牙签盅、烛台、花瓶	

具体摆放顺序与规则如下：

展示盘—正餐刀叉勺—甜品刀叉勺—面包盘和黄油盘黄油刀—摆酒水具—盘花—烛台和花瓶—盐盅和胡椒盅

（1）摆展示盘（餐盘、垫盘）。摆放于座位正中，从主人位起顺时针绕台一周，注意盘与盘之间距离相等。

（2）摆正餐刀叉勺。摆放于展示盘两侧，左叉右刀勺，叉面朝上，刀口朝盘，勺面向上。展示盘右侧由里向外依次为主餐刀、鱼刀、汤勺和开胃品刀，鱼刀向前突出 2 ~ 3厘米；展示盘左侧，由里向外依次为主菜叉、鱼叉和开胃品叉。鱼叉向前突出 2 ~ 3 厘米。

（3）摆甜品刀叉勺。平行摆放于垫盘正前方。甜品刀在上，刀把向右，向下摆放甜点叉和勺，叉柄向左，勺把向右。

（4）摆面包盘和黄油盘、黄油刀。面包盘和黄油盘左右并列摆放于垫盘的左上侧，黄油盘在右。黄油刀放于面包盘中，对齐盘的中心线，刀口向左。

（5）摆酒水具。西餐宴会的酒水用具通常为水杯、红葡萄酒杯、白葡萄酒杯和香槟杯。摆放时，红葡萄酒酒杯对准正主餐刀的中心线，左侧放置水杯，向右依次放置白葡萄酒杯和香槟杯，横向呈一直线，或倾斜 45 度角呈一直线。

（6）摆餐巾花。西餐多为盘花。

（7）摆烛台和花瓶。将烛台、花瓶均匀距离摆放于餐桌的中心线上。注意避免挡住客人视线。

（8）摆盐盅和胡椒盅。每四位客人一套，摆放于餐台的中心线上。

（9）全面检查及整理摆台，调整座椅。

2. 西餐零点摆台

在工作台上整齐码放并准备好摆台需要使用的餐具。按顺序摆放以下餐具：展示盘，主餐刀叉及汤勺，面包盘和黄油盘、黄油刀，水杯和葡萄酒杯，餐巾花，摆放要求与西餐宴会摆台一致。最后，花瓶摆放于桌子中间，盐盅、胡椒盅及牙签盅摆放于花瓶一侧。此外，西餐的早餐摆台会在餐刀右侧摆放咖啡杯。

第 2 节　餐饮对客服务技能

一、餐饮服务类型

如何"组织和管理"客人，为其提供服务，就是餐饮服务类型的选择、组织和设计，主要包括以下几种。

1. 零点服务

使用零点菜单，客人可自由选择菜单上所提供的各类菜点，自由选择就餐时间，且不同餐桌客人之间没有必然联系。

2. 宴会服务

所有客人使用同一个菜单，但这个菜单通常是酒店与客人代表共同定制，参加的客人不能点菜，并且在同一个时间内就餐，客人之间存在某种社交关系。例如，婚宴、会议宴会等。

3. 自助服务

菜单是统一的，所有客人使用同一个菜单，但客人可以自由选择就餐时间，客人之间也不存在必然联系。自助服务常见于酒店早餐（或早午餐 Brunch）。

4. 固定菜单服务

使用固定菜单，菜品食物固定，时间也是固定的，客人无须也不能点菜，所有客人在同一时间内享用统一的菜肴食物。客人之间通常也不存在必然联系，例如，年夜饭晚宴。

5. 外卖服务

将客人购买的食物送到指定的地点。在不同的酒店，外卖服务的范畴存在一定的差别，具体的服务和管理流程也非常不同。零点外卖（食物）、团餐外卖（批量定制食物）、宴会外卖（食物＋烹制服务＋宴会服务）等，都是酒店会考虑采取的外卖服务形式。

6. 客房送餐服务

客房送餐服务是客人要求侍者将菜品送到客房中享用，通常是全天候的，但早餐和中晚餐菜单会有一定的差别。早餐菜单置于客房，设计为可挂在门把手上。客人在菜单上填写房间号、客人姓氏或姓名和期望的送餐时间，并勾选好早餐内容，挂到门外，由餐饮部夜班服务人员或客房部夜班服务人员收取。午餐、晚餐要通过电话进行点菜，再由侍者将菜点送到客房。

二、餐饮服务方式

根据为客人提供餐食的方法的不同，主要有以下的服务方式。

1. 中式服务

中式服务为共餐式服务，侍者将烹制好的菜肴摆放在餐桌上，由客人自行取用。通常只有个别菜肴会帮助客人分菜。有三种分菜方法，分别为边桌分菜，服务车分菜，桌上分菜。

2. 美式服务

美式服务，也称为餐盘服务。美式服务中，厨师在厨房就将制作好的菜肴摆盘完成，服务人员直接将餐盘从右侧上菜即可。这是目前使用频率最高的西餐服务方式。

3. 银器服务

这种服务方式起源于欧洲王室和贵族家庭，这种服务方式规格极高，主要用于国宴和一些高级宴会。来自不同国家地区的宾客，可以选择侍者持拿的银盘上自己喜欢的食物，并由侍者服务到餐盘中。

银器本身成本较高，保养费时费力，并且保温性能较差。目前有些餐厅使用木盘或者玻璃盘来代替银盘。

侍者从左侧为客人服务，将菜肴放到客人餐盘上。

4. 法式服务

法式服务与银器服务相似，客人可以自由选择菜盘上自己喜欢的食物，但具体的服务形式有两种，一种是类似于中式服务，将菜肴摆放在餐桌上，客人自行取用；还有一种是，侍者持拿菜盘在客人右侧为客人展示菜盘上的食物，客人从菜盘上自行取用食物。法式服务常用于国宴和宴会。

5. 边桌服务

由侍者在边桌上完成分菜和摆盘，再将餐盘服务给客人。

6. 客前烹制服务

在旁桌（Side–table）或者活动烹饪推车上，完成菜肴制作和分菜摆盘。再将餐盘服务给客人。

7. 推车服务

推车服务常用于展示制成的菜品，例如奶酪、甜品，将推车推到客人面前，供客人选择，既方便又可以起到一定的促销作用。

8. 自助服务

客人到菜品台自行选择所需要的食物种类和量。几乎所有酒店的早餐都是自助服务方式。

三、餐饮服务技巧及规范

餐饮服务中的规范和技巧，一是出于安全考虑，所有的员工都按照相同的规范工作，更有利于员工自身安全和餐厅财产安全；二是可以使餐厅的工作井然有序；三是让客人感受舒适。

（一）迎宾服务

1. 问候客人

迎宾员应于餐厅门口位置，迎候客人的到来，礼貌微笑向客人问好，对于餐厅的熟客，要能够称呼出客人姓氏。

2. 引领

问好后，问询客人是否有预订。对于有预订的客人，将其引领到预订位置；对于没有预订的客人，要确定客人的用餐人数，并询问客人对位置的要求，根据客人的偏好选择餐位。

当为客人引领带位时，走在客人侧前方2～3步，注意要按客人的步速行进。引领过程中，可伸手示意行进方向，尤其拐弯处要侧身示意，及时以语言提示。

3. 安排餐台

对于有预订的客人，将客人引领至订好的（或合适的）餐台或包房，如客人对餐台有异议，向客人解释情况，或者重新安排餐台。没有预订的客人，以客人偏好优先。

(二) 入座服务

值台员见到客人到来，要主动迎候，与迎宾员进行交接。迎宾员将就餐人数、标准，以及特殊要求等信息提前告知值台员，之后回到迎宾岗位。值台服务员为客人拉椅让座、递送菜单及服务茶水，安排好客人的入座。

1. 拉椅让座

首先为主宾位和主人位的客人拉椅让座：双手握住椅背，将餐椅后撤约20厘米，当客人坐下时，用膝盖轻轻顶椅背，双手同时向前送，轻触到客人腿部，客人落座后，自行调整距离。

2. 松口布

由主宾或年长者开始，为客人打开折叠好的口布。考虑社交距离理念和保护客人隐私，可以将一个巾角压在餐碟下方；有些餐厅要求提供更贴心的服务，是将口布铺在客人腿上。无论何种情况，服务过程中不要触碰到客人身体。

3. 递送菜单

值台员站立在客人右侧，打开菜单的第一页，并双手呈上，将菜单递送给客人。通常要给客人10~15分钟的时间看菜单。

4. 服务茶水

值台员为客人介绍可提供的茶叶品种。为需要的客人斟茶，从主宾开始，如有老人，则先由长辈开始。

西餐服务中，通常要询问客人是需要静止水（Still Water），还是起泡水（Sparkling Water）。

(三) 点菜服务

1. 推荐菜点

向客人推荐餐厅的特色菜点或促销菜点，正确、清楚回答客人的问题，并根据客人的人数，以及就餐目的给出恰当的建议。注意关照老人、儿童的用餐需求。

2. 填写点菜单

记录好客人所点菜肴，并填写桌号、人数、日期、服务员姓名和工号。

中餐服务中，根据要求，冷菜、热菜和点心分开填单以方便厨房出菜，酒水也要单独填写点单。注意记录清楚客人是否有特殊需求以及忌口，一些需要注意的菜肴的数量、规格要提示客人。

西餐服务中，客人点的菜点各不相同，可以在点菜单的空白处画出客人的座位方向，再按顺序分别记录每位客人所点的头盘、主菜和甜点等，方便核对且不易出错。

【案例 12 - 2】

餐饮服务员应该成为优秀的"点菜师"

在餐饮业高度发展的今天，人们对于饮食越来越挑剔，既要吃得美味，又要吃得有营养。帮助客人做好点菜工作便成为餐厅服务员的重要工作之一。

面对琳琅满目的菜单，在骄傲于我们的饮食文化的同时，消费者也会出现选择困难症。因此，现代餐饮服务员需要具备优秀"点菜师"的素养：除了对餐厅菜单了如指掌，还要像美食家一样"会吃"，能够引导客人荤素搭配、冷热菜搭配，还要教客人品尝美食，如，烤鸭不同的部位如何使用不同吃法，灌汤包如何先喝汤等。此外，还要能够像营养师一样，从科学的角度以理服人，例如，很多父母认为炸薯条是垃圾食品，因为炸薯条中含有大量的丙烯酰胺（一种致癌物质）。因此家长对于小朋友想要吃炸薯条的请求会抱着否定态度。从营养学的角度来说，土豆中含有的水溶性维生素油炸之后可以被封锁住，这对儿童是有益的，且薯条中的淀粉和一些矿物质，对身体也有好处。服务人员以这样专业的营养知识来说服家长，很容易获得认可，从而解决问题。

3. 复述点菜单

确认客人结束点菜之后，要将所点的菜肴、数量和规格、客人的特殊要求和忌口，为客人重复一遍，确认记录的点菜单无误。提示客人大概需要等待的时间，尤其是一些需要较长时间的菜肴。

4. 分送点菜单

将记录好的点菜单，按要求分别送至厨房和服务台。点菜服务完成。

（四） 就餐服务

1. 中餐服务

中餐服务中，通常是先宾后主，长者为先。

上菜在客人右侧提供服务，一般是选择在副主人的位置，或在陪同和翻译之间。

上菜时，要报菜名，如果是特色菜或名菜，应简单介绍菜肴特点。

桌面上的菜肴要按顺序摆放匀称，并根据情况不断进行调整。

当客人的餐碟中有骨刺等，或者客人要求时，为客人撤换餐碟，站在客人右侧，先将用过的餐碟撤掉放于托盘中，再换上干净餐碟。托盘内的餐具要码放整齐。

要及时撤掉空菜盘，菜肴所剩不多的时候可换到小菜盘中或分派给需要的客人，给新上的菜肴腾出必要空间。

正式宴会中，小毛巾服务一般不少于三次。第一次，入座时；第二次，客人食用过有骨头、鱼刺的菜肴；第三次，正餐后、上水果前。

2. 西餐服务

西餐服务，通常是女士优先，先宾后主。

点菜、上菜、撤换餐具等，通常在客人的右侧提供服务；

上面包、黄油、甜点、酱汁等在客人左侧提供服务；

每道菜品吃完后，需撤走用过的餐具，在撤餐具和餐盘时，将餐具归置到一个餐盘中；

刀叉平行放置在一起，表示客人已经吃完；刀叉成一条线放置，表示客人还没有吃完，并且需要侍者再上一些配菜；汤勺放在汤碗下的小托盘上，代表已经吃完；

水杯一直放置于桌面，不进行撤换；

从右侧服务，则顺时针方向行走；从左侧服务，则逆时针方向行走。

3. 需要注意的规范细节

在服务的过程中，一直保持向前走，不转头向后走回头路；

任何时候，手不要接触到餐具；

当餐桌上有掉落食物，须用叉匙等工具收拾整理，切不可用手直接操作；

撤换餐具、酒具，要征求客人意见。

第3节 酒水服务常用技能

一、酒水服务基本技能

1. 点酒水

向客人提供酒水单，并根据客人的需求，介绍餐厅提供的酒水的信息并推荐，包括酒的种类、品牌、产地、度数、容量和价格等。确认客人点的酒和数量。

2. 备酒水

根据客人选择的酒水，选择相应的开酒工具，如海马刀、酒篮、冰桶、分酒器以及酒杯等。并到酒柜或酒窖中取出客人点的酒。

3. 展示酒水

右手握住瓶颈，左手托住瓶底，将瓶标正面朝向客人，请客人核对酒名、年份、产地等信息，并确认瓶口完整。

4. 开瓶

须在客人面前开瓶，以免与客人之间产生误解。开酒后，将包装等清理并带走。如果是葡萄酒，还需要客人进行品尝确认，并请客人鉴别软木塞。

含有气泡的酒水，要用开瓶器轻启瓶盖，切忌剧烈摇动酒瓶，并用洁布擦拭瓶身及瓶口。

5. 斟倒酒水的次序

中餐：从主宾开始，顺时针斟倒酒水，在客人右方服务。
西餐：从主宾开始，在客人右方服务。斟倒酒水的时候，要注意餐和酒的搭配。

6. 斟酒的方式

以右手握住酒水瓶的中下部，瓶标朝外，用手腕和手掌控制酒水的流速。斟酒时，瓶口离杯口约2厘米。抬起酒瓶的时候，旋转45°，用口布擦拭瓶口残留的酒液。也可以将酒杯或者分酒器拿起斟倒。

7. 酒杯及斟酒量的掌握

白酒：白酒杯（容量通常为50ml或更小），斟酒量为八分满，过满客人不易拿杯。

红（白）葡萄酒：葡萄酒杯，斟酒量控制在酒杯最大容量以下，在50~80ml，方便酒液在杯中旋转。

香槟酒：笛形杯，斟酒量控制在2/3以下，可分两次斟酒，以免泡沫过多。

啤酒：啤酒杯（容量通常在300ml或以上），也可分两次斟酒。

软饮料：果汁杯，斟倒量为八分满。

二、葡萄酒侍酒服务

（一）饮用温度

不同类型、不同浓郁度的葡萄酒各有其合适的饮用温度，大致来说，红葡萄酒需要一定的温度来柔化单宁，白葡萄酒需要低温来保持它的酸度。但即使同样是红葡萄酒，浓郁度低的，则侍酒温度也要低一些。具体如表12-3所示。

表12-3　葡萄酒的风格与饮用温度

酒的风格		适合的酒款	饮用温度
红葡萄酒	中等/饱满酒体	波尔多红葡萄酒 勃艮第一级园特级园红葡萄酒 澳大利亚设拉子（Shiraz） 教皇新堡 巴罗洛 年份波特酒	室温15~18℃
	轻酒体	博若来（Beaujolais） 瓦波利切拉（Valpolicella） 勃艮第大区级黑比诺 德国纳赫产区的黑比诺	轻微冰镇13℃
白葡萄酒	经橡木桶熟化的中等/饱满酒体	勃艮第金丘白葡萄酒 孔得里约（Condrieu） 纳帕谷霞多丽	轻微冰镇10~13℃

酒的风格		适合的酒款	饮用温度
白葡萄酒	轻或中酒体的白葡萄酒	密思卡得（Muscadet） 意大利的灰比诺 新西兰长相思 菲奴雪莉（Fino sherry） 德国的珍藏 GG 雷司令	冰镇 7~10℃
起泡酒	二次发酵酒	香槟、卡瓦（Cava） 阿斯蒂（Asti） 普洛赛克（Prosecco）	充分冰镇 6~10℃
甜葡萄酒	酒体轻盈	索泰尔纳（Sauternes） 甜麝香 意大利的瑞巧多（Ricioto）	充分冰镇 6~8℃

（二）开瓶

通常使用海马刀作为开瓶器，如图 12 - 6 所示。尽量不要破坏木塞（或合成塞），以免碎屑落到酒中。

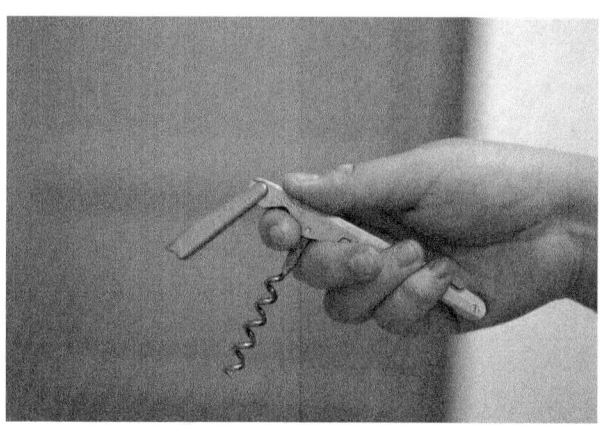

图 12 - 6　海马刀

1. 静止酒开瓶

切开酒帽：用海马刀上的小刀（或专用的刀）沿着瓶口凸起位置之上（之下）的位置用刀划一圈切开，去掉酒帽顶部，然后用干净的口布将瓶颈处擦拭干净；将海马刀的螺丝钻从软木塞中心旋转穿入，并利用卡扣位置将木塞轻柔地撬起，到达快取出位置时，可用手轻轻左右晃动拔出。再将螺丝钻旋出，闻一下橡木塞接触液面的一侧，初步判断一下酒的状态；将瓶颈处用干净口布擦拭干净，倒出少许酒液到葡萄酒杯中，查看酒的性状，包括外观、闻香和品尝。具体操作如图 12－7 所示。

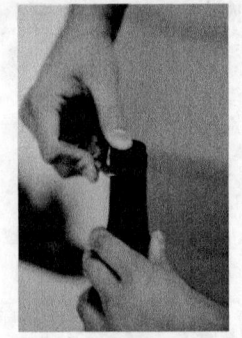
使用海马刀顶部小刀划开酒帽

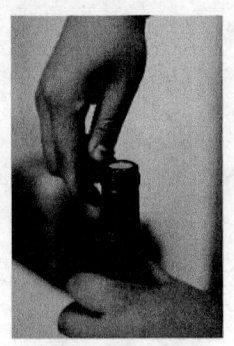
取下平整切开酒帽

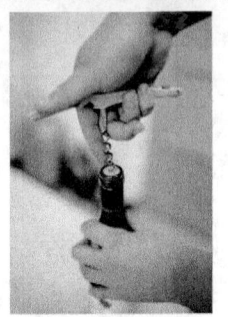
将螺旋钻斜尖插入酒塞中心

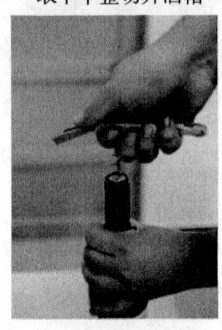
将螺旋钻旋入软木塞

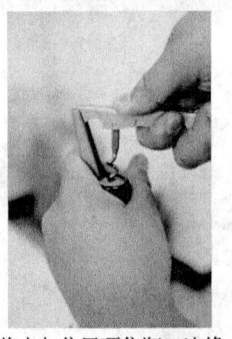
将卡扣位置顶住瓶口边缘

利用杠杆原理将软木塞拔出

图 12－7　葡萄酒的开瓶

2. 起泡葡萄酒开瓶

起泡葡萄酒的开瓶需要特别注意瓶内气压的问题。虽然起泡葡萄酒会在比较低的温度下开瓶和服务，但是瓶内的气压仍然可能因为操作不当而导致软木塞猛烈喷出，造成损害或伤害。

去除软木塞外用来固定的金属丝，在这个过程中，要按住软木塞，防止意外弹出；一手紧紧按住软木塞，另一只手握住瓶子的底部，将酒瓶倾斜 30°左右，慢慢转动酒瓶，控制软木塞缓缓推出，在木塞快脱离瓶口时，最难控制，如无把握，可放置于桌面上，按紧软木塞的同时轻轻左右摇动；让软木塞的一侧先打开，释放瓶内气压，这时应听到轻轻"咻"的一声，绝不要出现"砰"的爆炸声和飞出来的软木塞。

（三）醒酒

醒酒有两种情况，一种是葡萄酒还需要一点儿时间才到适饮期，这个时候就需要将葡萄酒放入宽阔的醒酒器中，在与空气的接触中，发展出更多的风味；还有一种情况是陈年的酒，会产生一些沉淀，需要除去，这种情况下还需要一个光源，给陈年酒去除沉淀，也称为滗析。

小心取出陈年葡萄酒，避免瓶中沉淀起浮扩散，可将酒瓶放入醒酒篮；要非常轻柔地去掉瓶帽，将瓶口和瓶肩处擦拭干净，再小心拔掉软木塞；将瓶子轻柔地握在手中，小心不要让沉淀起浮扩散，在足够的灯光照明下，也可以在瓶颈的底部放一根点燃的蜡烛，然后将葡萄酒小心倒入醒酒器，当在瓶颈处看到沉淀时，停止倒酒。

（四）食物与葡萄酒的搭配

食物与葡萄酒之间的搭配并不存在唯一准确的答案，还要考虑消费者的个人偏好，因此，在餐酒搭配中，避免犯错比"完美"搭配更为切合实际。

1. 咸味的食物

咸味的食物最容易搭配葡萄酒。通常来说，基本上无须考虑葡萄酒如何搭配咸味，而是要更多地考虑食物的其他维度的特点。因此简单的咸味食物经常用来作为品酒时搭配的食物，例如原味苏打饼干，原味面包片，原味咸奶酪等。

2. 甜的食物

甜的食物不容易搭配葡萄酒，它会降低葡萄酒的果香、甜度，提高葡萄酒的涩度。干红葡萄酒可以说是甜味食物最大敌人，搭配时会变得极为苦涩而难以下咽。甜的食物应该搭配至少同等（或更高）甜度的葡萄酒。

3. 鲜味的食物

鲜味食物比较难搭配葡萄酒。食物中的鲜味会强化单宁的苦味，还会削弱葡萄酒的果味，使葡萄酒尝起来难以接受，因此鲜味浓郁的食物应避免单宁，最好是搭配果味丰富的葡萄酒。另外，通过咸或酸味调整鲜味食物，可中和其中的鲜味，提高与酒的适配度。

4. 酸味的食物

酸味的食物也很容易搭配葡萄酒，对于葡萄酒的影响，和咸味食物一样，很友好。但所搭配的葡萄酒一定要有好的酸度，以免因为酸味食物的影响，而使得葡萄酒尝起来乏味。在搭配酸味食物的时候，应更多考虑食物的其他维度，如食物的浓郁度。

5. 苦味的食物

苦味的食物只会让葡萄酒的味道变得更苦，对其他因素并无太多影响，因此适合搭配白葡萄酒、桃红葡萄酒或者是单宁低的红葡萄酒。对于苦味食物搭配葡萄酒时的选择，可以主要考虑个人偏好。

6. 辛辣的食物

辛辣的食物也不太容易搭配，对葡萄酒的负面影响较多，会降低葡萄酒的果香，最好是选择低酒精度的、果香浓郁的、单宁含量低的，或者选择带有一些甜度的葡萄酒来搭配。但对某些人来说可能是越辣越好，在这种情况下，高酒精度或许会是更好的选择。

客人的偏好是必须要考虑的餐酒搭配的因素。当客人人数较多，考虑到众口难调，就要避免推荐较为极端的葡萄酒，比如阿尔萨斯的琼瑶浆（Alsace Gewurztraminer）或者雪莉酒（Sherry），最好是推荐接受度较高的葡萄酒，如勃艮第的霞多丽/黑比诺。一个更为恰当的做法是，为客人提供一个选择组合，例如白、桃红和红，或者是干型、半干/半甜葡萄酒的组合。

此外，葡萄酒价格也是需要考虑的因素，可参考客人在食物方面的消费情况，以及客人的预算。不可使葡萄酒的单价与客人在食物方面的人均消费差距过大。除非是非常特殊的场合，否则尽量不要让一款葡萄酒成为全场的焦点。

三、鸡尾酒调制技能

鸡尾酒调制的方法主要有四种：摇和法、调和法、兑和法和搅和法，前两种最为常用。

1. 摇和法

摇和法，即使用雪克壶（Shaker）或波士顿壶，将基酒、辅料和配料摇匀的一种方法。适用于含有糖、牛奶、奶油、鸡蛋等不易与基酒稳定混合的材料的酒方。调酒壶内不能加进含有气体的饮品，以免产生泡沫，可在基酒等材料摇混均匀后再加入。

规范动作如下：

（1）将冰块与材料依序倒入下半部壶中，依次盖上过滤网和顶盖。

（2）用右手大拇指紧压盖顶，另外的四个手指压住壶身。以左手的大拇指压住壶的肩部，中指和无名指抵住调酒壶底部，其余手指压住壶身。

（3）摇动的方式较多，常见的有两种，一种是水平前后摇动，另一种是斜向上下摇动。水平前后摇动时，双手拿着调酒壶，移至肩膀与胸部的正中位置，保持水平摇动。如果壶中有鸡蛋、奶油等材料，则增加摇动次数和时间。斜向上下摇动时，双手拿调酒壶移至右肩前方，壶底向上在右胸前做斜线上下摇动。

（4）摇动结束后，取下调酒壶盖子。用食指紧压住过滤网上方，以防脱落，将调好的酒倒入酒杯中即可。

2. 调和法

调和法是将鸡尾酒加入调酒杯中进行混合的方法，适用于由澄清的辅料和基酒混合而成的酒方，比摇和法更能够保持酒水原本的风味。规范动作如下：

（1）将冰块与材料依序倒入调酒杯。

（2）左手固定调酒杯的底部，将吧匙长柄夹在右手的中指和无名指之间，拇指和食指轻轻夹住。使吧匙背靠杯边沿着调酒杯的内侧，按顺时针方向旋转搅动。

（3）酒均匀冷后，左手拿杯，右手将滤冰器盖在调酒杯杯口；也可单手用右手食指压住滤冰器，其余手指紧紧压住调酒杯杯身，将酒水滤入载杯。

3. 兑和法

兑和法是直接将原材料直接加入在载杯中进行混合的鸡尾酒制作方法，经常与前两种方法搭配使用。具体操作如下：

（1）将冰块与材料依序倒入载杯，不需搅拌或轻微搅拌几次即可。

（2）可以利用酒水密度的不同，使数种酒在逐次加入载杯的过程中形成层次分明不相混合的彩虹效果的鸡尾酒。

（3）调制时，按密度从大到小，按顺序注入载杯，要注意层次分明而均匀。

（4）可使用长柄吧匙斜搭入杯内，作为引流工具减小注入时的冲击力。

4. 搅和法

搅和法是用电动果汁搅拌机，将各种材料混合的方法，适用于含有水果块、冰淇淋等固体食物的酒方。用搅拌机调酒操作比较容易，只要按顺序将所需材料先放入搅拌机内，封严顶盖启动电源开关即可。具体操作如下：

（1）将用碎冰机事先制作好的细碎冰或刨冰，以及果料、酒水材料倒入搅拌机中。

（2）启动搅拌机混合搅动。

（3）结束后，将混合好的饮品倒入载杯。

四、清酒侍酒服务

1. 清酒的侍酒温度

清酒的侍酒温度与清酒的类型有关，但不像葡萄酒那么严格，如表 12-4 所示。

表 12-4　清酒的风格和饮用温度

清酒的种类	冰镇 6~13℃	室温 15~18℃	加热 40~50℃
普通酒，纯米酒，本酿造	适合	适合	适合
吟酿，大吟酿	适合	根据个人偏好	不适合
起泡清酒	适合	不适合	不适合
熟成酒，生清酒	适合冰镇饮用，但有一些也可以加热	不适合	不适合

清酒可加热饮用，加热后风味会更强烈，质感也更丰富，酸度也更加明显，这种变化会让清酒更容易和食物搭配。吟酿风格的清酒在加热后会失去精致的香气和风味，因此更适合冰镇。起泡清酒和起泡葡萄酒一样，只适合于冰镇饮用。

清酒的加热和冰镇：

加热：使用隔水加热的方式，将清酒壶放入 80℃ 热水中，加热约 2~4 分钟。

冰镇：可放入专门的酒柜或冰箱冷藏室，取出后直接饮用；再倒入可附加冰块的清酒壶，来保持清酒的冰镇温度。

2. 清酒的器具

日本有很多种用于饮用清酒的传统的清酒壶和杯子，随着清酒在国际上的流行，一些知名的玻璃杯子品牌也特意设计生产了专门的玻璃清酒杯，如 Riedel。

清酒壶（Tokkuri）：用来分装清酒的小壶，容量在 150~300ml，有的在侧面带有深深的凹槽，用以放入冰块。通常为瓷制，大肚喇叭口的形状。

枡（Masu）：用松木制作的小盒子，用来盛放清酒杯或者直接用来做清酒杯。关于枡的传统，有两种说法，一是，在古代斟酒的时候，会把酒倒得溢出来，流入枡中，表示富有；二是，在一些纪念场合中作为专门饮用清酒的杯子。

猪口杯子（O-choko）：日本传统上用来喝清酒的杯子，材质、形状和大小并不固定。大部分是小的、平底的瓷制或玻璃杯子。也有用锡杯喝冰镇清酒的讲究。

3. 清酒的配餐

清酒非常适合用来配餐，在与食物的搭配中，几乎没有什么明显的负面影响，只在搭配鲜味和甜味食物时需要特别注意。用清酒来搭配食物，要注意以下几点：

大多数清酒可以搭配大多数食物。因此，在使用清酒搭配食物的时候，个人偏好占有很重要的比重；清酒与食物的风味浓郁度应当相似，不会让其中一个的味道覆盖另一个的味道；用来搭配甜点的清酒的甜度应与之接近或甜度更高。

五、啤酒服务

1. 温度

啤酒的饮用温度和风格有关，通常颜色越浅、酒精度越低、酒体越轻的啤酒越适合低的温度，例如大多数的拉格啤酒，而风格浓郁的艾尔啤酒则适合室温饮用。但也有例外，例如，浓郁风格的博克啤酒（拉格啤酒）更适合室温饮用。生啤酒适合比较低的温度，否则会失去其特有的风味。

2. 酒杯

啤酒适合容量大的玻璃杯（要避免塑料杯），常用的啤酒杯有皮尔森杯、直身杯、带柄的扎啤杯，以及专门的 IPA 啤酒杯。收口的杯子适合闻香。酒杯如沾有油脂，会消蚀啤酒的泡沫、口感和味道。

3. 斟酒

斟倒时，应使泡沫缓慢上升，以免泡沫太多，可分两次斟倒，或者是将杯子稍倾。斟倒啤酒，不可过满，酒液约 3/4，泡沫约 1/4，顶部可留下一些空间用以闻香。

六、黄酒服务

1. 黄酒的饮用温度

（1）冬饮。冬天宜热饮。使用隔水或隔火加热的方式，加热到 60～70℃，可使黄酒变得温和柔顺，更能享受到黄酒的醇香，驱寒暖身的效果也更佳。

（2）夏饮。在我国香港地区和日本，黄酒也流行加冰后饮用。夏天时，可在甜黄酒中加冰块或冰冻苏打水，不仅可降低酒精度，而且清凉爽口。

2. 黄酒的配餐

恰当的餐酒搭配，则更可领略黄酒的特有风味。黄酒的配餐也须符合餐酒搭配的一般原理。以绍兴酒为例：

（1）干型的元红酒，配蔬菜类、海蜇皮等冷盘。

（2）半干型的加饭酒，配肉类、大闸蟹。

（3）半甜型的善酿酒，配鸡鸭类。

（4）甜型的香雪酒，配甜菜类。

【互动交流】

1. 如何理解餐饮服务的本质？

2. 怎么理解理论知识和技能之间孰轻孰重的关系？

3. 职业发展中，成为管理者是唯一的方向吗？

4. 如何在餐饮服务业中成为专业人才？

【案例任务】

新媒体带来新岗位

新媒体随着网络的普及以及众多社交媒体 App 的成功而逐渐受到酒店业的重视，与传统媒体不同的是，借助于新媒体，酒店能够极为便利地接触消费群体，提高消费者黏性。

新媒体运营经理（餐饮）

【岗位职责】：

1. 负责各品牌推广、产品方案、资讯的内容、专题内容的撰写、制作及执行。

2. 组织、策划、协调节假日各类活动方案的制定；

3. 负责品牌产品的活动方案并推广、实施；

4. 负责各品牌门店餐饮人气的打造。

5. 新媒体运营、微信、微博、抖音文案以及内容的制作，微信公众号、官网管理以及搭建标准化运营体系。

【岗位要求】：

1. 3 年以上电子商务网络营销工作经验；2 年以上项目策划、运营管理经验；

2. 具备项目管理、营销策划、品牌策划、网络营销等系统的理论知识和丰富的实践经验；

3. 优秀的电子商务网络营销策划运营能力，熟悉网络文件和特性，对各种网络营销推广手段都有实操经验；

4. 对网络营销商业全流程都具备策划、运营、控制、执行能力；

5. 具有大型连锁餐饮、广告或多品牌集团化品牌管理经验。

其他技能：大众点评、美团、抖音、快手、小红书、微信公众号、社群营销、短视频、PS、IA 等。

请分析：

新媒体的普及应用对餐饮从业者的岗位技能提出了哪些新要求？

【参考文献】

1. 国家旅游局人事劳动教育司. 餐饮服务与管理 ［M］. 第 5 版. 北京：旅游教育出版社，2016.

2. 周敏慧. 酒水知识与调酒 ［M］. 北京：中国纺织出版社，2009.

3. Sohm Aldo，Muhlke Christine. Wine Simple：A Totally Approachable Guide from a World – Class Sommelier ［M］. Danvers：Clarkson Potter，2019.